U0943957

本专著是以下课题的阶段性成果：

2013年教育部人文社会科学研究规划基金项目“基于BDI（信念、愿望和意图）逻辑的慎思Agent的行为决策研究（编号：13YJA72040001）”

西方哲学研究丛书

信念-愿望-意图逻辑及其应用研究

张晓君　著

Research on Belief-Desire-Intention Logic and its Applications

中国社会科学出版社

图书在版编目(CIP)数据

信念—愿望—意图逻辑及其应用研究 / 张晓君著. —北京：中国社会科学出版社，2017.9

ISBN 978-7-5161-9398-3

Ⅰ.①信… Ⅱ.①张… Ⅲ.①逻辑学 Ⅳ.①B81

中国版本图书馆 CIP 数据核字(2016)第 288146 号

出 版 人　赵剑英
责任编辑　冯春凤
责任校对　张爱华
责任印制　张雪娇

出　　版　中国社会科学出版社
社　　址　北京鼓楼西大街甲 158 号
邮　　编　100720
网　　址　http://www.csspw.cn
发 行 部　010-84083685
门 市 部　010-84029450
经　　销　新华书店及其他书店

印　　刷　北京君升印刷有限公司
装　　订　廊坊市广阳区广增装订厂
版　　次　2017 年 9 月第 1 版
印　　次　2017 年 9 月第 1 次印刷

开　　本　710×1000　1/16
印　　张　15
插　　页　2
字　　数　213 千字
定　　价　68.00 元

序　言

周昌乐

（福建省仿脑智能系统重点实验室主任、

厦门大学教授、博士生导师）

看到张晓君新著《信念—愿望—意图逻辑及其应用研究》即将出版，感到非常高兴。作为她的博士后指导老师，了解该书是在其博士后出站报告的基础上修改完善而成的。当年她的这部博士后出站报告被评为厦门大学优秀博士后出站报告，印象非常深刻。可以说，这是国内第一部关于信念—愿望—意图逻辑研究的专著。

作为认知型智能 Agent（主体），其典型的行为模型就是 BDI（信念—愿望—意图）逻辑框架。BDI 主体模型在一些最为重要的多主体系统中也得到了广泛应用，是影响最为广泛的 Agent 技术之一。张晓君的这部专著，以 Agent 不确定性行为决策和推理的建模为主要研究内容。“行为”或“行动”是哲学、心理学、历史、法律、经济、军事、计算机科学、系统工程、人工智能等诸多学科研究的核心概念，这是因为行动在这些领域中无处不在。比如，就机器而言，一个程序的执行和调用本质上就是一个行动，并据此改变机器的内部世界，然后通过与外部世界的接口来改变外部世界。对于具有自我意识的机器人而言：行动就是通过感知信息控制执行过程的算法。当然，对机器人的拟人行为的研究是人工智能的核心、关键和高难度课题，其行为建模涉及的领域非常广泛。单从这个角度上看，张晓君的这部专著不仅能够促进智能 Agent 不确定性行为的表示和推理，而且能够为先进分布式仿真、人工智能和智能机器人等领域的复杂行为建模，提供形式化支持，因此具有重要的理论价值和实践意义。

从这部专著的具体指导思想和内容上看，其研究的深度和难度在国内这一领域都是领先的，包括了诸多创新性成果，主要体现在以下几个方面：（1）提出了等级 BDI 逻辑 $g\text{-}BDI_{PDL+LL}$，对信念、愿望和意图的模型进行了公理化，并说明了它们对 Agent 行为的影响；（2）提出了情感等级 BDI 逻辑，并对其进行了公理化，清晰地表示了Agent 的心理状态和情感状态的不确定性，说明了它们对 Agent 行为的影响；（3）把无穷值 Łukasiewicz 逻辑的真值取值范围从［0，1］扩展到［-1，1］，并提出了知识情感等级 BDI 逻辑，清晰地描述了 Agent 的知识状态、心智状态和情感状态的不确定性。我相信，所有这些创新性成果对国内学术界的信念、愿望和意图逻辑及其应用研究将产生较为重要的影响，并有助于促进国内人工智能逻辑的进一步深入发展。

总之，从总体上看，这部专著是从 Agent 的信念、愿望、意图、甚至知识、情感等知识状态和情感状态出发，对 Agent 的行为决策和行为推理进行建模。整部专著立论新颖独到，参考资料翔实可靠，论述结构合理、条理清晰、逻辑严密，表述流畅，引用规范，是一部纯粹的学术专著。衷心期待这部专著的出版，能够引起学术界的关注，并为繁荣国内人工智能逻辑学研究做出贡献。

2015 年 7 月 28 日于厦门

前　言

做知识级分析的系统称为 Agent（主体，也译为“智能主体”、“智能体”、“真体”等，比如人、具有智能的高级动物和仿人机器人均可视为智能主体）。Agent 强调理性作用，是描述人类智能、动物智能和机器智能的统一模型，这些智能往往是构成社会智能的一部分。Agent 是一种通过传感器感知其环境，再通过执行器作用于该环境的智能实体，实则是从感知序列到实体动作的映射。这一定义使得我们可以通过函数和数值对行动或行为进行建模。行为建模涉及的领域非常广泛，比如系统分析与设计、机械设计、动画设计、网络安全、军事仿真、仿人机器人等。因此，对行为（尤其是不确定性行为）进行精细的逻辑刻画具有重要的理论价值和实践意义。

Agent 行为理论将 Agent 定义为有意识系统，即 Agent 的行为可通过归因于信念、期望和理性的方法去预言。经典的一阶逻辑不能用来表示涉及意识的观念，否则会引起语法和语义问题。引入模态逻辑和元语言可解决语法问题；借助可能世界语义和解释的符号结构则可解决语义问题。BDI（Belief-Desire-Intension，信念—愿望—意图）主体是指其行为受到信念、愿望和意图支配的主体。Agent 典型的行为模型就是 BDI 逻辑框架，它着重研究信念、愿望、意图与 Agent 行为的关系及其形式化描述。

基于 BDI 主体的行为建模方法主要有两种：一是从逻辑学的视角来研究，严格遵循 BDI 的形式化语义，通过定义不同的逻辑算子来建立主体的个体模型；二是从人工智能和系统工程的可实现性的视角来研究，把主体看作面向对象技术中的对象的扩展。本专著主要从逻辑学的视角来论述。

从逻辑学的视角来看，BDI 模型的研究主要有三种方法：(1) 以分支时态逻辑为基础的方法；(2) 以线性时态逻辑为基础的方法；(3) 以命题动态逻辑为基础的方法。其中，影响最为深远的是 Rao 和 Georgeff（1991）提出的以分支时态逻辑为基础的 BDI 主体模型。近年来，不少学者对这一模型进行了改进和扩展，其中较为重要的有：(1) 情感（emotional）BDI 主体模型；(2) 等级（graded）BDI 主体模型；(3) 情感等级 BDI 主体模型；(4) 知识情感等级 BDI 主体模型。

由于 BDI 逻辑系统易于在计算机中得以实现，所以，备受计算机科学、人工智能、系统工程等领域相关专家的青睐。BDI 主体模型已经在这些领域得到了广泛的应用。例如，基于 BDI 的主体模型已经在机场空中交通管制（Busetta et al.，2003）、计算机生成虚拟兵力（陈中祥，2004）、多主体系统的机器学习（Hernández et al.，2004）、火星机器人岩石样本的选择（Bordini and Hübner，2006）、铁路货运装车日计划审批（刘刚等，2009）等多个领域获得了应用。目前，BDI 主体模型的研究在这些领域中正如火如荼地开展着，例如，Lincoln 与 Veres（2012）已经给出了复杂机器 BDI 主体的自然语言程序设计。近年来，计算机科学界和人工智能界等领域的不少学者已经使用 Java、Jason、JaCa 等程序设计语言对 BDI 主体模型进行了计算机实现。笔者之所以从事信念—愿望—意图逻辑研究，正是因为该逻辑具有重要的理论价值和应用价值。

本专著是在笔者的博士后出站报告《基于 BDI（Belief-Desire-Intention）逻辑及其扩展的 Agent 行为表征研究》的基础上修改完善而成的。其内容主要包括国内外相关研究现状、基于 BDI 逻辑的 Agent 行为表征研究、基于扩展 BDI 逻辑的 Agent 行为表征研究、基于扩展 BDI 逻辑的 Agent 行为规范研究。笔者的创新部分主要体现在第三章和附录 1—附录 3 中。

笔者在厦门大学做博士后期间，认真学习了智能科学与技术系的周昌乐教授为博士生开设的《人工智能前沿》课程；全程学习了史晓东教授为智能科学与技术系的博士生开设的《计算语言学》课程；仔细聆听了周昌乐教授为全校学生开设的“沟通文理，启迪智慧”的系列讲座；认真听取了厦门大学信息科学学院主办的各类中外专家讲座、国际国内会议10余次，重点关注逻辑学与计算机科学交叉研究的契合点，寻找逻辑学研究实用化的突破口；积极参与了福建省仿脑系统重点实验室（厦门大学）每两周一次的报告，并为该实验室的成员作报告，重点关注人工智能科学对逻辑学的重点需求领域，努力探索和思考二者交叉研究的结合点和着力点，为专著写作寻找思路和灵感。但即便如此，“书到用时方恨少”，再加之“光阴似箭，日月如梭”，纰漏和瑕疵在所难免，敬请各位专家和学者不吝赐教。

张晓君

2015年仲夏于成都

摘　要

“行为”是哲学、经济、军事、计算机科学、系统工程、人工智能等诸多学科研究的核心概念，这是因为它们在这些领域中无处不在。行动实际上就是智能主体（Agent）通过感知信息控制执行过程的算法。智能主体典型的行为模型就是 BDI（信念—愿望—意图）逻辑框架。BDI 主体模型在一些最为重要的多主体系统中得到了广泛应用，是影响最为广泛的主体技术之一。

本专著以主体不确定性行为决策和推理为主要研究内容。本研究主要以 Pereira 等人（2008）、Casali 等（2005，2011a，2011b）、Rao 和 Georgeff（1991，1995，1998）、Criado 等（2010）、Meyer 等（2012）、Galind 和 Saffiotti（2013）、Puică 和 Florea（2013）等相关文献为基础，借鉴其研究思路和研究方法，并对其研究成果进行了综合、拓展、延伸和创新。本研究能够促进智能主体不确定性行为的表示和推理，并能够为先进分布式仿真、人工智能和系统工程等领域提供形式支持，具有重要的理论价值和实践意义。本专著安排如下：

第一章是 BDI 逻辑及其扩展的研究与其应用概况介绍；第二章是基于 BDI 逻辑的主体行为表征研究；第三章是基于扩展 BDI 逻辑的主体行为表征研究；第四章是基于扩展的 BDI 逻辑的主体行为规范研究；每章都对其相应研究成果进行了实例分析。

第一章和第二章是本专著的思想基础和技术基础；第三、四章是在前两章基础上的拓展研究。第三章是本专著研究的重点内容和创新内容。

第三章内容属于国际研究前沿，是有别于国内外学者工作的特色研究，笔者的创新内容主要体现在这一章中。这些创新主要体现在以下几个方面：

（1）把无穷值的 Łukasiewicz 逻辑和命题动态逻辑进行融合后，在对等级 BDI 主体模型进行形式化的基础上，笔者提出了等级 BDI 逻辑 g-BDI_{PDL+LL}，对信念、愿望和意图的模型进行了公理化，并说明了它们对主体行为的影响。

（2）为了通过信念度、愿望度、意图度、害怕度、焦虑度和自信度对不确定性行为进行表示和推理，笔者提出了情感等级 BDI 逻辑，并对其进行了公理化，清晰地表示了主体的心理状态和情感状态的不确定性，说明了它们对主体行为的影响。

（3）为了对知识、信念、愿望和意图以及害怕、焦虑和自信对主体决策行为影响的强烈程度进行形式化，笔者把无穷值的 Łukasiewicz 逻辑的真值取值范围从［0，1］扩展到［-1，1］，并提出了知识情感等级 BDI 逻辑，清晰地描述了主体的知识状态、心智状态和情感状态的不确定性。笔者提出的这些模型可以轻易地向其他类型的主体模型进行推广。

关键词：BDI（信念—愿望—意图）逻辑；知识状态；心智状态；情感状态；主体行为；不确定性推理

Abstract

Behavior is a core concept in philosophy, economy, military, computer science, systems engineering, artificial intelligence, and among many other fields, due to the ubiquitousness of behavior in these fields. In fact actions are algorithms that agents control executive procedures by perceptive information. The BDI (Belief-Desire-Intention) logical framework is a typical behavioral model of agents. BDI agent architecture has been applied in some of the most significant multi-agent systems developed up to now, and has been one of the most influential theories with respect to agent technology.

This monograph is mainly concerned with decision-making and reasoning of agents' uncertain behavior. It draws chiefly on the ideas and methods in Pereira et al. (2008), Casali et al. (2005, 2011a, 2011b), Rao & Georgeff (1991, 1995, 1998), Criado et al. (2010), Meyer et al. (2012), Galind & Saffiotti (2013), and Puică & Florea (2013), and among any others. It attempts not only to synthesize and expand on past achievements but also to make novel and original proposals. It is hoped that the present study will make contributions to represent and reason agents' uncertain behavior as well as providing a formal support for advanced distributed simulation, artificial intelligence, systems engineering, and among many other fields. The organization of the monograph is as follows:

Chapter One profiles the research on BDI logic and its extensions and their application. Chapter Two presents characterization of agents' behavior based on BDI logic. And characterization of agents' behavior based on extended BDI logics is illustrated in Chapter Three. Finally, Chapter Four discusses behavioral norms based on extended BDI logics. Some applications on the basis of these studies are given in the corresponding chapters.

The first and second chapters lay the conceptual and technical bases of the whole monograph. The third and fourth chapters are extensions on the basis of the first and second chapters. The third chapter is the focus of the whole monograph, with carrying the biggest weighting in originality.

The whole Chapter 3 reports original findings which are believed to be at the very forefront of the research in the logic circle worldwide. The major achievements are summarized as follows:

(1) On the basis of blending the infinite-valued Łukasiewicz Logic and Propositional Dynamic Logic to formulize the graded BDI agent model, the author proposes a graded BDI logic ($g\text{-}BDI_{PDL+LL}$ for short) in this paper, and looks for a possible axiomatic modeling of beliefs, desires and intensions, and then shows how they influence agents' behavior.

(2) In order to represent the uncertainty behavior by belief, desire, intention, fear, anxiety and self-confidence degree, the corresponding axioms are added to the Łukasiewicz logic. The emotional graded BDI logic proposed by the author explicitly represents the uncertainty of mental attitudes and emotional states. The paper is to axiomatize the model of beliefs, desires, intensions, fear, anxiety and self-confidence, and to show how they influence agents' behavior.

(3) In order to formalize the degree of knowledge, belief, desire, intention, fear, anxiety and self-confidence which influence on agents' decision-making behavior, the author extends the truth value of infinite-valued Łukasiewicz Logic from [0, 1] to [-1, 1], and then proposes the knowledge of emotional graded BDI logic, with explicitly representing the

uncertainty of knowledge states, mental attitudes and emotional states. These models proposed by the author in this paper are general enough to specify other different types of agents.

Key words: Belief-Desire-Intention logic; knowledge states; mental attitudes; emotional states; agents' behavior; uncertain reasoning

目　录

第一章　绪　论

“行动”或“行为”是哲学、心理学、历史、法律、经济、军事、计算机科学、系统工程、人工智能等诸多学科研究的核心概念，这是因为行动在这些领域中无处不在[1]1。计算机通过执行以某种程序设计语言编写的程序语句来完成行动，并据此改变计算机的内部世界，然后通过与外部世界的接口来改变外部世界[1]7。一个程序的执行和调用本质上就是一个行动[2]1。对于具有自我意识的机器人而言：行动就是通过感知信息控制执行过程的算法[3]（algorithm）①。对机器人的拟人行为的研究是人工智能的核心、关键和高难度课题。可见，对行为（尤其是不确定性行为）进行精细的逻辑刻画具有重要的理论价值和实践意义②。

第一节　研究背景及研究意义

使用认知建模技术对人类行为进行细致建模，使得仿真实体能够在不需要人的交互而自动地对环境中的事件和状态做出实时正确的反应，可以节省大量的人力、物力、时间和资金。行为建模（Behavioral Modelling）涉及的领域非常广泛，比如系统分析与设计、机械设

---

① 算法实际上是定义良好的计算过程，它取一个或一组值作为输入，并产生出一个或一组值作为输出。即：算法是将输入数据转换成输出结果的一系列计算步骤。

② 此绪论的部分内容发表在张晓君：《等级 BDI 逻辑：关于行为表征的柔性逻辑》，《哲学动态》2013 年第 1 期，第 102—107 页。

计、动画设计、网络安全、军事仿真、仿人机器人等。行为建模在不同的领域中有着不同的定义，比如网络安全方面的行为建模主要是对Web页面中的按钮、表单域、超文本链接等元素无害的各种操作进行定义，并严格监控用户访问页面时的各种行为，发现恶意行为并堵住安全漏洞。[4]5在伊拉克战争中，美军就运用了人的行为控制理论，以达到控制对手的意志、感知和理解力，并进而影响对手的行为，但要在计算机中实现这些思想，就必须建立对手的行为模型[4]6。

1992年来，仿真互操作标准化组织每年召开一次关于计算机生成兵力（Computer Generated Forces）和人的行为表示的国际性会议，以此推动行为建模在仿真领域的研究和应用[5]—[8]；从2003年开始，该组织每年会议主题就改为“建模仿真中的行为表示”。美国陆海空三军以及美国国家研究委员会都成立了专门的研究人的行为建模和指挥决策的研究小组[4]6。这些都凸显了行为建模在高科技的现代社会中的重要地位。行为建模是对仿真实体内部思维活动进行建模，使其与真实主体（Agent）“神似”；而建立主体的行为模型要面对大量不确定且难以形式化的因素，涉及行为的推理、决策和知识学习等方面的内容，实现难度大，因此，行为建模是构建仿真主体系统的关键，是系统工程、先进分布仿真和人工智能技术的重点、难点和核心。

行为建模的主要方法有：（1）基于传统的人工智能方法[9]；（2）基于有限状态机的方法[10]；（3）基于Agent的方法[11]—[13]。目前，国内外的行为建模大都是面向具体的应用背景，缺乏通用的行为模型框架。而且这些行为模型大都集中在简单的反应式行为层次上，涉及的高级智能行为较少，且多采用专家系统形式来实现。这类系统的行为不是由仿真实体自主控制，系统耦合紧①、调度困难、难以满足实时性、重用性差、知识的建立与维护难、搜索时间长。随着仿真技术的发展，要求越来越多的系统具有自寻优、自适应、自解释和学

---

① 系统耦合紧是指模块或系统之间的关系太紧密，存在相互调用。其缺点是更新一个模块的结果将导致其他模块的结果变化，难以重用特定的关联模块。

习的功能，这一要求与人工智能中的Agent特性不谋而合。

做知识级分析的系统称为智能主体（Agent，也译为“主体”、“智能体”、“真体”等，比如人、具有智能的高级动物和仿人机器人均可视为智能主体）。[14]主体强调理性作用，是描述人类智能、动物智能和机器智能的统一模型，这些智能往往是构成社会智能的一部分。[15]315主体是一种通过传感器感知其环境，再通过执行器作用于该环境的智能实体，实则是从感知序列到实体动作的映射。[15]208这一定义使得我们可以通过函数和数值对行动进行形式刻画。Agent技术具有良好的反应性、社会性、自主性和自治性等特点，可以建立行为的全过程模型，能够解决环境适应性、信息不完全性等传统人工智能不能够很好解决的问题，已经成为描述行为模型的通用技术框架。[4]9目前国内外提出的Agent结构主要有三种：反应Agent模型（如一般的控制器）、社会Agent模型、以BDI（Belief -Desire -Intension）为代表的慎思Agent模型。[4]9-10

主体行为理论将主体定义为有意识系统，即主体的行为可通过归因于信念、期望和理性的方法去预言。经典的一阶逻辑不能用来表示涉及意识的观念，否则会引起语法和语义问题。引入模态逻辑和元语言可解决语法问题；借助可能世界语义和解释的符号结构则可解决语义问题。[14]346—347 BDI（Belief -Desire -Intension）主体是指其行为受到信念、愿望和意图支配的主体。主体典型的行为模型就是BDI逻辑框架，它着重研究信念、愿望、意图与主体行为的关系及其形式化描述。

由于BDI逻辑系统易于在计算机中得以实现，所以，备受计算机科学、人工智能、系统工程等领域相关专家的青睐。BDI主体模型已经在这些领域得到了广泛的应用。例如，基于BDI的主体模型已经在机场空中交通管制（Busetta等，2003）[16]、计算机生成虚拟兵力（陈中祥，2004）[4]、多主体系统的机器学习（Hernández等，2004）[17]、火星机器人岩石样本的选择（Bordini等，2006）[18]、铁路货运装车日计划审批（刘刚等，2009）[19]等多个领域获得了应用。

目前，国外学者对 BDI 主体模型的研究正如火如荼地开展着，例如，Lincoln 等人（2012）[20]已经给出了复杂机器 BDI 主体的自然语言程序设计。近年来，计算机科学界和人工智能界等领域的不少学者已经使用 Java[96]、Jason[35, 97]、JaCa[97]等程序设计语言对 BDI 主体模型进行了计算机实现。

目前，国外对 BDI 逻辑研究成果很多，我国逻辑学界的相关研究则较少；而我国逻辑学界对基于 BDI 逻辑的行为决策研究更是远远没有跟上现代科技发展的急切需求。故，笔者志在改善这一现状。

主体行为可分为内在行为和外在行为；主体的外在行为输出是基于其内在行为。主体的内部行为是由知识、信念、愿望和意图以及情感等内在状态决定的，并通过感知、决策和学习等内在行为产生的。主体内在行为模型分为：理性行为模型和行为差异模型。主体的内在行为由其理性行为模型决定，但受其差异模型影响。主体的行为输出由其理性行为模型决定，并受其各种内外部行为因素的影响。主体的理性行为又可分为感知行为、决策行为和学习行为。[4]Ⅳ

基于 BDI 主体的行为建模方法主要有两种：一是从逻辑学的视角来研究，严格遵循 BDI 的形式化语义，通过定义不同的逻辑算子来建立主体的个体模型；二是从人工智能和系统工程的可实现性的视角来研究，把主体看作面向对象技术中的对象的扩展。[4]12

本专著主要从逻辑学的角度，重点研究了基于 BDI 逻辑及其扩展的慎思 Agent 的行为决策和推理等行为特征。由于慎思 Agent 的自主行为应该遵守规范，而且慎思 Agent 在行为决策和推理时也应该考虑规范，故本专著还对基于 BDI 逻辑的慎思 Agent 行为规范进行了研究。人的行为建模的发展趋势是面向整个行业领域建模，以提高人的行为的描述能力，并提高仿真系统的自治程度和智能化水平。建立仿真环境中的指挥控制模型，关键是实现真实主体的计算机表示，即建立仿真实体的可计算行为模型，将指挥决策显性、虚拟地表示出来。这就需要对人的决策行为进行精细的逻辑刻画。

总之，行为建模是构建仿真主体系统的关键，是系统工程、先进分布仿真和人工智能技术的重点、难点和核心。本研究能够促进智能主体不确定性行为的表示和推理，并能够为先进分布式仿真、人工智能和系统工程等领域提供形式支持，具有重要的理论价值和实践意义。

第二节　国内外研究现状

目前，不论是在国外逻辑学界，还是国内外人工智能界、计算机科学界、系统工程界等学界①，对 BDI 逻辑的理论研究成果，以及基于 BDI 主体结构的应用研究成果都颇为丰富，而且这些成果还在源源不断地涌现：笔者在 google 快讯上订阅的相关文献，几乎每隔 2—3 天都能够在电子邮件中自动收到当年的最新研究成果。我国逻辑学界的相关研究则较少；而我国逻辑学界对基于 BDI 逻辑的行为决策和推理，以及行为规范的研究，更是远远没有跟上现代科技发展的迫切需求。本专著志在改善这一状况。

2.1　BDI 逻辑的产生与发展②

Dennett (1971)[21]指出，理性主体的信念和愿望支配其行为选择。Bratman (1987)[22]从哲学的层面讨论了信念、愿望、意图、时间与行为的关系，认为它们在所期望的行为选择方面发挥着重要的作用。这为后续 BDI 逻辑的产生奠定了坚实的哲学理论基础，但是 Bratman 并没有给出其理论的形式语义。随后，许多研究者使用不同的方法对该理论进行了形式化，这些方法主要有三种：(1)以分支时态逻辑为基础的方法[23]；(2)以线性时态逻辑为基础的方法[24]；(3)以命题动态逻辑为基础的方法[25]。在这三种方法中，影响较为

---

① 本专著参考文献中至少有一半以上的作者属于这后三个学界的研究人员。

② 本节部分内容发表在林颖、张晓君：《信念—愿望—意图理论及其形式化研究》，《四川师范大学学报》(社会科学版) 2015 年第 1 期，第 5—9 页。

深远的是第一种方法，即 Rao 和 Georgeff（1991）[23] 以分支时间时态逻辑为基础建立起来的 BDI 逻辑系统。

Rao 和 Georgeff（1991）[23] 为 BDI 主体的理性行为进行了建模，他们借助分支时间时态逻辑的方法，引入了信念、目标（有时也用愿望来代替）和意图这三个模态算子，借助可能世界语义学，为这些算子建立克里普克模型；在对不同类型的主体进行形式化分析时，通过加入特定的条件以保持主体的信念、目标和意图的持续性。信念、目标、意图之间的关系及它们对行动的影响通过一些公理来表征，比如有信念—目标兼容性公理 GOAL(φ)→BEL(φ)（如果主体以公式φ作为目标，则她相信φ）；目标—意图兼容性公理 INTEND(φ)→GOAL(φ)（如果主体以公式φ作为意图，则公式φ就是她想达到的目标）；意图导向行动公理：INTEND[does(e)]→does(e)（如果主体具有做某个特定初始行动 e 的意图，则她将采取行动 e）等。详情请参见 2.3 节。

Rao 和 Georgeff（1995）[26] 从定量决策理论和符号推理的双重视角，对 BDI 逻辑的理论基础进行了重新整合，并从纯理论和实践两方面讨论了 BDI 主体的实现，把其研究结果应用到机场空中交通管制中。Rao 和 Georgeff（1998）[27] 利用可能世界语义学，在多模态分支时间的基础上，对 BDI 多主体系统进行了公理化，并讨论了相应的计算复杂性。

Cohen 和 Levesque（1991）[24] 在线性时态逻辑中，添加表示信念、目标的算子和一些其他算子，对 Bratman 的理论进行逻辑形式化。他们的理论主要探讨了信念、时间对行为的影响，对愿望的概念有所忽略；但引入了“现实偏好”（realistic preference），认为信念蕴涵现实偏好：在主体相信公式φ为真时，她就不得不偏好φ为真，即使在未来某个时刻她相信φ为假；他们把意图的概念化归成信念、现实偏好、时间、行为，即利用后面四个概念对意图加以定义。[28] 详情请参见 2.2 节。

van Linder 等人（1995）[25] 提出的 KARO 逻辑，在对 Bratman 提

出的 BDI 方法进行逻辑刻画时，不是以时态逻辑而是以动态逻辑为基础。他们在动态逻辑的基础系统——命题动态逻辑[29]的基础上增加知识、信念和愿望以及表示执行动作的能力的模态算子。行动、知识、信念是初始概念，其他概念则是通过它们来定义。之后，van Linder（1996[30]，1997[31]）、van der Hoek 等人（1998）[32]以及 Meyer 等人（1999）[33]对 KARO 逻辑加以了发展和改进。详情请参见 2.4 与 2.5 节。

随后，又有不少学者对 BDI 逻辑系统进行了改进或扩展。例如，Governatori 等人（2002）[34]给出了 BDI 逻辑的纤维语义学（fibring semantics），把一种特殊的纤维形式——衔接（dovetailing），作为一种语义学方法整合到 BDI 逻辑中，然后给出了能够刻画 BDI 主体心理状态的静态方面和动态方面的互动公理，例示了能够刻画不同模态词交互语义的纤维函数的制约因素。这一研究成果使得表示信念、愿望、意图的不同模态算子和模型可以被黏合成一个完整的系统。

2.2 扩展的 BDI 逻辑的产生与发展

目前，BDI 逻辑的改进或扩展研究主要有：（1）情感 BDI 逻辑；（2）等级 BDI 逻辑；（3）情感等级 BDI 逻辑；（4）知识情感等级 BDI 逻辑。笔者认为：BDI 逻辑的改进或扩展研究主要有三种思路：（1）在 BDI 主体框架中增加考察因素，比如，情感 BDI 逻辑（Pereira et al.，2008）[35]；（2）充分利用无穷值的卢卡斯维茨（Łukasiewicz）逻辑或模糊逻辑的算法数值化的思想，把它们与 BDI 逻辑进行融合，把逻辑真值的取值范围由二值逻辑的{0，1}扩展到 0—1 之间的所有实数［0，1］，使得信念、愿望、意图的不同强烈程度对行动的不同影响得以更为精细的表征，比如等级 BDI 逻辑［（Casali et al.，2005）[36]及其之后多篇成果（Xiaojun Zhang et al.，2012a）[37]，参见第三章第一节］；（3）是把第（1）与第（2）种方法结合起来，既在 BDI 主体框架中增加情感考察因素，又对信念、愿望、意图的强烈程度进行模糊等级区分，比如情感等级 BDI 逻辑［（Xiaojun Zhang，2012b）[38]，参见第三章第二节］；（4）是在笔者（2012b）提出的情感等级 BDI 主体模型[13]的基础上，增加知识对主体行为决策和推理的影响这一考察因素，从逻辑学的视角，严格遵循 BDI 的形式化语义，通过定义不同的模态算子来建立知识情感等级 BDI 主体模型［（张晓君等，2014）[126]，参见第三章第三节］。

Pereira 等人（2008）提出的情感 BDI 逻辑在 Rao 和 Georgeff 等人的研究基础上，不仅就主体的信念、愿望和意图对主体行为的影响进行了形式分析，而且还就害怕、自信、焦虑等情感对主体行为的影响进行了形式分析。这使得我们能够更准确地刻画人类的行为，同时也为情感机器人的研究提供了理论支持。

Casali 等人（2005）[36]提出的等级 BDI 模型对主体的信念、愿望和意图的强烈程度进行了区分和表示。比如，越是强烈的愿望，在实数 0 与 1 之间的取值就越大。此等级 BDI 模型是在 Parsons 等人（2002）[39]的多背景（multi-context）的 BDI 模型的基础上，借助无穷值的 Łukasiewicz 逻辑，在不同的逻辑框架中，分别给出了信念 B、愿望 D 和意图 I 这三个模态算子的语言、语义、公理和推理规则，对等级 BDI 主体的不确定性行为进行了建模和实例分析；信念、愿望、意图之间的关系，以及它们对行动或者复合行动（即计划）的影响则是通过桥规则（bridge rules）给出的。这是 BDI 逻辑柔性化的重要开端。

之后，Casali 等人对自己 2005 年提出的等级 BDI 逻辑进行了一系列的改进与扩展。比如，Casali 等人（2008）[40]给出了对等级偏好（preference）和意图进行表示和推理的逻辑框架，对其进行了公理化；说明了愿望是如何与其他信息一起导致主体产生意图的；认为偏好是积极的愿望，限制（restriction）则是否定的愿望，偏好和限制对主体的意图乃至行动都有着重要的影响。

Casali 等人（2011a）[41]基于多背景系统，给出了等级 BDI 主体的执行语言及其操作语义；通过等级信念（graded belief）处理了环境的不确定性，并通过愿望和意图处理了积极的等级心智态度，这些态度是通过合适的模糊模态逻辑来表示的；在 Ambient 演算的基础上，给出了带有相应语义的多背景系统的多背景演算，该演算能够支持不同种类的多背景系统，展示了如何把一个等级 BDI 主体映射到该演算语言中。

Casali 等人（2011b）[42]给出了关于偏好的表示和推理的等级 BDI 模型——g-BDI 模型，该模型允许把主体看作是关于三个基本的等级心智状态（即信念、愿望和意图）的多背景系统，为它们提出了一个可靠且完全的逻辑框架，并使用能够容纳少许不同观点的愿望对其进行了某些逻辑扩展。

BDI 逻辑的研究一般都遵循这样的思路：先研究单主体系统，随着研究的深入再逐步扩展到多主体系统。例如，Criado 等人（2010）[43]就遵循了这样的思路，他们在单 BDI 主体研究的基础上，研究了如何提高开放性多 BDI 主体系统的协调效率，从而为等级 BDI 主体的行为提出了规范性慎思（normative deliberation）的思想：规范（norms）应该被主体内化，即主体的自主行为应该遵守规范；并使用识别背景和规范背景对 BDI 主体先前研究的多背景系统进行扩展，从而使得主体可以从周围环境中获得规范，并且在行为决策时考虑规范（详情请参见第四章）。

张晓君等人（Xiaojun Zhang et al.，2012a[37]，参见第三章第一节）提出的等级 BDI_{PDL+LL} 逻辑，首次实现了对 BDI 逻辑的第一种和第三种研究方法的融合研究。其大致思路如下：在 Casali 等人提出的等级 BDI 模型研究成果的基础上，借鉴其多背景思路，把无穷值的卢卡斯维茨逻辑和命题动态逻辑进行融合后，对等级 BDI 主体模型进行了公理化。具体地说，就是为信念、愿望和意图这三个模态词所表示的不同概念，建立起统一的克里普克模型，并把相应的公理添加到无穷值的卢卡斯维茨逻辑和命题动态逻辑后，提出了等级 BDI_{PDL+LL} 逻辑；等级 BDI_{PDL+LL} 主体的行为则是通过添加了具体条件的多种背景的不同测度（measure）来决定，从而达到了通过概率、必然性和可能性对不确定性行为进行表示和推理的目的。

紧接着，张晓君（Xiaojun Zhang，2012b[38]，参见第三章第二节）提出的情感等级 BDI 逻辑，首次在等级 BDI 逻辑的框架下对情感的强烈程度进行了不同的等级区分。此逻辑系统是在张晓君等人（Xiaojun Zhang et al.，2012a）提出的等级 BDI_{PDL+LL} 逻辑的基础上，结合 Pereira 等人（2008）对情感 BDI 主体的分析，对害怕、焦虑、自信等情感状态，以及信念、愿望和意图等心智状态进行了模糊等级区分和建模，就这些情感状态和心智状态对不确定性行为的影响进行了形式化和公理化，并对情感等级 BDI 主体在不同背景下的买房行动进行了形式化的实例分析。换言之，就是利用信念度（belief degree）、愿望度、意图度、害怕度、焦虑度和自信度对不确定性行为进行表示和推理。

本专著中的知识情感 BDI 逻辑（参见第三章第三节），是笔者在自己提出情感等级 BDI 逻辑的基础上提出来的。其思路如下：为了对知识、信念、愿望和意图以及害怕、焦虑和自信对决策行为影响的强烈程度进行形式化，把无穷值的卢卡斯维茨逻辑的真值取值范围从［0，1］扩展到［-1，1］。知识情感等级 BDI 主体的决策行为是通过添加了具体条件的不同背景的不同测度来决定；知识情感等级 BDI 主体模型清晰地表示了主体的知识状态、心智状态和情感状态的不确定性；此模型也可以轻易地向其他类型的主体进行推广。在给出了知识情感等级 BDI 模型的语言、语义，公理和演绎规则以及此模型的不同背景之间的相互关系之后，笔者对知识情感等级 BDI 主体的军事决策行为进行了实例分析。

总之，知识情感 BDI 逻辑是情感 BDI 逻辑的扩展改进版本；情感等级 BDI 逻辑则是等级 BDI 逻辑的扩展改进版本；而等级 BDI 逻辑则是传统 BDI 逻辑的扩展改进版本。

在现实世界中，我们有必要对信念、愿望和意图的强烈程度进行模糊等级区分和处理，以提高智能主体的可适应性和自主性。不论是 Casali 等人提出的等级 BDI 逻辑及其改进版本，还是张晓君等人

(Xiaojun Zhang et al.，2012a，参见第三章第一节）提出的等级 BDI_{PDL+LL}逻辑，抑或是张晓君（Xiaojun Zhang，2012b，参见第三章第二节）提出的情感等级 BDI 逻辑，抑或是本专著中的知识情感 BDI 逻辑（张晓君等，2014，参见第三章第三节），其逻辑真值的取值范围都是 0—1 之间或-1—1 之间的所有实数，属于柔性逻辑的范畴。这些逻辑均为符号的形式演绎和数值计算并存的连续值柔性高等逻辑，它们处理现实世界的能力远远超越了传统二值逻辑处理现实世界的能力，这为智能主体不确定性行为的表示和推理奠定了良好的基础。

第三节　研究目标、主要内容、基本思路和方法、重点难点、主要观点和创新

3.1　研究目标

本专著立足于不确定性行为的表示和推理，旨在为系统工程、先进分布仿真和分布式人工智能技术等提供形式支持，所以，在对现实世界进行逻辑形式化处理时，尽可能地考虑了计算机的可实现性。故，本专著采取理论研究与实例分析相结合的原则开展研究。

本专著主要从个体层面，重点研究主体的决策行为，主要是根据主体的知识状态，信念、愿望和意图等心智状态，以及害怕、焦虑和自信等情感状态及其相互关系来说明主体的内在行为的产生过程；描述主体的行为产生机制和行为表示方法，建立主体的决策行为模型，从而解释人的外在行为表现的内在产生机理；并且对仿人机器人的具体决策行为（比如军事仿真决策、买卖交易行为）进行实例分析。本专著将为今后探讨多主体的决策行为模型打下坚实的基础。

本专著将在国内外最新研究成果的基础上，不仅就主体的信念、愿望和意图对慎思主体决策行为的影响进行形式分析，而且还就害怕、自信、焦虑等情感状态和知识状态对慎思主体的决策行为的影响进行了形式分析。由于慎思主体在进行行为决策时，还需要考虑所处

环境的相应规范，故本专著对行为规范进行了研究。本专著旨在为包括人类在内的慎思主体的决策行为，提供更为统一、更为精细的逻辑刻画，从而为慎思情感机器人等仿真系统研究提供坚实的理论基础。

3.2 主要内容

本专著的主要研究对象是：面向现实世界而且处于多背景中的信念、愿望和意图的慎思 BDI 主体或慎思情感 BDI 主体。全文以主体不确定性行为的决策和推理以及行为规范为主要内容。具体内容如下：

第一章绪论围绕主体行为产生和决策的机理和实质，重点论述本专著的研究背景、国内外相关研究以及 BDI 逻辑及其扩展的产生与发展等内容。

第二章主要从以下五个大的方面对基于 BDI 逻辑的 Agent 行为表征进行了研究。

（1） Bratman 的信念—愿望—意图理论。

（2） Cohen 和 Levesque 关于意图的方法。其中包括：（a）行动与时间（这主要从标准的命题动态逻辑和线性的命题动态逻辑两方面进行论述）；（b）信念和偏好；（c）行动、时间、信念和偏好逻辑；（d）行动、时间、信念和偏好逻辑的扩展研究。

（3） Rao 和 Georgeff 的 BDI 逻辑。其中包括：（a）非形式语义；（b）形式理论，其中又包括：语法；可能世界语义（主要从事件的语义，以及信念、目标和意图的语义这两个方面论述）；公理化和语义条件；（c）作为变化公理的承诺；（d）逻辑性质。

（4） KARO 逻辑。其中包括：（a）关于理性主体的 KARO 逻辑；（b）关于情感主体的 KARO 逻辑。

（5） stit 逻辑中的 BDI - 模态词。其中包括：（a）瞬间 stit 中的 BDI 模态词（其中又包括：CSTIT 逻辑；BDI - stit 逻辑；BDI 逻辑、stit 逻辑与后悔）；（b）在 XSTIT 逻辑中的 BDI 模态词：动态视角（其中又包括：XSTIT 系统；知道做）。

第三章主要从以下三个大的方面开展了基于扩展 BDI 逻辑的主体行为表征的创新性研究。

（1）基于等级 BDI 逻辑的行为表征研究。

（2）基于情感等级 BDI 逻辑的行为表征研究。

（3）基于知识情感等级 BDI 逻辑的行为表征研究。

这三方面的研究几乎都遵循了这样的研究模式：首先对相应逻辑进行非形式描述，然后从相应逻辑的语言、语义、公理和演绎规则、可靠性和完全性这几个方面对相应逻辑系统进行公理化，之后利用相应逻辑系统对主体复合行动进行形式刻画，最后应用相应理论对主体的买房行为或军事决策行为进行实例分析。

第四章主要从等级 BDI 逻辑的视角，对基于扩展 BDI 逻辑的主体行为规范进行了研究。主要包括：（a）相关基础知识：多背景 BDI（其中又包括 BDI 背景与桥规则）；（b）规范模型方案；（c）规范 BDI 结构（其中又包括识别背景、规范背景和规范桥规则）；（d）实例研究的执行。

需要特别提醒的是：为了方便阅读，每章末尾都附有本章小结。

3.3 基本思路与方法

全文以基于 BDI 逻辑及其扩展的慎思 Agent 不确定性行为决策和推理以及行为规范为主要研究内容。本研究主要以 Pereira 等人（2008）[35]、Casali 等人（2005[36]，2011a[41]，2011b[42]）、Rao 和 Georgeff（1991[23]，1995[26]，1998[27]）、Criado 等人（2010）[43]、Meyer 等人（2012）[28]、Galind 和 Saffiotti（2013）[125]、Puică 和 Florea（2013）[110]等相关文献为基础，借鉴其研究思路和研究方法，并对其研究成果进行了综合、拓展、延伸和创新。每章具体研究思路与方法如下：

第一章绪论部分主要围绕主体行为的产生、决策和推理的机理和实质来展开相关内容的论述。

第二章主要以 Rao 和 Georgeff（1991[23]，1995[26]，1998[27]）等

成果为基础，重点研究了目前影响最为深远的 Rao 和 Georgeff 的 BDI 逻辑。其思路为：借助分支时间时态逻辑的方法，引入了信念、目标（有时也用愿望来代替）和意图这三个模态算子，借助可能世界语义学，为这些算子建立克里普克模型；在对不同类型的主体进行形式化分析时，通过加入特定的条件以保持主体的信念、目标和意图的持续性。信念、目标、意图之间的关系及它们对决策行为的影响通过一些公理表征，比如信念—目标兼容性公理和目标—意图兼容性公理。

在第三章中，第一节"基于等级 BDI 逻辑的行为表征研究"，是笔者在第二章研究的基础上，既在 BDI 主体框架中增加考察因素，又对信念、愿望、意图的强烈程度进行模糊等级区分；并借鉴 Casali 等人（2005[36]，2008[40]，2011a[41]，2011b[42]）的研究成果，充分利用无穷值的 Łukasiewicz 逻辑或模糊逻辑的算法数值化的思想，把它们与 BDI 逻辑进行融合，把逻辑真值的取值范围由二值逻辑的{0，1}扩展到0—1之间的所有实数［0，1］，使得信念、愿望、意图的不同强烈程度对决策行为的不同影响得以更为精细的表征，并对不确定性决策行为进行实例分析。具体地说，就是为信念、愿望和意图这三个模态词所表示的不同概念，建立起统一的克里普克模型，并把相应的公理添加到无穷值的 Łukasiewicz 逻辑和命题动态逻辑中；等级 BDI 主体的行为则是通过添加了具体条件的多种背景的不同测度来决定。

第二节"基于情感等级 BDI 逻辑的行为表征研究"，是笔者在第一节的等级 BDI 逻辑基础上，并借鉴 Pereira 等人（2008[35]）等研究成果，通过情感对主体的可适应性和自主性的影响的形式分析，对害怕、焦虑、自信等情感状态，以及信念、愿望和意图等心智状态进行模糊等级区分和建模，利用信念度（belief degree）、愿望度、意图度、害怕度、焦虑度和自信度对不确定性决策行为进行表示和推理，并对该逻辑系统进行形式化和公理化，并对情感等级 BDI 主体的具体决策行为进行实例分析。

第三节"基于知识情感等级 BDI 逻辑的行为表征研究"，是笔者在第二节的情感等级 BDI 逻辑的基础上，引入表示关键性知识的模态算子，建立相应的克里普克模型，对知识情感等级 BDI 慎思主体的决策行为进行处理。关键是利用意图函数可以把知识状态、心智状态、情感状态对决策行为的影响最后都转化成意图度，即意图度承载了其他所有要考察因素所携带的信息。我们还可以根据具体要考察的模型（比如军事决策行为模型），对知识状态、心智状态、情感状态对意图度的影响赋予不同的权重，并根据实践反馈的信息对权重进行不断修改完善。为了减少引入模态算子的个数，使得模型简洁，并能够同时处理更多的考察因素，笔者把无穷值的 Łukasiewicz 逻辑的取值范围从 [0，1] 扩展到 [-1，1]。并规定：促使主体采取行动的知识状态、心智状态和情感状态的正向因素所对应的真值隶属度 $\in [0, 1]$；阻止主体采取行动的知识状态、心智状态和情感状态的反向因素所对应的真值隶属度 $\in [-1, 0]$。知识、情感和心智等不同模态算子的融合过程，则是建立在扩展的无穷值的 Łukasiewicz 逻辑和命题动态逻辑的基础之上，而得到的多模态逻辑系统。

第四章主要从等级 BDI 逻辑的视角，对基于扩展 BDI 逻辑的主体行为规范进行了研究。主要研究了 Criado 等人（2010）[43] 的工作，其研究思路是在单 BDI 主体研究的基础上，研究如何提高开放性多 BDI 主体系统的协调效率；并为等级 BDI 主体的行为提出了规范性慎思的思想：规范应该被主体内化，即主体的自主行为应该遵守规范；并使用识别背景和规范背景对 BDI 主体先前研究的多背景系统进行扩展，从而使得主体可以从周围环境中获得规范，并且在行为决策时考虑规范。

3.4 重点与难点

第一章和第二章是全文的思想基础和技术基础；第三、四章是在前两章基础上的拓展研究。第三章是全文研究的重点和创新内容。

第三章也是全文研究的难点，尤其是第三章第三节的“基于知识情感等级的 BDI 逻辑的主体行为表征研究”部分。这是由于要同时考察知识状态、情感状态、心智状态对决策行为的影响，就涉及不同模态算子之间应该如何融合的问题，以及在逻辑推理过程中如何处理符号的形式演绎和数值计算的问题。

3.5 主要观点

第一章的主要观点有：

（1）“行动”或“行为”是哲学和人工智能等诸多学科研究的核心概念。对于具有自我意识的机器人而言，行动就是通过感知信息控制执行过程的算法。对机器人的拟人行为的研究是人工智能的核心、关键。本专著立足于不确定性行为的表示和推理，采取理论研究与实例分析相结合的原则开展研究，旨在为系统工程、先进分布仿真和分布式人工智能技术等提供形式支持，并为慎思情感机器人等仿真系统研究提供坚实的理论基础，具有重要的理论价值和实践意义。

（2）主体强调理性作用，可以作为描述机器智能、动物智能和人类智能的统一模型。主体是一种通过传感器感知其环境，并通过执行器作用于该环境的实体，可以定义为一种从感知序列到实体动作的映射。这一定义使得我们可以通过函数和数值等形式化的方法来处理主体的行为。

（3）使用认知建模技术对人类行为进行细致建模，使得仿真实体能够在不需要人的交互而自动地对环境中的事件和状态做出实时正确的反应，可以节省大量的人力、物力、时间和资金。基于 Agent 的行为建模具有自寻优、自适应、自解释和学习的功能，这贴合了仿真系统的需要。

（4）Agent 典型的行为模型就是 BDI 逻辑框架，它着重研究信念、愿望、意图与主体行为的关系及其形式化描述。由于 BDI 逻辑系统易于在计算机中得以实现，所以，备受计算机科学、人工智能、系统工程等领域相关专家的青睐。BDI 主体模型已经在这些领域得到了广泛的应用。

（5）基于 BDI 主体的行为建模方法主要有两种：其一是从逻辑

学的视角来研究，其二是从人工智能和系统工程的可实现性的视角来研究。本专著主要从逻辑学的角度，研究基于 BDI 逻辑及其扩展的慎思 Agent 的行为决策和推理以及行为规范等内容。

（6） Bratman （1987） 为后续 BDI 逻辑的产生奠定了坚实的哲学理论基础。目前，对这一理论进行了形式化的方法主要有三种：（a） 以分支时态逻辑为基础的方法；（b） 以线性时态逻辑为基础的方法；（c） 以命题动态逻辑为基础的方法。

（7） BDI 逻辑的改进或扩展研究主要有四种：（a） 情感 BDI 逻辑；（b） 等级 BDI 逻辑；（c） 情感等级 BDI 逻辑；（d） 知识情感等级 BDI 逻辑。其中后两种逻辑是笔者所独创，同时笔者对第二种已有的等级 BDI 逻辑也进行了改进和完善。而且后三种逻辑系统都是符号形式演绎和数值计算并存的连续值柔性逻辑系统。

（8） 由于慎思 Agent 的自主行为应该遵守规范，而且慎思 Agent 在行为决策和推理时也应该考虑规范。基于等级 BDI 主体的规范性慎思行为的基本思想是规范应该被主体内化，即主体的自主行为应该遵守规范；使用识别背景和规范背景可对 BDI 主体先前研究的多背景系统进行扩展，从而使得主体可以从周围环境中获得规范，并且在行为决策时考虑规范。

（9） 智能科学的深入发展对当代逻辑学总的转变需求是从排斥一切矛盾到包容辩证矛盾。具体要求实现：从刚性逻辑到柔性逻辑、从一维空间到多维空间、从完全信息到不完全信息的转变。因此，信息时代呼唤更多的连续值柔性高等逻辑的诞生。这就需要我们尽快跟上时代的步伐，改变我国过分重视经典逻辑、对当代逻辑重视不够、理论与实践脱节的现状。

第二章的主要观点有：

（1） BDI 逻辑的基本概念来自于 Bratman （1987）[22] 的信念—意图—愿望理论：认为信念、愿望和意图在影响人类行为决策和推理的过程中起着重要的作用；并把注意力集中在伴随着主体行动的面向未来的意图，其特点是意图是更高级别的计划；意图引起深思并激发规划；意图伴随着为实现该意图的承诺（commitment）；引入对主体行动起激励作用的前态度，对信念、愿望和意图加以区分；意图具有惯性（inertia），而且是进一步实际推理的一个输入。之后，有多位学者对 Bratman 的理论进行了形式化。其中，有代表性的主要有：Cohen 和 Levesque（1990）[45] 的 BDI 逻辑、基于分支时间时态逻辑的 Rao 和 Georgeff（1991）[23] 的 BDI 逻辑、基于动态逻辑的 KARO 逻辑[25, 30—33] 框架，以及基于务必做到（seeing to it that，简称 stit）逻辑的 BDI 逻辑。

（2）Cohen 和 Levesque（1990）[45] 关于意图的方法，试图实现 Bratman（1987）的哲学分析模型：以线性时序逻辑和可能世界语义学为基础，使用信念、现实偏好、时间和行动的概念，并通过定义级联（cascade）的方式定义了意图模态算子，研究了信念、目标、持续目标、意图以及理性的逻辑表达和演算；其逻辑是命题动态逻辑的线性版本。

（3）Rao 和 Georgeff（1991）[23] 为 BDI 主体的理性行为进行了建模，他们借助分支时间时态逻辑的方法，引入了信念、目标和意图这三个模态算子，借助可能世界语义学，为这些算子建立克里普克模型；在对不同类型的主体进行形式化分析时，通过加入特定的条件以保持主体的信念、目标和意图的持续性。信念、目标、意图之间的关系及它们对行动的影响通过一些公理表征，比如有信念—目标兼容性公理；目标—意图兼容性公理；意图导向行动公理等。

（4）KARO 逻辑是在一系列文章[25, 30—33] 的基础上逐步发展而成的。其中，行动、知识或信念是初始概念，其他主体概念则是通过它们来定义而得到的；除了有像 BDI 一样的诸如知识、信念、愿望和目标这类概念和算子外，还存在把行动作为诸如能力和承诺论元的算子，如 Can 算子和（可能的）意图算子；所有这些算子都可以用来描述主体的心智状态；具体行动可以用来改变主体的心智状态；为了对知识/信念以及具体行动的动机进行处理，修正行动、承诺行动和未承诺行动被添加到该语言中；行动被建模成“模型/状态对”转换装置，以强调行动对主体的知识、信念和愿望的综合状态而不仅仅是对世界状态的影响；能力和承诺则是通过能够产生每个“模型/状态对”相关信息的函数给出的。

（5）任何 BDI 逻辑的实质部分都具有动态性，其动态性要么在动态逻辑、要么在时态逻辑、要么在务必做到逻辑的基础上形成。在 stit 逻辑中：把行动看作是主体与她能够看到的效果之间的关系，并把时态结构推广到选择结构中，公式的真值常常表达的是世界的动态信息。Semmling 和 Wansing（2008）[78] 把 BDI 模态词添加到基本 Chellas 的 stit 逻辑中，得到了 BDI-stit 形式系统。Lorini 和 Schwarzentruber（2011）[80] 以最直接的方式把知识添加到 stit 框架中，考察了后悔这一反事实情感。XSTIT 逻辑解决了 BDI 与 stit 算子融合后的动态解释问题。

第三章的主要观点有：

（1）在现实世界中，我们有必要对信息进行更加细致的量化，即我们需要对信念、愿望和意图的强烈程度进行区分和处理，这有助于提高主体的可适应性和自主性。等级 BDI 模型通过对主体的信念、愿望和意图的强烈程度进行区分和表示，能够对主体的不确定性行为进行表示和推理。不确定性推理可以通过选择合适的多值逻辑，并定义适当的模型理论来进行处理。

（2）笔者在第一节中提出的等级 BDI 逻辑 g-BDI_{PDL+LL}，借鉴了以 Parsons 等人（2002）[39] 的多背景系统，对 Casali 等人（2005）[36] 的等级 BDI 模型进行了改进：把 B、D 和 I 这三个模态词所表示的不同概念，建立在一个统一的逻辑框架中；等级 BDI 模型是建立在无穷值的 Łukasiewicz 逻辑和命题动态逻辑的基础上，并对这一逻辑系统进行了公理化，从而使得等级 BDI 主体的不确定性行为得到了比 Casali 等和 Parsons 等人的工作更为清晰一致的形式刻画。

（3）主体根据信念、愿望、意图进行行为决策和推理的过程可概括成图 2.1。

（4）情感 BDI 主体是指主体行为不仅受到信念、愿望和意图的

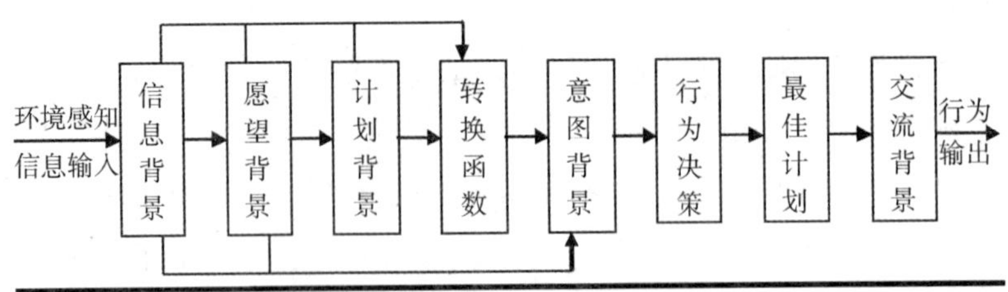

图 1.1 等级 BDI 主体的一般结构

支配，而且其行为推理和决策还受到情感的影响的主体。笔者在第二节中提出的情感等级 BDI 逻辑，则是对 Pereira 等人（2008）的情感 BDI 逻辑[35]和 Casali 等人（2005）提出的等级 BDI 逻辑[36]进行融合得到的，即在笔者在第一节中提出的等级 BDI 逻辑[37]中，加入了对情感因素的考察，这也是对这些逻辑的改进和扩展研究，这将为情感机器人的研发打下良好的基础。在对情感等级 BDI 模型的相关概念进行逻辑表示，并为 BDI 主体的几种情感，比如害怕（fear）、焦虑（anxiety）、自信（self-confidence）等情感状态，以及信念、愿望和意图等心智状态进行模糊等级区分和建模的基础上，分析情感对智能主体不同行为的影响，旨在为分布式人工智能提供形式支持。

（5）笔者在第三节提出的知识情感等级 BDI 逻辑，是笔者在第二节提出的情感等级 BDI 主体模型[38]的基础上，增加知识对主体行为决策和推理的影响这一考察因素，即增加了表示知识的模态算子，以考察知识，信念、愿望和意图等心智状态，以及害怕、焦虑、自信等情感状态与主体行为决策和推理之间的关系。并非所有知识都是足道的，为了简化模型，笔者只考虑关键性知识。为了减少引入模态算子的个数，使得模型简洁，并能够同时处理更多的考察因素，笔者把无穷值的卢卡斯维茨逻辑的取值范围从［0，1］扩展到［-1，1］，并规定：促使主体采取行动的知识状态、心智状态和情感状态的正向因素所对应的真值隶属度$\in$［0，1］；阻止主体采取行动的知识状态、心智状态和情感状态的反向因素所对应的真值隶属度$\in$［-1，0］。此成果属于原创性成果。

（6）知识情感BDI逻辑是情感BDI逻辑的扩展改进版本；情感等级BDI逻辑则是等级BDI逻辑的扩展改进版本；而等级BDI逻辑则是传统BDI逻辑的扩展改进版本。前三种逻辑系统都是把（扩展的）无穷值卢卡斯维茨逻辑与命题动态逻辑，进行融合后而产生的多模态逻辑系统；也都是符号的形式演绎和数值计算并存的连续值柔性逻辑系统，更加贴合信息时代对当代逻辑的需求。

第四章的主要观点有：

（1）在现实生活中，主体的行为不仅仅要受到其知识状态、信念、愿望和意图等心智状态，以及害怕、焦虑、自信等情感状态的影响，而且还要遵守其所生活的社会的道德规范和法律规范，这是我们建立和谐共生的美好社会必不可少的基本要求。也就是说，慎思Agent的自主行为应该遵守规范，而且慎思Agent在行为决策和推理时也应该考虑规范，可见，对主体行为规范的研究具有极为重要的理论意义和现实意义。

（2）Criado等人（2010）[43]在单BDI主体研究的基础上，研究了如何提高开放性多BDI主体系统的协调效率，从而为等级BDI主体的行为提出了规范性慎思的思想：规范应该被主体内化，即主体的自主行为应该遵守规范；使用识别背景和规范背景，可对BDI主体先前研究的多背景系统进行扩展，从而使得主体可以从周围环境中获得规范，并且在行为决策时考虑规范。

（3）Criado等人（2010）[43]通过向通常的BDI结构中，添加识别背景和规范背景，就可以得到规范的BDI结构。识别背景负责规范的鉴别过程，规范背景允许主体在其行为决策的过程中考虑规范。从这一意义上讲，规范从两个方面影响主体：一是当规范被识别并接受后，主体在制订新的计划时就会考虑规范；一是当被接受的规范处在有效期内时，那么规范的实例将会在选择最适合的且遵守规范的最佳计划的制订过程中被应用到。

（4）Galind和Saffiotti（2013）[125]则使用语义知识对规范进行编码，使得机器人能够根据这些规范对偏差进行推理，从而生成能够纠正偏差的目标。关键的步骤就是在一个本体（ontology）中对规范进行合适的编码，每次违反规范都会使得机器人能够检测到不一致的状态。那么，机器人就会产生一个恢复到一致状态的目标，之后机器人会把这一目标转化成行动。为此，需要通过为移动机器人提供具有目标自治（goal autonomy）的受限形式：即，使得机器人具有从自身目标出发追求普通目的（generic aims）的能力。

3.6 主要创新

全文的创新内容主要体现在第三章中，这是有别于国内外学者工作的国际前沿研究。笔者的主要的创新有：

（1）在把无穷值的 Łukasiewicz 逻辑和命题动态逻辑进行融合后，提出了等级 BDI_{PDL+LL} 逻辑和情感等级 BDI 逻辑这两个逻辑系统，从这两个逻辑的语言、语义、公理和演绎规则、可靠性和完全性这几个方面对这两个逻辑系统进行公理化，并研究了相应逻辑对主体复合行动进行的形式刻画，最后应用它们对相应主体的买卖交易行为决策进行了实例分析。

（2）为了对知识、信念、愿望和意图以及害怕、焦虑和自信对主体决策行为影响的强烈程度进行形式化，笔者把无穷值的卢卡斯维茨逻辑的真值取值范围从［0，1］扩展到［-1，1］，并提出了知识情感等级 BDI 逻辑，清晰地描述了主体的知识状态、心智状态和情感状态的对主体不确定性行为的影响。

（3）笔者提出的这三个逻辑系统都是符号的形式演绎和数值计算并存的连续值柔性逻辑系统。而且这三个行为表征模型都可以很轻易地向包括其他知识状态、心智状态和情感状态的主体进行推广。尤其是笔者把无穷值的卢卡斯维茨逻辑的真值取值范围从［0，1］扩展到［-1，1］这一创意，可以使得我们既可同时处理更多的考虑因素，又可使得所建立的模型得以简化，并大大降低相应的计算复杂性。

第四节 信息时代呼唤更多的连续值柔性高等逻辑的诞生

为了能够精细刻画复杂多样的现实世界，逻辑学也应该有多种形态。就像图像是描述视觉世界的状态和变化规律的工具一样，逻辑则是描述信息世界状态和变化规律的工具。如果把图像中的一个像素点与逻辑中的一个命题进行对应的话，则二值逻辑对应于二值图像、多值逻辑对应于多值图像、连续值逻辑对应于灰度图像、多维逻辑对应于彩色图像、缺省逻辑对应于缺省图像、动态逻辑对应于动画或视频。[44]4—5

智能科学的深入发展对当代逻辑学总的转变需求是：从排斥一切矛盾到包容辩证矛盾。[44]16—19具体表现在以下这三个方面的需求转变上：（1）从刚性逻辑到柔性逻辑（经典逻辑就是刚性逻辑；模糊逻辑、概率逻辑、无穷值的卢卡斯维茨逻辑这几种连续值逻辑都是柔性逻辑）；[44]19—24 （2）从一维空间到多维空间（经典逻辑的真值空间是 $\{0, 1\}$，其真值是一维空间的数；在许多实际问题中，命题的真值需要使用高维空间中的数组来表示，例如，八值逻辑的真值空间是三维空间 $\{0, 1\}^3$，其真值是 $x = <x_1, x_2, x_3>$，可表示 <低限值，理想值，高限值>，或 <变前值，当前值，变后值>等；复杂系统行为中有很多与尺度无关的分维特性，分维逻辑则可能成为描述这些逻辑的有力工具）；[44]25 （3）从完全信息到不完全信息（经典逻辑的推理过程是在信息完全已知的情况下封闭地进行；而现实中的诸多问题需要在信息不完全、信息不断变化甚至存在严重干扰、事物不断演化的情况下进行处理的，要求主体根据先验知识、信念或假设进行推理，待出现问题或新情况后再调整；目前对不完全信息进行处理的有非单调逻辑、次协调逻辑、开放逻辑等）。[44]25—26

经典逻辑反映了信息世界的基本规律，开启了信息时代的大门，因而信息时代的核心基础理论是逻辑；[44]10—12但是经典逻辑只是初等逻辑，智能科学更需要柔性高等逻辑的护航；[44]3—14当代逻辑学研究需要在排除各种逻辑矛盾的同时，逐步放开各种约束条件，以便包容和处理各种辩证矛盾、不确定性和事物的演化过程，以满足信息时代发展的需要。[44]17 20世纪70年代发展起来的不确定推理方法，以及80年代发展起来的模糊逻辑和人工神经网络，构成了软计算（针对传统逻辑的“硬”计算而言）的主要部分。[14]14 从本质上讲，这些软计算要么是柔性逻辑，要么大致与柔性逻辑相对应。

笔者的看法是：（1）经典逻辑是我们学习研究高等逻辑的必不可少的基础和必经之道，予以适当重视即可。（2）信息时代急切呼唤更多的连续值柔性高等逻辑的诞生；高等逻辑可以是符号的形式演绎和数值计算并存的连续值柔性逻辑，这有利于逻辑理论的计算机实现。（3）当代逻辑学研究不能够仅仅满足于在纯理论的怪圈中转悠，而应该与社会生产实践相结合，大力开展跨学科研究，把研究成果转化为现实的社会生产力。换句话说就是，我们在对现实世界进行逻辑形式化处理时，要尽可能地考虑计算机的可实现性。只有这样，逻辑学研究才会有更广阔的发展空间，我们也才会有更精彩的舞台挥洒我们的激情和创意。

逻辑学界研究逻辑与人工智能界、计算机科学界等学界研究逻辑的视角、方式、方法都大相径庭，这值得我们逻辑学界的反思：逻辑学界究竟要何去何从？是在纯理论中裹足不前？还是迎头赶上智能科学的极大需求？逻辑学界研究逻辑的方式、方法应该有个突飞猛进的提升，因为学海无涯，但吾生却有涯啊！

目前，全国逻辑学研究大都是自发的、无序的。在笔者看来，在充分尊重学者们研究兴趣的基础上，中国逻辑学会应该组织引导并统筹安排全国逻辑学者的研究，70%的逻辑学者应该去研究柔性高等逻辑，有30%的逻辑学者研究其他内容就足够了。而目前的状况是：研究传统逻辑的学者的比例过大，估计不到30%的逻辑学者在研究柔性高等逻辑。笔者祈盼这一现状能够尽快得到改善，以满足日新月异的现代高科技社会对柔性高等逻辑的急切需求。

本章小结

(1)“行动”或“行为”是哲学和人工智能等诸多学科研究的核心概念。对于具有自我意识的机器人而言：行动就是通过感知信息控制执行过程的算法。对机器人的拟人行为的研究是人工智能的核心、关键。行为建模是构建仿真主体系统的关键，是系统工程、先进分布仿真和人工智能技术的重点、难点和核心。本专著立足于不确定性行为的表示和推理，采取理论研究与实例分析相结合的原则，旨在为系统工程、先进分布仿真和分布式人工智能技术等提供支持，为慎思情感机器人等仿真系统研究提供坚实的理论基础，具有重要的理论价值和实践意义。

(2) 主体强调理性作用，可以作为描述机器智能、动物智能和人类智能的统一模型。主体是一种通过传感器感知其环境，并通过执行器作用于该环境的实体，可以定义为一种从感知序列到实体动作的映射。这一定义使得我们可以通过函数和数值等形式化的方法来处理主体的行为。

(3) 使用认知建模技术对人类行为进行细致建模，使得仿真实体能够在不需要人的交互而自动地对环境中的事件和状态做出实时正确的反应，可以节省大量的人力、物力、时间和资金。基于 Agent 的行为建模具有自寻优、自适应、自解释和学习的功能，这贴合了仿真系统的需要。

(4) Agent 典型的行为模型就是 BDI 逻辑框架，它着重研究信念、愿望、意图与主体行为的关系及其形式化描述。由于 BDI 逻辑系统易于在计算机中得以实现，所以，备受计算机科学、人工智能、系统工程等领域相关专家的青睐。BDI 主体模型已经在这些领域得到了广泛的应用。

(5) 基于 BDI 主体的行为建模方法主要有两种：其一是从逻辑学的视角来研究；其二是从人工智能和系统工程的可实现性的视角来

研究。本专著主要从逻辑学的角度，研究基于BDI逻辑及其扩展的慎思Agent的行为决策和推理以及行为规范等内容。

（6）Bratman（1987）为后续BDI逻辑的产生奠定了坚实的哲学理论基础。目前，对这一理论进行了形式化的方法主要有三种：（a）以分支时态逻辑为基础的方法；（b）以线性时态逻辑为基础的方法；（c）以命题动态逻辑为基础的方法。

（7）BDI逻辑的改进或扩展研究主要有四种：（a）情感BDI逻辑；（b）等级BDI逻辑；（c）情感等级BDI逻辑；（d）知识情感等级BDI逻辑。其中后两种逻辑是笔者所首创，同时笔者对第二种已有的等级BDI逻辑也进行了改进和完善。而且后三种逻辑系统都是符号形式演绎和数值计算并存的连续值柔性逻辑系统。

（8）由于慎思Agent的自主行为应该遵守规范，而且慎思Agent在行为决策和推理时也应该考虑规范。基于等级BDI主体的规范性慎思行为的基本思想是规范应该被主体内化，即主体的自主行为应该遵守规范；使用识别背景和规范背景可对BDI主体先前研究的多背景系统进行扩展，从而使得主体可以从周围环境中获得规范，并且在行为决策时考虑规范。

（9）智能科学的深入发展对当代逻辑学总的转变需求是从排斥一切矛盾到包容辩证矛盾。具体要求实现：从刚性逻辑到柔性逻辑、从一维空间到多维空间、从完全信息到不完全信息的转变。因此，信息时代呼唤更多的连续值柔性高等逻辑的诞生。这就需要我们尽快跟上时代的步伐，改变我国过分重视经典逻辑、对当代逻辑重视不够、理论与实践脱节的现状。

第二章　基于 BDI（信念—愿望—意图）逻辑的 Agent 行为表征研究

在理性主体的设计过程中，信念、愿望（或目标）和意图所扮演的作用，哲学界和人工智能界的学者已经有了深刻的认识。大多数哲学理论认为，意图可以化归成信念和愿望。而 Bratman（1987）[22] 坚信，在实际推理的过程中，意图扮演着重要而不同的作用，并提出了意图规划理论（planning theory of intention），把意图看作是行为的部分规划；认为在社会生产实际中，这些规划支持我们的日常活动随着时间的推移进行动态推理。这为 BDI 逻辑的形成和发展奠定了坚实的哲学基础，并对人工智能产生了广泛的影响①。

BDI 逻辑的基本概念来自于 Bratman（1987）[22]，之后有多位学者对其进行了形式化。其中，有代表性的主要有 Cohen 和 Levesque（1990）[45] 的 BDI 逻辑、基于分支时间时态逻辑的 Rao 和 Georgeff（1991）[23] 的 BDI 逻辑、基于动态逻辑的 KARO 逻辑框架，以及基于务必做到逻辑的 BDI 逻辑。

本章主要对基于 BDI 逻辑的 Agent 行为表征研究进行了梳理。结构安排如下：第一节论述了 Bratman 的信念—愿望—意图理论；第二节介绍了 Cohen 和 Levesque 关于意图的方法；第三节详细论述了 Rao 和 Georgeff 的 BDI 逻辑；第四节介绍了 KARO 逻辑；第五节讨论了

① 截至 2012 年 10 月 27 日，此文已经被引用 3401 次。

stit 逻辑中的 BDI - 模态词①。

第一节 Bratman 的信念—愿望—意图理论

Bratman (1987)[22]从民俗心理学理论 (folk - psychological theory) 的角度，解释了信念、愿望和意图是如何影响人类的行为决策和推理。当人工智能领域的学者把他的理论实际应用到人工主体时，就导致了面向主体的新的计算范例的程序设计技术的诞生。

信念和愿望在影响人类行为决策和推理的过程中起着重要的作用。Dennett (1987)[53]认为，作为理性主体的实体的行为选择，似乎受其信念和愿望的操控。为了更为全面地理解人类实际行为推理，Bratman 认为有必要引入意图这一概念。意图不仅仅是一个单纯的愿望，而且还包含了主体不会很快放弃的承诺 (commitment)。例如，一个主体的愿望是：能够在北京大学作报告，这仅仅是一个单纯的愿望，她不一定为了这个愿望而采取实际的措施，可能她受限于自身的条件 (比如她连大学都没有上过)。但如果一个主体有了明天要在北京大学作报告的意图，这就不仅仅是个单纯的愿望，她会采取实际的措施，并制订计划来实现这个意图 (比如，取消其他计划，或者确保笔记本已经装在包里)，除非特殊或意外情况发生，导致她取消这个意图，不然她明天将在北京大学作报告。

Bratman 把注意力集中在面向未来的意图 (future-oriented intentions)，这类意图有别于面向当前的意图 (present-oriented intentions)。面向未来的意图伴随着主体的行动，更确切地说，伴随主体的意图行动 (intentional actions)。为了对信念、愿望和意图加以区分，Bratman 引入了前态度 (pre-attitude) 的概念。前态度就是对主

① 本章主要参考 Meryer 等人 (2012)[28]与 Rao 和 Georgeff (1991)[23]等文献为来介绍相关内容的。为了使得全文的符号尽可能统一，以方便读者阅读和对比，笔者对其逻辑符号进行了部分简化和改写。

体行动起激励作用的心智态度。愿望和意图都是前态度，而信念则常常不是。意图是对行为进行控制的前态度，而通常的愿望仅仅对行动有着潜在的影响。涉及未来导向意图的承诺意愿大小，则是由意图的行为控制特性决定的，作为行为控制的一个前态度，意图常常涉及对行动的一个特别承诺，而通常的愿望则没有。

除了把意图等同于行为控制的前态度外，Bratman 认为意图还具有别的性质：意图具有惯性（inertia），而且是进一步实际推理的一个输入。意图的惯性是指，意图抵制对其进行再思考，一旦一个意图形成（而且对行动的承诺也已经形成），意图通常会保持其完整性直到行动时间到来。即意图具有稳定性或惯性。意图会对进一步的行动决策和推理产生影响，意图的精练（对更具体行动的意图）也会起作用。例如，一个主体有了明天到北京大学作报告的意图后，可以形成开车去北京大学作报告这样更为具体的意图。有了这第二个意图后，考虑去北京大学的火车时刻表就不再合理，但在第一个意图之后，这么考虑则是合理的。这就导致我们把意图看成是，不同于信念和愿望的独特的心智状态。先前的意图和计划决定了待选项是否通过。意图的这一特性就要求意图和信念具有一致性：意图是相对主体相信为真的世界而言的。

Bratman 认为，意图与计划（plans）具有内在联系：计划就是意图。它们都具有意图的特性：它们抵制对其进行再思考、具有惯性；它们都是行为的操控者，而不仅仅是行为的影响者；它们都为进一步的实际推理和规划（planning）提供关键输入。但与简单意图相比，它们显得更为复杂：从不完全的意义看，简单意图仅仅是意图和计划的典型部分。典型情况是，主体有做某件事情的部分计划，之后再考虑计划的细节。意图和计划具有等级结构：关于目的的计划嵌套了关于手段的计划和初始步骤，更一般的意图则嵌套了更具体的意图。

总之，Bratman 认为，面向未来的意图具有如下特点：(1)意图是更高级别的计划；(2)意图引起深思并激发计划，意图常常会导致对更高级别的计划的精练，从而得到更加具体的计划；(3)意图伴随着为实现该意图的承诺；(4)仅仅在如下几种情况下，主体才会放弃其意图：意图已经实现；她相信该意图不可能实现；为了有利于另一个意图。

Bratman 的信念—愿望—意图理论仅仅是个半形式化系统，此理论给出了信念、愿望和意图这些基本概念，并说明了它们之间的关系，但并没有给出它们的形式语义。完成此理论的形式语义的工作的是 Cohen 和 Levesque (1990)[45] 以及 Rao 和 Georgeff (1991)[23]，这两篇论文因为其极高的引用率，分别于 2006 年和 2007 年获得了 IPAAMAS 奖——自主 (autonomous) 主体和多主体系统的影响文章奖。

第二节　Cohen 和 Levesque 关于意图的方法

Cohen 和 Levesque (1990)[45] 试图实现 Bratman (1987) 的哲学分析模型，他们以线性时序逻辑和可能世界语义学为基础，研究了信念、目标、持续目标、意图以及理性的逻辑表达和演算。

在 Bratman 的意图理论中，信念、愿望、时间和行动都扮演着重要的作用，因此，该理论的逻辑分析就会涉及对信念逻辑、愿望逻辑、时间逻辑和行动逻辑的融合。信念、时间和行动在 Cohen 和 Levesque (1990)[45] 的逻辑中占据着基础地位，但对愿望的概念有所忽视：他们的逻辑是基于现实偏好 (realistic preference) 这一概念之上的。现实偏好是指，主体根据其信念对其可实现性进行了过滤的愿望。因此，信念蕴涵现实偏好：如果主体相信φ为真，那么她也必须偏好φ为真。虽然在未来某个时刻，主体可能偏好φ为假。这样，就使得意图的概念可以化归成信念、现实偏好、时间和行动的概念。即，可以根据后面四个概念来定义意图的概念。

2.1　行动与时间

Cohen 和 Levesque (1990)[45] 的逻辑是命题动态逻辑 (Propositional Dynamic Logic，PDL）的线性版本。线性 PDL 的语义允许解释线性时态逻辑（Linear-time Temporal Logic，LTL）。

2.1.1　标准的命题动态逻辑

标准的 PDL 不是关于行动而是关于事件（event）的逻辑，它有一个原子事件名称的集合 E。Cohen 和 Levesque 把主体添加其中，并提供了 Agent 版本的 PDL。令 T 是个体的集合，i、j 等表示主体，且 $i, j \in T$。那么，原子行动就是 $E \times T$ 的元素。原子行动记作：i：e，其中，原子事件 $e \in E$，且 $i \in T$,。通过使用模态算子 $Poss_{\alpha}$（其中α是一个行动）、原子公式、原子行动，就可以表示 PDL 语言中的公式。$Poss_{\alpha}\ \varphi$的意思是“存在行动α的一个可能执行，且执行行动α之后φ为真”。这一意思的确立就允许，标准的 PDL 存在行动α的几个可能执行，从而可对不确定性进行表示和推理。

而存在量词 $Poss_{\alpha}$ 是作用在行动α的执行上，其对偶模态算子是全称量词 $After_{\alpha}$。而且 $After_{\alpha}\ \varphi \equiv_{def} \neg Poss_{\alpha} \neg \varphi$。当φ为真⊤时，$Poss_{\alpha}\top$ 的意思是“α是可以执行的”；而当φ为假⊥时，$After_{\alpha}\perp$ 的意思是“α是不可以执行的”。

PDL 的语义是建基于转换系统（transition systems）之上的，其中原子行动 i：e 被解释成“边”（edges）的集合。这种转换系统是一个偶对（couple）$\langle W, R \rangle$，其中 W 是一个非空的可能世界的集合，R 把每个行动α映射到，相对于可能世界的一个可及关系 $R_{\alpha} \subseteq W \times W$ 上。从可能世界 w 到被行动α标记的可能世界 u 的“边”的意思是：在 w 中执行行动α，u 是当行动α被执行后的一个可能输出结果的世界。所有这些α“边”组成的集合就是解释行动α的可及关系 R_{α}。

把命题变元的集合Φ中的原子公式 p，映射到它们的执行 $V(p) \subseteq W$（即映射到 p 在其中为真的世界 V（p）的集合中）的一个赋值 V，与一个转换系统一起，就构成了一个 PDL 模型$\langle W, R, V \rangle$。模型可以对公式指派真值。特别地，如果存在 R_{α} 中的一个偶对$\langle w, w' \rangle$，使得φ在世界 w'中为真：

$M, w \models Poss_{\alpha}\varphi$，当且仅当，存在 $u \in W$，使得 $wR_{\alpha}u$ 且 $M, u \models \varphi$，

那么我们就说，$Poss_\alpha$ 在世界 w 中为真。因此，公式 $Poss_\alpha\varphi$ 表示能力（ability）的弱概念：行动α可能出现，之后φ可以为真。

2.1.2 线性的命题动态逻辑

或许是 Cohen 和 Levesque（1990）[45]首次采用命题动态逻辑，对实际主体进行建模，其模态词是在线性（linear）命题动态逻辑中解释的。在这种模型中，对每个可能世界 w 而言，最多存在一个与 w 时间相关（temporally related to）的后继世界 u。连接 w 与 u 的可及关系可能被几个原子行动标记。更形式化地说，如果对每个可能世界 $w\in W$ 而言，$\langle w, u_1\rangle\in R\alpha_1$ 且 $\langle w, u_2\rangle\in R\alpha_2$，有 $u_1=u_2$，那么我们就说，转换系统 $\langle W, R, V\rangle$ 是线性的。从可能世界 w 到被行动α标记的可能世界 u 的“边”的意思是：在 w 中执行行动α，u 是当行动α被执行后的输出结果的世界。这就允许我们可以同时执行两个不同的行动，但它们必须导致相同的结果世界。线性命题动态逻辑的模型属于线性转换系统类。

我们用 $Happ_\alpha\varphi$ 表示实际行动模态算子，意思是行动α将要被执行，之后φ为真。而前面的弱概念 $Poss_\alpha\varphi$ 则表示可能行动的模态算子。正如 $After_\alpha$ 是 $Poss_\alpha$ 的对偶一样，我们把 $IfHapp_\alpha$ 定义成模态算子 $Happ_\alpha$ 的对偶，并规定：$IfHapp_\alpha\varphi \equiv_{def} \neg Happ_\alpha \neg\varphi$。$Happ_\alpha\varphi$ 表示行动α是可执行的，之后φ为真；$IfHapp_\alpha\varphi$ 表示，如果行动α是可执行的，那么之后φ为真，因此，前者蕴涵后者。$Happ_\alpha$ 的真值条件是：

M，$w\models Happ_\alpha\varphi$，当且仅当，存在 $u\in W$，使得 $wR_\alpha u$ 且 M，$u\models\varphi$。

这与 $Poss_\alpha$ 的真值条件几乎一样。只不过为了更好地适应这种模型的线性，我们改变了模态算子的名称而已。线性命题动态逻辑模型具有这样的公理模式：

$(Happ_{i:e}\top \wedge Happ_{j:e'}\varphi)\to Happ_{i:e}\varphi$

除了原子事件，命题也有诸如序列和非确定性复合（sequential and nondeterministic composition）、测试和迭代等复合事件。

Cohen 和 Levesque 逻辑[45]有时间算子“eventually（最终、终于，用◇表示）”、“henceforth（从今以后，用∇表示）”、“until（直到……

才，用∪表示）”。这些算子可以在线性命题动态逻辑的模型中作各种解释。例如，我们可以给出算子“eventually”这样的真值条件：

M，w$\models\Diamond\varphi$，当且仅当，存在一个整数 n，并存在 w_1，…，$w_n\in$ W，使得 $w_1=w$，对某个α_k，$\langle w_k, w_{k+1}\rangle\in R_{\alpha k}$且 M，$w_n\models\varphi$。

把事件 e 上的算子存在∃与动态算子 $Happ_{i:e}$进行融合，可以表示行动上的存在量词，其真值条件为：

M，w$\models\exists eHapp_{i:e}\varphi$，当且仅当，存在 $e\in E$，$u\in W$，使得$\langle w, u\rangle\in R_{i:e}$且 M，u$\models\varphi$。

2.2 信念和偏好

Cohen 和 Levesque（1990）[45]对信念的定义的论述遵循了通常的标准，而对偏好的论述则利用了强现实偏好这一有些特别的概念。

2.2.1 信念

对每个主体 i 而言，可以用 B 表示信念模态算子；这些算子的逻辑就是标准的信念 KD45 模态逻辑。如果把可及关系 Bel_i添加到线性命题动态逻辑中，就可以解释这些算子。世界 $Bel_i(w)=\{u:\langle w, u\rangle\in Bel_i\}$ 的集合是指在世界 w 中对主体 i 而言可能的世界集合，这些世界与主体在 w 中的信念一致。

KD45 中的可及关系满足持续性（seriality）、传递性和欧几里得性（Euclideanity）：

（1）持续性：对每个 $w\in W$，至少存在一个 $u\in W$，使得$\langle w,u\rangle\in Bel_i$。

（2）传递性：如果$\langle w, u\rangle\in Bel_i$且$\langle u, v\rangle\in Bel_i$，那么$\langle w, v\rangle\in Bel_i$。

（3）欧几里得性：如果$\langle w,u\rangle\in Bel_i$且$\langle w,v\rangle\in Bel_i$，那么$\langle u,v\rangle\in Bel_i$。

这些约束条件使得公理 D、公理 4 和公理 5 有效：

（4）信念的一致性公理 D：$B\varphi\rightarrow\neg B\neg\varphi$

（5）正内省（positive introspection）公理 4：$B\varphi\rightarrow BB\varphi$

（6）负内省（negative introspection）公理 5：$\neg B\varphi\rightarrow B\neg B\varphi$

2.2.2 偏好

Cohen 和 Levesque 认为，意图就是特别强烈的现实偏好。强现实偏好是指对一个主体而言的可能的世界中，存在主体偏好的一个子集。对每个主体 i 而言，可以用 P_i表示偏好模态算子，公式 $P_i\varphi$的意思是主体 i 选择φ为真。从信念逻辑蕴涵偏好这一意义来看，这一偏好概念具有强现实性。从语义上讲，可以用可及关系 $Pref_i$使得 $Pref_i \subseteq Bel_i$来表示强现实偏好。即一个与主体 i 的偏好一致的世界不能够与主体的信念相冲突。换句话说，在世界 w 中，主体只能够在其可能认知到的世界中选择其偏好世界。

2.3 行动、时间、信念和偏好逻辑

行动、时间、信念和偏好逻辑语义框架是一个四元组 $M=\langle W, R, Bel, Pref\rangle$，其中 W 是一个非空的可能世界的集合；R：$(T\times E)\rightarrow W\times W$ 把行动α映射到可及关系 R_α 上；Bel：$T\rightarrow W\times W$ 把主体 i 映射到可及关系 Bel_i上；Pref：$T\rightarrow W\times W$ 把主体 i 映射到可及关系 $Pref_i$上。这一框架满足这样的约束条件：Bel_i具有持续性、传递性和欧几里得性；对每个 $i\in T$ 而言，$Pref_i\subseteq Bel_i$。与通常一样，在框架中添加把原子公式 p 映射到它们的执行 $V(p)\subseteq W$ 中的赋值 $V:\Phi\rightarrow 2^w$，就得到框架 $M=\langle W, R, Bel, Pref\rangle$对应的模型，此框架的有效性和可满足性的定义如常。

2.2.1 意图的定义

Cohen 和 Levesque（1990）[45]通过定义级联（cascade）的方式定义了一个意图模态算子。

（1）如果主体 i 偏好φ将最终为真，并相信φ目前为假，那么φ就是主体 i 的达成性目标（achievement goal），记作 AG_i，即有定义：$AG_i\varphi =_{def} P_iF\varphi\wedge B\neg\varphi$。

（2）如果主体 i 有一个要达成的目标φ，并且将坚持这一目标直到φ要么被实现，要么被相信成不能实现，那么φ就是主体 i 的持续性目标（persistent goal），记作 PG_i，即有定义：$PG_i\varphi =_{def} AG_i\varphi\wedge(AG_i$

$\varphi) \cup (B\ \varphi \vee B(\nabla(\neg\varphi)))$。

（3）如果主体i有一个持续性目标φ，并且相信通过她的行动能够达到φ，那么我们就说，主体i有意图φ（记作 $I\ \varphi$）。这就要求通过融合算子（fused operator）对事件进行量化的方式对i的行动进行量化，即：

$I\ \varphi =_{def} PG_i\varphi \wedge B\Diamond\exists eHapp_{i:e}\varphi$。

2.3.2 意图的一些有效原则和无效原则

Cohen 和 Levesque（1990）[45]的结果保证了几个我们想要的性质，并避免了不想要的性质。比如，（1）主体i意图φ，逻辑蕴涵主体i相信φ，即有：$I\ \varphi \to B\ \varphi$；（2）公式模式 $B\ (\varphi \to \psi) \to (I\ \varphi \to I\ \psi)$ 无效，即主体i意图φ，并且i相信φ蕴涵ψ，并不能逻辑蕴涵i意图ψ。这一性质很重要。例如，主体i想去拔牙，并且相信拔牙会引起牙疼，但主体i肯定不想去挨疼。

2.3.3 持续性目标的简化定义

Cohen 和 Levesque 最初的定义，允许主体为了某些更重要的目标，而放弃一个持续性目标。其简化定义[28]7是：$PG_i\ \varphi =_{def} AG_i\ \varphi \wedge (AG_i\varphi) \cup (B\ \varphi \vee BG\ \neg\varphi \vee \psi)$。

其中ψ表示其他原因的未指定条件。

2.4 行动、时间、信念和偏好逻辑的扩展研究

J-J. Ch. Meyer 等人（2012）[28]7—9对行动、时间、信念和偏好逻辑的扩展研究进行了梳理，并给出了几种 Cohen 和 Levesque 的意图的增量定义（incremental definition）方法。

2.4.1 意图的内省

他们似乎很自然地假定偏好是现实的。Cohen 和 Levesque（1990）并没有给出偏好的正内省和负内省原则，其他一些学者[57—59]则给出了这些原则：

（1）$P_i\varphi \to BP_i\varphi$；

（2）$\neg P_i\varphi \to B\neg P_i\varphi$

偏好和信念的可及关系满足这样的约束条件：

（3）如果$\langle w, u\rangle \in Bel_i$且$\langle u, v\rangle \in Pref_i$，那么$\langle w, v\rangle \in Pref_i$

（4）如果$\langle w, u\rangle \in Bel_i$且$\langle w, v\rangle \in Pref_i$，那么$\langle u, v\rangle \in Pref_i$

这样就可以证明目标、达成性目标、持续性目标和意图的正或负内省原则。例如，可以证明 $I\varphi \rightarrow BI\varphi$和$\neg I\varphi \rightarrow B\neg I\varphi$有效。例如，当我有意图去北京或没有意图去北京时，我对此都很清楚。

2.4.2 弱现实偏好

Sadek（1992）[60]讨论了与现实偏好有所不同的弱现实偏好。弱现实偏好不要求所有偏好可及的世界，都在信念可及的世界的集合中，仅仅要求这二者的交集非空。相对于 Cohen 和 Levesque（1990）的强现实性而言，这种现实性被称作弱现实性。在弱现实性框架中，多少有些有悖常理的原则 $B\varphi \rightarrow P_i\varphi$无效，而弱一些的原则 $B\varphi \rightarrow \neg P_i \neg \varphi$有效，这可以改写为：$\neg(B\varphi \wedge P_i \neg \varphi)$，即主体不能够同时相信 φ，却偏好$\neg\varphi$。

2.4.3 达成性目标的认知版本

Herzig 和 Longin（2004）[57]中给出了达成性目标的认知版本，这一达成性目标弱于 Cohen 和 Levesque（1990）给出的达成性目标的概念，愿望φ仅仅要求主体 i 不相信φ目前为真，即主体 i 相信φ目前为假。他们用将被主体 i 相信的目标φ代替了将要为真的目标φ。其定义为：$AG_i^w \varphi =_{def} P_i FB\varphi \wedge \neg B\varphi$。即他们用 $P_i FB\varphi$代替了 $P_i F\varphi$。正如他们指出的那样：意图存在的理由（raison d'être）在某个阶段会被抛弃，而且只有当主体相信她已经达成其相应的目标时才会这么做。因此主体的目标不是φ为真的目标，而应该是主体相信φ为真的目标。出于同样的原因，他们用$\neg B\varphi$代替了 $B\neg\varphi$：只要φ没有被相信为真，主体应该坚持她的达成性目标φ，$\neg B\varphi$比 $B\neg\varphi$与这一理念更具有一致性。

例如，假定：（1）将军 j 已经收到关于将军 i 的信息 r；（2）将军 i 相信将军 j 还没有收到此信息，即 $B\neg r$，（3）将军 i 实际上将永远不会知道将军 j 是否收到信息 r，即 $BG(\neg Br \wedge \neg B \neg r)$。如果我们把达成性目标 r 表示成 P_iFr，那么根据 Cohen 和 Levesque（1990）的观点可知：AG_ir，即虽然主体相信她将永远不能够放弃目标 r，但主体有了达成性目标 r。相反，如果我们把主体 i 的达成性目标 r 表示成 P_iFBr，那么可知 $\neg AG_i^w r$，即主体没有达成性目标 r。这里我们假定 $B\neg\varphi$ 蕴涵第二个条件 $\neg B\varphi$，因为信念逻辑包含 D 公理，而且 $BG(\neg Br \wedge \neg B\neg r)$ 蕴涵 $\neg P_iFBr$，而 $\neg P_iFBr$ 是第一个条件的否定。

2.4.4　行动和目标之间更弱的联系

Sadek（1991）[61] 和 Bretier（1995）[62] 指出：意图的定义太强，尤其是在合作情境下，主体 i 的行动不一定直接达成其目标 φ：主体 i 能够激发另一个主体 j 的一系列行动，去达成主体 i 的目标就可以了。例如，我们可以请小时工给我们打扫房间。他们的意图定义可以表示成：$I\varphi =_{def} PG_i\varphi \wedge P_iF(\exists eHapp_{i:e}F\varphi)$。

2.4.5　更强的承诺

Sadek（1991）[61] 和 Bretier（1995）[62] 讨论了更强的意图定义，即主体致力于做所有她能够做的行动以达成其目标。他们使用事件上的一个全称量词对此加以表示。即 $I\varphi =_{def} PG_i\varphi \wedge P_i\forall e(BHapp_{i:e}F\varphi \rightarrow P_iFHapp_{i:e}\top)$。这一定义由于太强而受到批评[57]。事实上，这一定义是假定主体为了达到目的而不择手段，包括采取非法的行动和要付出巨大代价的行动。

2.4.6　尝试

Lorini 和 Herzig（2008）[63] 通过引入执行行动的尝试（attempt）的概念对 Cohen 和 Levesque（1990）的方法进行了补充。这是因为：典型情况下，意图促使主体努力去完成一个行动，但能否成功完成一个行动是不能够保证的。其中心原则是 “can and attempt implies does”：如果主体意图 e 后，尝试完成 e，而且 e 是可行的，那么 e 将实际发生。这就要求该逻辑同时具有可能行动模态算子 $Poss_\alpha$ 和实际行动算子 $Happ_\alpha$。

Cohen 和 Levesque 细致地分析了与行动、信念和现实偏好有关的意图的概念，而 Bratman 的理论则没有对意图进行细致的描述。借助动态认知逻辑，对意图进行更细微的刻画或许会成为未来有趣的研究内容。

第三节 Rao 和 Georgeff 的 BDI 逻辑

Rao 和 Georgeff（1991）[23] 在 Bratman 工作的基础上提出的 BDI 模型，则是以非线性分支时序逻辑和可能世界语义学①为基础，引入三个基本模态算子：信念、愿望和意图。他们认为，意图是心智状态（mental state）的一个组成部分，它在理性主体追求所期望的目标行为的过程中扮演着重要的作用。目前，此文是 BDI 逻辑中影响较为深远的一篇②，现在笔者就其主要内容做较为详细的介绍。

借助分支时间可能世界模型，Rao 和 Georgeff 对意图进行了形式化。他们认为，意图与信念和愿望具有同等的地位，意图不能够化归成信念和愿望。这样处理的好处之一是：通过添加特定条件，以保持主体的信念、目标和意图的持续性之后，就可以对不同类型的理性主体进行建模；好处之二是：我们可以对主体能够采取的行为的可选性，与一个行为不同结果的可能性加以区分，前者是指主体可以根据结果选择行为，后者则是指环境决定了主体的行为；好处之三是：我们可以弄清信念、目标和意图之间的关系，这些意图可以使得我们避免了在使用可能世界进行形式化的过程中出现问题（比如承担不必要的副作用）。

3.1 非形式语义

我们选择使用时间树（time tree）对世界进行建模，此时间结构

---

① 在经典语义中，命题的真假独立于外部世界；在可能世界语义中，命题的真假依赖于特定的世界。这二者的更多详细区别可参见：杜国平：《经典逻辑与非经典逻辑基础》，高等教育出版社 2006 年版，第 169—170 页。

② 截至 2012 年 10 月 27 日，此文已经被引用 2539 次。

只有一个单一的过去（a single past）和一个分支时间未来（a branching time future）。在一个特定世界中的一个特定时间点（time point）叫作一个情境（situation）。事件类型（event types）把一个时间点转换成另一个时间点。初始事件是指那些能够由主体直接执行，而且能够在时间树上唯一确定下一个时间点的事件。非初始事件对应于非临近的时间点，这使得我们能够对计划（plans）的部分特征进行建模。非初始事件能够被拆分成初始事件，这一特性使得我们能够对多层次的计划发展进行建模。

时间树上的分支可以看作表示主体在每一时刻（moment of time）的选项。例如，从某一个特定的时间点出发有 2 个分支：e_1和 e_2，如果主体选择执行 e_1，那么下一个时间点沿着标有 e_1的时间树分支上移动；如果主体选择执行 e_2，则下一个时间点沿着标有 e_2的时间树分支上移动。当然，主体可能试图去执行某个事件，却未能成功。我们有必要对成功执行的事件和失败执行的事件加以区分，并相应地标注在时间树分支上。这一区分对于主体实施其意图，但并没有要求其尝试成功而言，极其重要。

Rao 和 Georgeff（1991）使用类似 Emerson 和 Srinivasan（1989）[46]中的计算树逻辑（Computation Tree Logic，CTL）的方法来刻画这些结构。为此，引进状态公式（state formulas）和路径公式（path formulas）两个概念，前者是针对时间树中的某个特定时间点而言的，而后者是针对时间树中的某个特定路径而言的。作用在路径公式上的有两个模态算子：可选（optional）算子和必将（inevitable）算子。

定义 2.1　如果路径公式ψ，至少在从时间树的某个时间点出发的一个路径上为真，那么我们就说ψ是可选的。

定义 2.2　如果在时间树的某个时间点，路径公式ψ在从时间树的某个时间点出发的所有路径上为真，那么我们就说ψ是必将成立。

作用在状态公式和路径公式上的标准时态算子有：○（next）、◇（eventually①）、□（always）、∪（until）。

现在我们使用可能世界对信念进行建模。每种情境都与一个信念可及世界（belief-accessible worlds，即主体相信有可能的世界）的集合相联系。每一信念可及世界就是一个时间树。多种信念可及世界的出现，是由于主体缺乏关于世界状态的知识。在每一个信念可及的世界中，分支未来表示主体在选择执行行动时的可供选项。

类似地，每种情境也都与一个目标可及世界（goal-accessible worlds，即表示主体目标的世界）的集合相联系。虽然一般情况下，愿望与愿望之间可能不一致，但我们要求：目标与目标之间具有一致性，即目标是具有一致性的愿望；而且主体相信愿望能够达成。这样就可防止主体对准她认为不能够达成的目标，而且这也是区分目标与愿望的重要特征。这一特征被称作现实性（realism）。在本文中，我们采纳强现实性（strong realism）的概念：要求主体相信，经过她对事件的精心选择和策划，她可以选择性地达到目标。我们规定：对于时间 t 的某个给定时刻的每一个信念可及世界 w 而言，一定存在某个目标可及世界 w′，而且此目标可及世界 w′是信念可及世界 w 的子世界（sub-world）。

意图可以类似地用意图可及的世界来表示，这些世界是主体试图实现的世界。与信念—目标兼容性的要求类似，主体意图可及世界也必须与她的目标——可及世界兼容：主体仅仅对与其目标相对应的那些行动产生意图。对于时间 t 时的每个目标可及世界 w 而言，必定存在一个意图可及世界 w′与之关联，此意图可及世界 w′是目标可及世界 w 的子世界。从直观上看，主体选择了目标可及世界 w 中的某个行动，并试图执行该行动。

不同的信念、目标和意图可及的世界表示主体所处的不同的场景（scenarios）。在主体看来：现实世界是其信念可及世界之一。如果信

---

① eventually，adv. 终于、终究。

念可及世界用 b_1 表示，则对 b_1 而言的目标可及世界就用 g_1 表示，其相应意图可及世界就用 i_1 表示。针对与愿望有关的信念可及世界 b_1 而言，g_1 和 i_1 是可选性递增的选项，是与行动有关的可能未来进程的承诺。

我们规定：对每个信念可及的世界而言，一定存在一个目标可及世界和意图可及的世界。反之并不成立。这样，即使主体相信某些事实是必将（inevitable）成立的，她也不会被强迫把这些事实作为她的目标或意图。这意思是：虽然目标和意图与信念具有一致性，但它们并不在主体的信念中封闭。例如，主体相信拔牙肯定疼，但还是会有拔牙这一目标或意图，但不会把挨疼作为其目标或意图。

主体的信念、愿望和意图是如何决定其行为？在主体与环境交互的过程中，主体的信念、愿望和意图是如何形成、维持和修正的呢？不同的主体会采取不同的行为方式，这些行为方式反过来又决定了他们的行为特征。

3.2　形式理论

3.2.1　语法（syntax）①

Emerson 和 Srinivasan（1989）[46] 中的计算树逻辑（Computation Tree Logic，CTL）是用于对程序进行推理的命题分支时间逻辑，此逻辑是一个可靠而完全的公理化系统。Rao 和 Georgeff（1991）的 BDI 逻辑是使用如下两种方式对 CTL 进行扩展而得到的：一是给出了该逻辑的一阶变种；二是通过引入带有信念、目标和意图这三个模态算子的可能世界框架对其进行扩展。

BDI 逻辑有两种类型的公式：状态公式和路径公式。状态公式是相对于特定世界的特定时间点进行赋值的，而路径公式则是相对于特

① 说明：为了尽可能保持全文符号的一致性，并使形式系统更为简洁和大多数逻辑学者的习惯，笔者把 Rao 和 Georgeff（1991）原文中的蕴涵符号$\supset$用$\rightarrow$代替，模态算子 BEL 用 B 代替、INTEND 用 I 代替，GOAL 用 G 代替，关系 B、G、I 分别采用 Bel、Intend、Goal 代替。

定世界的特定路径进行赋值的。

定义 2.3　状态公式

（1）任何一阶公式都是状态公式；

（2）如果ϕ_1和ϕ_2是状态公式，x 是一个个体或事件变元，那么$\neg\phi_1$、$\phi_1 \vee \phi_2$、$\exists x\ \phi_1(x)$ 是状态公式；

（3）如果 e 是一个事件类型，那么，succeeds(e)、fails(e)、does(e)、succeeded(e)、failed(e)和 done(e)都是状态公式；

（4）如果ϕ是状态公式，那么 B ϕ、G ϕ和 I ϕ是状态公式；

（5）如果ψ是一个路径公式，那么 optional(ψ)是一个状态公式。

定义 2.4　路径公式

（1）任何状态公式都是路径公式；

（2）如果ψ_1和ψ_2是路径公式，则$\neg\psi_1$、$\psi_1 \vee \psi_2$、$\psi_1 \cup \psi_2$、$\Diamond\psi_1$和$\bigcirc\psi_1$是路径公式。

其中：succeeded(e)表示刚刚（immediate past）成功完成事件 e，表 failed(e)表示刚刚失败完成事件 e，does(e)表示刚刚出现事件 e，可能成功，也可能失败。succeeds(e)、fails(e)、does(e)可以类似定义，但它们均表示即刻（immediate future）就会发生的事件 e。模态算子 B、G 和 I 分别表示主体的信念、目标和意图。

3.2.2　可能世界语义

在本节中，首先给出状态公式和路径公式的语义，然后给出事件的语义以及信念、目标和意图的可能世界语义。

定义 2.5　一个解释 M 被定义成一个 9 元组：$M = \langle W, E, T, <, U, B, G, I, \Phi \rangle$。其中：W 是可能世界的集合，E 是初始事件类型的集合，T 是时间点的集合，<表示时间点之间的二元关系[①]，U 表示话语论域（universe of discourse），Φ表示对任意给定的可能世界和时间

① 要求这个二元关系是全部的（total）、传递的（transtive）和线性向后的（backward - linear），以此强调只有单个过去和分支未来。

点而言，从一阶实体（entities）到U中元素的一个映射。在一个可能世界w中的一个特定时间点t，记作w_t，w_t叫作情境。关系Bel、Goal和Intend表示把主体的当前情境，分别映射到其信念可及世界、目标可及世界和意图可及世界。故：$Bel \subseteq W \times T \times W$、$Goal \subseteq W \times T \times W$、$Intend \subseteq W \times T \times W$。有时也使用R表示这些关系之一，并使用$R_t^w$表示在可能世界w中的特定时间点t的R可及世界。

定义2.6 W中的每个可能世界w，叫作一个时间树，它可以用一个四元组$\langle T_w, A_w, S_w, F_w\rangle$来表示。其中：$T_w \subseteq T$表示在可能世界w中的时间点的集合，与<一样，$A_w$被限制到$T_w$中的时间点上。可能世界w中的全路径（fullpath）是关于时间点的一个无穷序列（t_0，t_1，…），使得$\forall i$（t_i，t_{i+1}）$\in A_w$，全路径用（w_{t_0}，w_{t_1}，…）表示。弧函数（arc fuction）S_w和F_w把相邻时间点映射到E中的事件上。即S_w：$T_w \times T_w \to E$；F_w：$T_w \times T_w \to E$。我们规定：如果$S_w(t_i, t_j) = S_w(t_i, t_k)$，则$t_j = t_k$；如果$F_w(t_i, t_j) = F_w(t_i, t_k)$，则$t_j = t_k$；而且$S_w$和$F_w$的定义域（domain）不相交。弧函数$S_w$的值表示：对于该函数所定义的任意两个时间点之间的事件成功完成；弧函数F_w的值表示：对于该函数所定义的任意两个时间点之间的事件失败完成。

定义2.7 一个子世界被定义成一个世界的子树（sub - tree），其公式具有相同的真值赋值。w′是w的子世界（记作$w' \subseteq w$），当且仅当：（1）$T_{w'} \subseteq T_w$；（2）对所有的$u \in T_{w'}$，$\Phi(q, w', u) = \Phi(q, w, u)$，其中q是一个谓词符号；（3）对所有的$u \in T_{w'}$，$R_u^w = R_t^{w'}$；（4）$A_{w'}$表示$A_w$被限制到$T_{w'}$中的时间点上，$S_{w'}$表示$S_w$被限制到$T_{w'}$中的时间点上，$F_{w'}$表示$F_w$被限制到$T_{w'}$中的时间点上。w′是w的严格子世界（记作$w' \subset w$），当且仅当：$w' \subseteq w$而且$w \not\subseteq w'$。

现在我们来考察带有变元赋值v的解释M。v_d^i表示一个函数，此函数在变元i时的值为d，而在其他变元时的值与v相同。

定义2.8 一阶公式的语义

（1）$M, v, w_t \models q(y_1, \cdots, y_n)$，当且仅当，$\langle v(y_1), \cdots, v(y_n)\rangle \in \Phi[q, w, t]$。其中：$q(y_1, \cdots, y_n)$是一个谓词公式。

（2）M，v，$w_t \models \neg\phi$，当且仅当，M，v，$w_t \not\models \phi$。

（3）M，v，$w_t \models \phi_1 \vee \phi_2$，当且仅当，M，v，$w_t \models \phi_1$或M，v，$w_t \models \phi_2$。

（4）M，v，$w_t \models \exists i\, \phi_1$，当且仅当，对于U中的某个d，M，$v_d^i$，$w_t \models \phi_1$。

（5）M，v，（w_{t_0}，w_{t_1}，…）$\models \phi$，当且仅当，M，v，$w_{t_0} \models \phi$。

（6）M，v，（w_{t_0}，w_{t_1}，…）$\models \bigcirc\psi$，当且仅当，M，v，（w_{t_1}，…）$\models \psi$。

（7）M，v，（w_{t_0}，w_{t_1}，…）$\models \Diamond\psi$，当且仅当，$\exists k$，$k \geqslant 0$，使得M，v，（w_{t_k}，…）$\models \psi$。

（8）M，v，（w_{t_0}，w_{t_1}，…）$\models \psi_1 \cup \psi_2$，当且仅当：（a）$\exists k$，$k \geqslant 0$，使得M，v，（$w_{t_k}$，…）$\models \psi_2$，而且对所有的$0 \leqslant j < k$，M，v，（$w_{t_j}$，…）$\models \psi_1$；或（b）对于所有的$j \geq 0$，M，v，（$w_{t_j}$，…）$\models \psi_1$。

（9）M，v，$w_{t_0} \models$ optional（ψ），当且仅当，存在一个全路径（w_{t_0}，w_{t_1}，…），使得M，v，（w_{t_0}，w_{t_1}，…）$\models \psi$。

（10）inevitable（ψ）$=_{def}\neg$optional（¬ψ）

（11）$\Box\psi =_{def} \neg\Diamond\neg\psi$。

上面给出的∪（until）的定义是个弱定义，因为它允许在全路径中的ψ_1永远为真。在模态算子B、G和I的辖域外，不包含inevitable的肯定出现（或optional的否定出现）的合式公式叫作O-公式，记作α。相反，不包含optional的肯定出现（或inevitable的否定出现）的合式公式叫作I-公式，记作β。

3.2.2.1 事件的语义

事件类型把一个时间点转变成另一个时间点。这一转换过程就体现了系统的动态特性。正如我们可以定义公式在一个时间点的真或假一样，我们也需要一个机制来定义从一个时间点转变成另一个时间点时事件的成功或失败。

我们使用succeeded（e）表示主体成功执行事件e，failed（e）表示主体失败执行事件e。注意：事件e不出现与事件e失败是不一样的。失败事件类型对世界的改变是不可撤销的，这可能迫使主体对其计划进行重新规划或修正。这对刻画系统的动态性方面起作至关重要的作用。例如，小偷成功抢劫银行的结果、小偷抢劫银行失败的结果、与小偷没有企图抢劫银行的结果都是不一样的。这是三个不同的行为，应该得到相应的区分。

done(e) 表示主体成功或失败执行事件 e。succeeds(e)、fails (e)、does(e)可以类似定义，但是要求事件出现在从公式被赋值的时间点发出的所有路径上。即有：

定义 2.9

(1) M，v，w_{t_1} ⊨ succeeded(e)，当且仅当，存在 t_0 使得 $S_w(t_0, t_1) = e$。

(2) M，v，w_{t_1} ⊨ failed (e)，当且仅当，存在 t_0 使得 $F_w(t_0, t_1) = e$。

(3) done(e)= $_{def}$succeeded(e)∨failed(e)

(4) succeeds(e)= $_{def}$inevitable○succeeded(e)

(5) fails(e)= $_{def}$inevitable○failed(e)

(6) does(e) = $_{def}$inevitable○done(e)

本节只考虑单主体的非平行（non-parallel）行动。如果要考察多主体的平行行动，函数 S_w 和 F_w 必须被扩展，使其映射到事件—主体对的集合，以表示这些主体各自完成的事件。

3.2.2.2　信念、目标和意图的语义

Halpern 和 Moses（1985）[48] 的传统的信念可能世界语义学，把每个可能世界看作是命题的聚合（collcction），并通过信念可及关系 Bel 把这些世界关联起来，实现对信念进行建模的目的。一个公式在一个可能世界中是令人相信的，当且仅当，此公式在其所有信念可及的世界中为真。

Cohen 和 Levesque（1990）[45] 把每个可能世界处理成，表示事件序列的时间线（time-line），时间被无限延伸到过去和未来。Rao 和 Georgeff（1991）则把每个可能世界看作一棵时间树，每棵时间树表示在一个特定世界中的主体的可选事件，信念关系则把一个时间点上的一个可能世界映射到另一个可能世界。主体在时间点 t 有信念φ(记作 B ϕ)，当且仅当，在时间 t 时，ϕ在主体的所有信念可及世界中为真。

图 2.1 表明：信念关系 Bel 把时间 t_1时的世界 w_0映射成 b_1和 b_2中的世界。如果假定在 b_1中的 t_1时，公式ϕ_1和ϕ_2为真，而且在 b_2中的 t_1时，公式ϕ_1和公式$\neg\phi_2$为真，那么在时间 t_1时的世界 w_0中，B ϕ_1和$\neg$B ϕ_2为真。正如前面所讨论的那样，这里的ϕ_1和ϕ_2可以是任意状态公式，特别地，ϕ_1和ϕ_2可以涉及主体的未来选择。

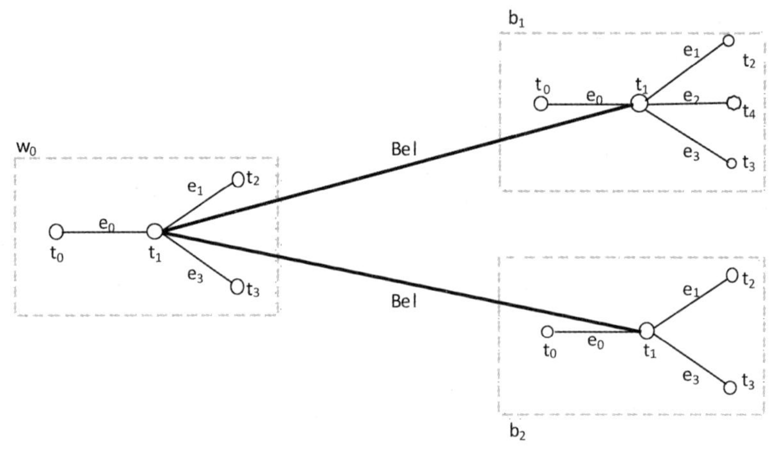

图 2.1 信念关系、时间点与事件之间的关系图[23]

信念关系具有时间依赖性，即信念关系 Bel 在时间点 t_2时的映射可能不同于 Bel 在时间点 t_1时的映射。这样，主体就可以改变其信念选择。

类似地，我们可以根据目标可及关系 Goal 给出目标模态算子 G 的语义。目标可及关系表示主体所愿望的情境。主体在时间点 t 有目标ϕ(记作 G ϕ)，当且仅当，在时间 t 时，ϕ在主体的所有目标可及的世界中为真。

我们可以把意图看作主体选择追随（choose to follow）的未来路径。意图可及关系 Intend 把主体的当前情境，映射到其所有意图可及的世界中。主体在时间点 t 有意图ϕ(记作 I ϕ)，当且仅当，在时间 t 时，ϕ在主体的所有意图可及世界中为真图 2.2。

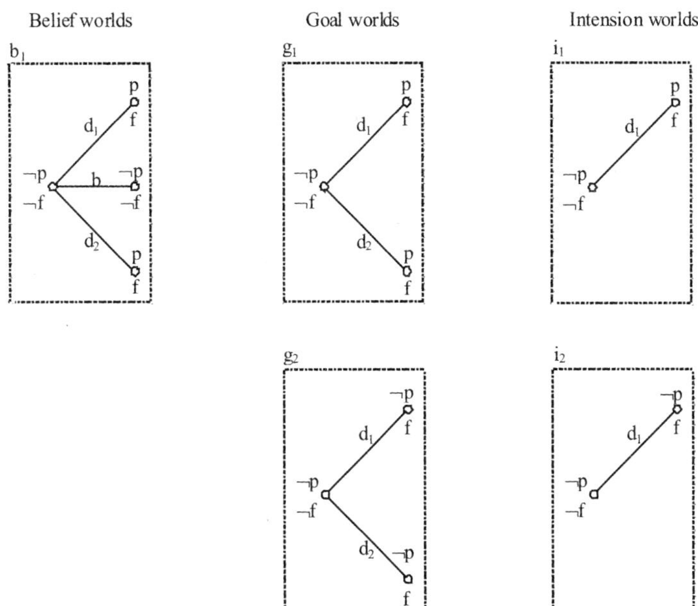

图 2.2　信念、目标和意图世界

前面已经说明，主体目标可及世界是主体所愿望的信念可及世界的子世界。类似地，意图可及世界也是主体选择追随（即采取行动）的目标可及世界的子世界。这样，通过所愿望的未来路径，我们可以从一个信念可及世界达到一个目标可及世界，也可以通过承诺所愿望的未来路径，从一个目标可及世界到达一个意图可及世界。这一理念可形式地表示为：

定义 2.11

（1）$M, v, w_t \models B\phi$，当且仅当，$\forall w' \in Bel_t^w$，$M, v, w_t' \models \phi$。

（2）$M, v, w_t \models G\phi$，当且仅当，$\forall w' \in Goal_t^w$，$M, v, w_t' \models \phi$。

（3）$M, v, w_t \models I\phi$，当且仅当，$\forall w' \in Intend_t^w$，$M, v, w_t' \models \phi$。

Rao 和 Georgeff（1991）允许有对任何合式公式之上的意图，即可以有关于意图的意图，关于目标的意图、关于信念的意图，以及关于采取某个行动的意图。关于采取某个行动的意图对应于我们对意图的通常理解。为此，我们可以根据图 2.2 来加以说明。

图 2.2 表明：从时间点 t_0和可能世界 w_0的当前情境中，信念可及世界为 b_1；从 t_0和 w_0目标可及世界为 g_1和 g_2；从 t_0和 w_0意图可及世界为 i_1和 i_2；$i_1 \subset g_1 \subset b_1$而且 $i_2 \subset g_2$；succeeds(d_1)在 t_0时的所有意图可及的世界中为真。因此，主体意图为 succeeds(d_1)。子世界关系迫使主体相信并且有目标 succeeds(d_1)。主体企图成功并且企图采取行动 d_1，但是主体并不能够保证行动的最终成功，因为这还取决于主体所在的环境。因此，即使 succeeds(d_1)为真，这并不意味着在现实世界中，公式 succeeds(d_1)为真。

图 2.2 还表明：在时间点 t_0时，在所有目标可及的世界中为真的目标公式是 inevitable($\Diamond$f)。这说明主体相信：这个目标是可以实现的，即 B(optional($\Diamond$f))。根据主体的信念、目标和意图可知，主体相信：如果她成功完成 d_1，则她将达成目标 f。

3.2.3　公理化和语义条件

Hughes 和 Cresswell（1984）[49]认为，信念的公理化系统是标准的弱 S5（即 KD45）模态系统。Rao 和 Georgeff（1991）也认为：目标和意图满足 D 和 K 公理，即目标和意图在蕴涵下封闭并且具有一致性；信念、目标和意图满足必然化规则。即主体相信所有有效的公式，所有有效的公式都作为其意图和目标。就像大多数可能世界形式化系统一样，这样得到的逻辑系统也会面临逻辑全知的问题[50]。虽然这一问题可以通过采用 Chellas 的最小模型语义学[51]，并放弃必然化规则和关于信念、目标和意图的 K 公理而得到改善，但是 Rao 和 Georgeff（1991）还是采用了更为传统的模态逻辑语义学。

（2.13）信念—目标兼容性公理

如果主体把一个 O—公式ϕ作为目标，则该主体相信公式ϕ。即

$$G\phi \Rightarrow B\phi。$$

这一公理本质上是说：如果主体把为真的公式 optional(ψ)作为目标，则她相信这一公式，即在所有信念可及的世界中至少存在一个路径使得ψ为真。例如，当ψ = ◇p 时，这一公理的意思就是：如果在主体的所有的目标可及的世界中，至少存在一个路径，使得 p 最终为真，那么“在所有信念可及的世界中至少存在一个路径使得 p 为真”就是必然的。需要注意的是：由于时间的分支特性，主体不必相信，她必将达到 p 为真的时间点。

在第二章第 1.1 节中讨论的强现实性可以通过作如下限制而得到：对每一个信念可及的世界而言，存在一个相应的目标可及的世界，使得目标可及世界是信念可及世界的子世界。即有如下的语义条件：

（2.14）　$\forall w' \in Bel_t^w$，$\exists w'' \in Goal_t^w$，使得 $w'' \subseteq w'$。

（2.14）可以简记为 $Bel_t^w \subseteq_{super} Goal_t^w$，这一关系在图 2.2 中已经有所表示，其中 $g_1 \subset b_1$。

就像信念和目标具有一致性一样，关系 Bel 和关系 Goal 是持续的（serial）。即对于任意的情境，至少存在一个信念可及的世界和一个目标可及的世界。这就保证了在（2.14）这样的语义条件下，对于一个目标可及的世界，至少可以找到一个信念可及的世界。

（2.15）　目标—意图兼容性公理

如果主体把一个 O - 公式α作为意图，则该主体把公式α作为其要达到的目标。即 $I\alpha \Rightarrow G\alpha$。

从以上两个兼容性公理可知：如果主体把一个公式α作为意图，则该主体相信公式α。例如，主体意图是做某个事件 e，那么就有一个（可选的）做 e 的目标，并且相信她将（可选的）做 e。嵌套（nested）意图会导致一些有趣的结果。如果公式 I（inevitable(◇I（does(e)))为真，那么 B（optional（◇I(does(e)))为真，而且 B（optional(◇B（does(e)))也为真。

与语义条件（2.14）类似，我们有语义条件（2.16），这一语义条件所施加的限制是：对每一个目标可及的世界而言，存在一个相应的意图可及的世界，使得意图可及世界是目标可及世界的子世界。

（2.16） $\forall w' \in Goal_t^w$，$\exists w'' \in Intend_t^w$，使得 $w'' \subseteq w'$。

（2.16）可以简记为 $Goal_t^w \subseteq_{super} Intend_t^w$，这一关系在图 2.2 中已经有所表示，其中 $i_1 \subset g_1$ 且 $i_2 \subset g_2$。正如前面讨论的那样，对于每一个情境，至少存在一个目标可及的世界和一个意图可及的世界。

（2.17） 意图导致行动公理

如果主体有一个关于单一的初始行动 e 的意图，她将采取行动。即 $I(does(e)) \Rightarrow does(e)$。

但这并不是说，事件 e 一定会成功出现，而只是说主体试图使 e 出现而已。主体能否成功取决于她所处的环境。这样，只要主体有做某一初始行动的意图，那么她将采取行动。这一公理并没有阻止主体做她不想采取的行动。

需要注意的是：如果主体在当前时间点有一个行动选择，只有当她故意选择其中某个行动时，她才会故意采取行动。Russell 和 Wefald（1989）[52]对这种故意进行了建模，把故意过程本身作为主体的一个选择行动。对公理（2.17）进行修改就可以使得主体任意选择她所意图的行动，并采取行动。

（2.18） 关于意图的信念公理

如果主体有一个意图，则她相信自己有这样的意图。即：

（a）$I\phi \Rightarrow B(I\phi)$。

这一公理说明了这样的语义条件：

（b）$\forall w' \in Bel_t^w$ 且 $\forall w'' \in Intend_t^w$，有：$w'' \in Bel_t^w$。

在图 2.2 中，这就要求与 b_1 具有 I－相关的是 i_1 和 i_2。

（2.19） 关于目标的信念公理

如果主体有一个要达成 ϕ 的目标，则她相信自己有这样的目标。即：

（a）$G\phi \Rightarrow B(G\phi)$。

这一公理说明了这样的语义条件：

（b）$\forall w' \in Bel_t^w$ 且 $\forall w'' \in Goal_t^w$，有：$w'' \in Bel_t^w$。

在图2.2中，这就要求与b_1具有G－相关的是g_1和g_2。

（2.20）　关于意图的目标公理

如果主体有一个要达成ϕ的意图，则她必定有达到意图ϕ的目标。即：

（a）$I\phi \Rightarrow G(I\phi)$；

这一公理说明了这样的语义条件：

（b）$\forall w' \in G_t^w$且$\forall w'' \in I_t^w$，有：$w'' \in G_t^w$。

在图2.2中，这就要求与g_1具有I－相关的是i_1和i_2，与g_2具有I－相关的也是i_1和i_2。

在公理（2.18）—公理（2.20）中，我们可以用等价来代替蕴涵，从而强化这些公理。其结果就是：$I\phi \equiv B(I\phi) \equiv G(I\phi)$。类似地，有：$G\phi \equiv B(G\phi)$。这样，就会使得复杂的带有嵌套的模态词坍塌成更为简单的没有嵌套的模态词形式。

（2.21）　初始事件知道公理

主体知道出现在世界中的所有初始事件。在此，仅仅要求主体相信一个初始行动已经完成，而不要求该初始行动是否成功完成。即：$done(e) \Rightarrow B(done(e))$。

（2.22）　没有无限延期公理

主体不会对其意图进行无限延期。换句话说，如果主体形成一个意图，则她将在未来的某个时候放弃该意图。即$I(\phi) \Rightarrow inevitable \Diamond(\neg I(\phi))$。

这一公理假设与意图相对应的目标也会最终被抛弃。如果有必要的话，这一公理中的ϕ应该避免被限制成一个行动公式。

从公理（2.15）—公理（2.22）的八个公理与关于信念和目标的公理一起，统称为基本的I－系统。

3.3　作为变化公理的承诺

至此，Rao和Georgeff（1991）把意图处理成，完成当前行动的承诺（commitment）。主体的当前意图是如何引导和决定她未来行动的承诺呢？即主体的当前意图与她未来的意图具有怎样的关系？

主体的当前意图与未来意图的关系可以看作是意图的保持与修正的过程，也可以看作是一个承诺策略（commitment strategy）。不同类型的主体具有不同的承诺策略。Rao 和 Georgeff（1991）讨论了三种不同的承诺策略：盲目（blind）承诺策略、专一（single minded）承诺策略和豁达（open minded）承诺策略。

盲目承诺主体保持她的意图，直到她实际相信已经实现其意图。形式地说，如果主体的意图是使必然ϕ最终为真，那么主体将必然保持其意图直到她相信ϕ为真。即有：

（2.23） 盲目承诺公理

$I(\text{inevitable}\Diamond\phi) \Rightarrow \text{inevitable}(I(\text{inevitable}\Diamond\phi) \cup B\phi)$

要判断这一公理究竟是对行动的承诺（即方式），还是对未来为真的条件的承诺（即目的），这取决于公式ϕ是否是一个事件公式。这一公理仅仅是对 I－公式而言的（即仅仅针对导向行动的意图，或在主体意图可及的世界中的所有路径中为真的条件而言的）。

很显然，盲目承诺策略要求很强：因为主体将最终相信她已经实现其意图，或者永远保持这些意图。为了放宽要求，我们可以定义一个专一承诺主体：主体保持其意图，只要她相信这些意图仍然是她的选项。即有：

（2.24） 专一承诺公理

$I(\text{inevitable}\Diamond\phi) \Rightarrow \text{inevitable}(I(\text{inevitable}\Diamond\phi) \cup (B\phi \vee \neg B(\text{optional}\Diamond\phi)))$

只要主体相信她的意图是可以实现的，专一主体将不会放弃其意图，以此来达到其目标。我们还可以继续放宽这一要求，定义一个豁达主体：主体保持其意图，只要这些意图仍然是其目标。即有：

（2.25） 豁达承诺公理

$I(\text{inevitable}\Diamond\phi) \Rightarrow \text{inevitable}(I(\text{inevitable}\Diamond\phi) \cup (B\phi \vee \neg G(\text{optional}\Diamond\phi)))$

根据这些承诺公理，我们就可以分析采纳基本 I－系统的不同主体的性质。这些主体叫作基本主体。

一个基本盲目主体将必然最终相信她已经达到她的目的。这是因为：（2.23）的盲目承诺公理仅仅允许在未来的路径中，意图的对象要么最终被相信，要么意图将永远保持。而（2.22）的没有无限延期公理则不允许意图永远保持，这导致主体最终相信她已经实现其意图。

对一个基本的专一主体而言，只要她相信，其意图仍然是其选项，直到她相信已经实现其意图，专一主体就不会放弃其意图。类似地，一个豁达主体将最终相信她已经实现其意图，只要她把这些意图作为其目的直到相信它们已经实现。即对一个基本主体而言，有：

定理2.26

（a）满足基本I-系统和盲目承诺公理的一个基本盲目承诺主体具有性质：$I(\text{inevitable}(\Diamond\phi)) \Rightarrow \text{inevitable}(\Diamond B\phi)$。

（b）满足基本I-系统和专一承诺公理的一个基本专一承诺主体具有性质：$I(\text{inevitable}(\Diamond\phi)) \wedge \text{inevitable}(B(\text{optional}(\Diamond\phi)) \cup (B\phi)) \Rightarrow \text{inevitable}(\Diamond B\phi)$

（c）满足基本I-系统和豁达承诺公理的一个基本豁达承诺主体具有性质：$I(\text{inevitable}(\Diamond\phi)) \wedge \text{inevitable}(G(\text{optional}(\Diamond\phi)) \cup (B\phi)) \Rightarrow \text{inevitable}(\Diamond B\phi)$

证明：(a)假设$I(\text{inevitable}(\Diamond\phi))$。根据（2.23）的盲目承诺公理可知：$\text{inevitable}(I(\text{inevitable}(\Diamond\phi) \cup B\phi))$。再根据（2.22）的没有无限延期公理和弱定义可知：$\text{inevitable}(\Diamond B\phi)$。（b）与（c）的证明与此类似。

（2.27）　真信念公理：$B\phi \Rightarrow \phi$

一个胜任（competent）主体满足真信念公理。在公理（2.23）—公理（2.25）这三个不同的承诺策略下，胜任主体将实际达到其目的，而不是仅仅相信如此。然而，对现实主体而言，真信念公理是很难做到的，因为该公理要求主体具有对其意图的未来实现具有真信念。通过把真信念公理仅仅限制到当前信念或关于初始行动公式的信念，我们就可以定义一个不那么全能的主体，该主体必将实现其意图。

定理 2.28　在与定理 2.26 同样的条件下，对三种类型的承诺且胜任的主体都会得到这样的结论：$inevitable(\Diamond\phi)$。

根据定理 2.26 和真信念公理即可证明定理 2.28。事实上，定理 2.27 与定理 2.28 的条件严苛，对现实主体而言很难操作；而且这两个定理并没有充分利用意图导向行动公理，不论主体的行动是否有明确的意图，这两个定理都能够成立，因此并不能够为主体的意图与行动之间的推理提供充分的依据。故，现在我们仅仅考察带有明确意图的行动，这就要求主体在每个时间点的意图是一个单一的初始行动，这样主体在执行了每个带有明确意图的行动后，仍然保持自己的信念，即主体不会忘记之前保持的信念。更形式地说，主体在一个带有明确意图的行动 x 中保持信念γ，当且仅当，（a）她想执行行动 x；（b）如果她相信在执行行动 x 之后，信念γ成立，那么在执行 x 之后，γ仍然成立。即有：

（2.29）　$I(does(x))\wedge(B(optional\bigcirc(done(x)\wedge\gamma))\Rightarrow optional\bigcirc B(done(x)\wedge\gamma)$

如果一个意图是在未来必将为真的φ的专一主体，仅仅执行带有明确意图的行动，并且在执行这些行动时，她相信φ，那么她必将相信φ。如果该主体是胜任主体，则她将实际实现φ。

定理 2.30

（a）一个满足基本 I－系统和（2.24）的专一承诺公理的基本专一主体具有性质：

$I(inevitable(\Diamond\phi))\wedge inevitable\Box(\exists x(I(does(x))\wedge(B(optional\bigcirc(done(x)\wedge(\Diamond\phi)))\Rightarrow optional\bigcirc B(done(x)\wedge(\Diamond\phi)))\Rightarrow inevitable(\Diamond B\phi)$。

（b）一个满足基本 I－系统、专一承诺公理和真信念公理的胜任专一主体具有性质：

$I(inevitable(\Diamond\phi))\wedge inevitable\Box(\exists x(I(does(x))\wedge(B(optional\bigcirc(done(x)\wedge(\Diamond\phi)))\Rightarrow optional\bigcirc B(done(x)\wedge(\Diamond\phi)))\Rightarrow inevitable$

$(\Diamond(\phi))$。

证明：(a) 假设前提(i) I(inevitable($\Diamond\phi$))和前提(ii) inevitable $\Box$($\exists$x (I(does(x))$\wedge$(B(optional$\bigcirc$(done(x)$\wedge$($\Diamond\phi$)))$\Rightarrow$optional $\bigcirc$Bel(done(x)$\wedge$($\Diamond\phi$)))成立。根据（i）、目标－意图兼容性公理和意图导向行动公理可知：B(optional($\Diamond\phi$))。再根据（ii）可知：inevitable(B(optional($\Diamond\phi$))$\cup$Bϕ)。再结合定理2.26（b）即可得到结论。在（a）的基础上再结合真信念公理即可推导出2.26（b）。

定理2.30的（a）和（b）的前提的第二个合取支可以通过几种方式来弱化。首先，根据意图导向行动公理，在真实世界中允许我们去掉公式done（x）。其次，主体会根据其意图来采取行动直到她认为已经实现意图。即inevitable$\Box$可以用until算子$\cup$来代替。

假定主体也相信定理30（根据信念的必然化推理规则），那么她将相信：如果她仅仅执行带有明确意图的行动，而当她这么做时仍然保持她的信念，那么她将最终实现她的目标。同时，她也可以这样推理：如果她被强迫做她不想干的事情，或者不坚持她的信念，那么她将不会实现她的目标。

与带有明确意图的行动的信念保持性类似，我们也可以类似地引入目标保持性的概念，这将使得豁达主体能够实现其意图对象。我们也可以类似地定义具有复合承诺策略的其他类型的主体。比如，目的（ends）豁达而手段（means）专一的主体，这种主体会随意地改变其目的，但一旦未来为实现其目而采取了某种手段，就不会对这些手段是否合理进行再思考；而相对化承诺（relativized commitment）主体是目的和手段均豁达且胜任的主体。

3.4　逻辑性质

为了使得我们的研究具有针对性，需要做如下规定：(1) 如果一个主体相信一个公式ϕ必将总是（inevitably always）为真（即ϕ在所有信念可及的世界中的所有未来路径的所有时间点都为真），那么主体就不应该被强迫把此命题ϕ作为其目标或意图对象。例如，在每一个可能的未来状态中，地球是圆的或太阳将会升起，这些命题就不应该作为主体的目标或意图对象。(2) 如果主体相信$\phi\rightarrow\gamma$必将总是为真，而且主体的意图对象是ϕ或主体的目标是ϕ，那么就不能够强迫主体的意图对象是γ或主体的目标是γ。这样规定的好处是：主体意图是执行某个行动时，不会被强迫她把此行动的副作用作为其意图。例如，主体想去拔牙，虽然她相信这样做必将引起牙疼，但不应该强迫主体把牙疼作为其意图。(3) 对每个信念可及的世界一定存在一个目标可及的世界（意图与此类似）；反之则不一定成立。

现在我们定义一个模态算子之间的二元关系$<_{strong}$，使得$B <_{strong} G <_{strong} I$。模态公式$R_1$（$\phi$）比$R_2$($\phi$）强，当且仅当，$R_1 <_{strong} R_2$。那么就有：

命题 2.31 一个模态公式不会蕴涵一个更强的模态公式。例如，如果主体相信（或必将总是相信）ϕ为真，那么她不会把ϕ作为目标。即：

(a) $B\phi\wedge\neg G\phi$； (b) inevitable（$\Box B\phi$）$\wedge\neg G\phi$。

更一般的情况是：在（a）与（b）中，如果B被R_1代替，G被R_2代替，其中$R_1 <_{strong} R_2$，那么上述结果也成立。即有：

(c) $R_1(\phi)\wedge\neg R_2(\phi)$； (d) inevitable($\Box R_1(\phi)$)$\wedge\neg R_2(\phi)$。

证明：如果ϕ是形式为 optional(ψ) 的公式，那么（a）显然成立。由于每个目标可及世界是其相应的信念可及世界的子世界，因此在任意路径中ψ不一定为真。当ϕ是一阶公式或形式为 inevitable(ψ) 的公式时，根据存在一些目标可及世界不是信念可及世界这一事实可知：ϕ在这种世界中不真，主体将不会把ϕ作为其目标。因此（a）得证。(b) 可以类似证明。

命题 2.32 相对一个较弱的模态词而言，一个模态公式不会在蕴涵下封闭。例如，下面的公式成立：

(a) $G\phi\wedge B$(inevitable($\Box(\phi\rightarrow\gamma)$))$\wedge\neg G\gamma$

(b) $G\phi\wedge$inevitable($\Box B$(inevitable$\Box(\phi\rightarrow\gamma)$))$\wedge\neg G\gamma$

更一般的情况是：在（a）与（b）中，如果B被R_1代替，G被R_2代替，其中$R_1 <_{strong} R_2$，那么上述结果也成立。即有：

（c）$R_2(\phi) \wedge R_1(inevitable(\Box(\phi \rightarrow \gamma))) \wedge \neg R_2(\gamma)$

（d）$R_2(\phi) \wedge inevitable(\Box R_1(inevitable \Box(\phi \rightarrow \gamma))) \wedge \neg R_2(\gamma)$

证明：对于每个信念可及世界，一定存在一个目标可及世界。但是目标关系Goal可以映射到，不与任何信念可及的世界对应的目标世界上。在这样的世界中，公式$\phi \rightarrow \gamma$不真，主体就不会把γ作为目标。这说明（a）成立。（b）也可以类似证明。

命题2.31和命题2.32处理了较强形式的信念，即必将总是主体相信ϕ。把这两个命题进行适当修正就适合于弱形式的信念。需要注意的是，即使有这两个命题，主体的目标和意图还是在蕴涵下封闭。即有：

命题2.33　（a）$I\phi \wedge I(\phi \Rightarrow \gamma) \Rightarrow I\gamma$；

（b）$G\phi \wedge G(\phi \Rightarrow \gamma) \Rightarrow G\gamma$。

虽然主体不把必然事实作为其目标或意图，但这并不妨碍对这些定理进行推理。例如，主体在有了去拔牙的意图后，她可以根据拔牙必然会牙疼这一确定性，而决定去拔牙时带上镇痛的药物。

第四节　KARO逻辑①

KARO逻辑是在一系列文章[25, 30—33]的基础上逐步发展而成的。在KARO逻辑中，行动、知识或信念是初始概念，其他主体概念则是通过它们定义而得到的。由于KARO逻辑基于行动逻辑（logic of action），故得到了广泛的应用。除了有像BDI一样的诸如知识、信念、愿望和目标这类概念和算子外，还存在把行动作为诸如能力（ability）和承诺（commitment）论元（arguments）的算子，如Can算子和（可能的）意图算子。所有这些算子都可以用来描述主体的心智状态。更为重要的是：在KARO框架中，具体行动可以用来改变

① 本节主要参考Meyer等人（2012）[28]来介绍KARO逻辑的相关内容的。

主体的心智状态；除了存在能够更新主体的承诺外，还存在对信念进行修正的修正行动、承诺行动和未承诺行动（revise, commit and uncommit actions）[28]15。从这个意义上说，KARO 与动态认知逻辑（Dynamic Epistemic Logic）[54]相关。

4.1 关于理性主体的 KARO 逻辑

KARO 形式系统是把动态逻辑和认知/道义逻辑（epistemic / doxastic logic）进行融合后，通过添加了几个新的模态算子以处理主体的动机。因此，除了知识算子（用 K 表示）、信念算子（用 B 表示）、行动算子（$[\alpha]\varphi$表示执行行动α后，φ成立）外，还有能力算子（用 A 表示）、愿望算子（用 D 表示）。所有原子行动（atomic actions）的集合用Π_0表示，所有原子命题的集合用Φ_0表示，KARO－公式的语言用 L_{KARO}表示。

定义 2.4.1 （KARO 语言）

（1）L_{KARO}中的公式可以由其相应的原子命题通过如下归纳的方式得到：

$\varphi ::= p \mid \neg\varphi \mid \varphi\wedge\psi \mid K\varphi \mid B\varphi \mid D\varphi \mid [\alpha]\varphi \mid A\varphi \mid$（其中 $p\in\Phi_0$）

（2）L_{KARO}中的行动α由其相应的原子行动通过如下归纳定义的方式得到：

$\alpha ::= a \mid \varphi? \mid \alpha;\beta \mid \alpha+\beta \mid \alpha^* \mid$（其中 $a\in\Pi_0$）

即语言 L_{KARO}中的公式可以通过我们熟悉的命题联结词，以及分别表示知识、信念、愿望、行动和能力的模态算子来表示。而语言 L_{KARO}中的行动则可以通过原子行动、测试算子（?）、序列复合算子（;）、非确定性选择算子（+）和重复算子（*）来表示。

条件行动和当行动（conditional and while－action）按照通常的方式缩写：

If φ then α_1 else α_2 fi $\equiv(\varphi?;\alpha_1)+(\neg\varphi?;\alpha_2)$；

while φ do α od $\equiv(\varphi?;\alpha)^*;\neg\varphi?$。

定义 2.4.2　（KARO 模型）

知识、信念和愿望算子的语义通过克里普克结构 $M=\langle W, \upsilon, R_K, R_B, R_D\rangle$给出，其中：

（1）W 是一个非空的状态（或世界）的集合。

（2）υ是每个状态上的真值赋值函数。

（3）R_K、R_B、R_D是分别对模态算子 K、B、D 进行解释的可及关系。并假定：R_K满足等价关系；R_B满足持续性、传递性和欧几里得性；对关系 R_D没有特别要求。

行动的语义则通过类型为$\langle\Theta, \{R_a \mid a\in\Pi_0\}, F, Ag\rangle$的结构来表示，其中：

（4）Θ是可能的模型/状态对（model / state pair）的集合（即模型 $M=\langle W, \upsilon, R_K, R_B, R_D\rangle$与出现在该模型中的状态组成的对）。

（5）$R_a(a\in\Pi_0)$ 是在Θ上使用原子行动对行为进行标记的关系。

（6）函数 F 给出在每个模型/状态对中，主体能够做的行动的集合。

（7）函数 Ag 表示在每个模型/状态对中，主体所致力的（is committed to）行动集合。

在这个结构中存在用于解释知识、信念和愿望算子的元素。行动被建模成“模型/状态对”转换装置，以强调行动对主体的心智状态（即知识、信念和愿望的综合状态），而不仅仅是对世界状态的影响。能力和承诺则是通过能够产生每个“模型/状态对”相关信息的函数给出的。

定义 2.4.3　（公式的解释）

为了确定一个公式$\varphi\in L_{KARO}$在一个“模型/状态对”（M，w）中是否为真（如果为真，则记作：$(M, w)\models\varphi$），我们规定：

（1）对 $p\in\Phi_0$而言，$M, w\models p$，当且仅当，$\upsilon(w)(p)$为真；

（2）逻辑联结词的解释如常；

（3）对所有具有 $R_K(w,w')$的 w'而言，$M, w\models K\varphi$，当且仅当，$M, w'\models\varphi$；

（4）对所有具有 $R_B(w,w')$的 w'而言，$M, w\models B\varphi$，当且仅当，

M, $w' \models \varphi$;

(5) 对所有具有 $R_D(w, w')$ 的 w' 而言, M, $w \models D\varphi$, 当且仅当, M, $w' \models \varphi$;

(6) 对所有具有 $R_\alpha((M, w'), (M', w'))$ 的 M' 和 w' 而言, M, $w \models [\alpha]\varphi$, 当且仅当, M', $w' \models \varphi$;

(7) M, $w \models A\alpha$, 当且仅当, $\alpha \in F(M, w)$;

(8) M, $w \models Com(\alpha)$, 当且仅当, $\alpha \in Ag(M, w)$。

在 (8) 中, Com 表示承诺算子 (commitment operator)。与在动态逻辑中一样, 这里的 R_α 可以根据基本的 R_α 通过归纳定义得到[30, 32, 55], 但这里的 R_α 是在“模型/状态对”中定义的, 而不是仅仅在状态上加以定义。因此: $R_{\alpha_1+\alpha_2} = R_{\alpha_1} \cup R_{\alpha_2}$; $R_{\alpha*} = R_\alpha^*$; R_α 在自返传递关系下封闭; $R_{\alpha_1;\alpha_2}$是关系 R_{α_1} 与 R_{α_2}的积。函数 F 也可以运用于复杂行动[30, 32]。如果对任意的 $w \in W$, $\#\{w' \mid R_\alpha(w, w') \leqslant 1\}$, 我们就说α是确定的 (deterministic); 如果对任意的 $w \in W$, $\#\{w' \mid R_\alpha(w, w')\} < 1$, 我们就说α是强确定的。这里的#表示基数 (cardinality)。

有了知识、信念和意图的解释条款后, 我们可以类似得到行动模态词的解释: 如果在做了行动α后, 从当前情境 (situation) 可及的所有情境中φ都成立, 我们就说在执行行动α后, φ(必然) 成立。这里的情境是由“模型/状态对”来表征的。如果一个行动能够由函数 F 来表示, 我们就说主体有能力做这个行动。如果在主体的议程 (agenda) 中记录了所致力的行动α, 我们就说主体致力于行动α。

我们可以利用下面的语法缩写来表示辅助算子。

定义 2.4.4

(1) (dual: 对偶) $\langle\alpha\rangle\varphi = \neg[\alpha]\varphi\neg$, 表示主体有机会执行α, 其结果就是在某个状态下, φ为真。

(2) (opportunity: 机会) $O\alpha = \langle\alpha\rangle(p \vee \neg p)$, 其中 $p \in \Phi_0$, 即主体有机会做行动α, 当且仅当, 存在一个后继状态满足 R_α-关系。

(3) (practical possibility: 实际可能性) $P(\alpha, \varphi) = A\alpha \wedge O\alpha \wedge$

$\langle\alpha\rangle\varphi$，即主体有实际机会做结果为φ的行动α，当且仅当，该主体既有能力也有机会做行动α，实际做α的结果将导致主体进入到φ为真的状态中。

（4）（can：能够）$Can(\alpha,\varphi)=KP(\alpha,\varphi)$，即主体能够做带有某种结果的行动α，当且仅当，该主体知道她有做行动α的实际可能性。

（5）（realisability：可实现性）$\Diamond\varphi=\exists a_1,\cdots,a_n P(a_1,\cdots,a_n,\varphi)$，即一个状态性质φ是可实现的，当且仅当，存在一个有穷的原子行动序列，使得主体有实际机会去完成结果为φ的行动序列。

（6）（goal：目标）$G\varphi=\neg\varphi\wedge D\varphi\wedge\Diamond\varphi$，即一个目标就是一个被意图、且能够实现、但并没有得到实现的公式。

（7）（possible intend：可能意图）$I(\alpha,\varphi)=Can(\alpha,\varphi)\wedge KG\varphi$，即主体（可能）意图带有某种结果的行动α，当且仅当，该主体能够做行动α，而且她知道此结果是她的目标之一。

定义2.4.5[28]18

（1）[α]－类型行动模态词$[\alpha]\varphi$的对偶$\langle\alpha\rangle\varphi$，表示至少存在一个φ在其中为真的结果状态。在确定性行动的背景（context）中，行动至多只有一个后继状态，即只有一个状态满足φ。如果一个原子行动是确定性的，那么包含在一个复杂行动中的所有行动将是确定性的。

（2）有机会做一个行动，是根据与该行动相关的可及关系（accessibility relation）至少有一个后继状态来建模的。

（3）做带有某种结果的行动的实际可能性被看作同时有能力和机会做带有这种结果的行动。公式$A\alpha\wedge O\alpha\wedge\langle\alpha\rangle\varphi$中的$O\alpha$实际是多余的，因为它后面跟着$\langle\alpha\rangle\varphi$，是为了强调做α的机会，才被加上去的。

（4）运用到行动和公式上的Can谓词，表示主体意识到做该行动的实际可能性，在其结果状态中，该公式成立。

（5）φ是可以实现的意思是，存在一个由原子行动（序列）组成的计划，而且主体有实际机会去做结果为φ的这些原子行动。

（6）一个公式φ是KARO框架中的一个目标的意思是，如果φ目前还不为真，但φ是所意图和可实现的，即存在一个主体有实际可能性去实现结果为φ的计划。

（7）主体意图结果为φ的行动α的意图的意思是，能够做该行动（知道有实际机会这么做），而且知道φ是其目标。

为了对知识/信念以及具体行动的动机进行处理，修正行动、承诺行动和未承诺行动被添加到该语言中。现在我们通过可及关系给出包含修正行动、承诺行动和未承诺行动的公式的语义解释。

定义 2.4.6[28]18 （修正行动、承诺行动和未承诺行动的可及性）

（1）$R_{revise(\varphi)}$（M，w）= update_ belief（φ，（M，w）；

（2）如果对某个φ，M，w⊨I(α，φ)，那么 $R_{commit(\alpha)}$（M，w）= update_agenda^{+}（α，（M，w）；否则，$R_{commit(\alpha)}$（M，w）= ∅（表示承诺行动失败）。

（3）如果 M，w⊨Com(α)，那么 $R_{uncommit(\alpha)}$（M，w）= update_agenda^{-}（α，（M，w））；否则，$R_{uncommit(\alpha)}$（M，w）= ∅（表示未承诺行动失败）。

（4）uncommit（α）∈F（M，w），当且仅当，对所有公式φ而言，M，w⊨¬I(α，φ)。即如果主体不想为了任何目的做某个行动，那么她就能够不承诺该行动。

这里的 update_ belief 是更新主体信念的函数，update_ agenda^{+} 是添加一个行动以更新主体的议程的函数，update_ agenda^{-} 则是取消一个行动以更新主体的议程的函数。本质上，这些行动也是模型/状态转换装置，分别表示了主体关于信念和承诺的心智状态的改变。

函数 update_ belief［φ，（M，w）］通过主体的信念随着公式的更新而更新的方式来改变模型 M；update_ agenda^{+}［α，（M，w）］通过把行动α添加到议程中的方式来改变模型 M；update_ agenda^{-}［α，（M，w）］通过在议程中取消行动α的方式来改变模型 M。revise 算子也可用于因为义务以及与其他主体的交流而引起的修正[31]。

现在我们可以像通常那样定义 KARO－模型的有效性。

定义 2.4.7[25, 33]

(1) $\models \Sigma(\varphi \to \psi) \to (\Sigma\varphi \to \Sigma\psi)$，其中$\Sigma \in \{K, B, D, [\alpha]\}$

(2) $\models \langle\alpha\rangle\varphi \to [\alpha\backslash]\varphi$，其中α是确定的

(3) $\models \Sigma\varphi \to \Sigma\Sigma\varphi$，其中$\Sigma \in \{K, B\}$

(4) $\models \neg\Sigma\varphi \to \Sigma\neg\Sigma\varphi$，其中$\Sigma \in \{K, B\}$

(5) $\models K\varphi \to \varphi$

(6) $\models \neg B\neg(p \vee \neg p)$，其中 $p \in \Phi_0$

(7) $\models O(\alpha; \beta) \leftrightarrow \langle\alpha\rangle O\beta$

(8) $\models Can(\alpha; \beta, \varphi) \leftrightarrow Can(\alpha, P(\beta, \varphi))$

(9) $\models I(\alpha, \beta) \to K\langle\alpha\rangle\varphi$

(10) $\models I(\alpha, \varphi) \to \langle commit(\alpha)\rangle Com(\alpha)$

(11) $\models I(\alpha, \varphi) \to \neg Auncommit(\alpha)$

(12) $\models Com(\alpha) \to \langle uncommit(\alpha)\rangle \neg Com(\alpha)$

(13) $\models Com(\alpha) \wedge \neg Can(\alpha, \top) \to Can\langle uncommit(\alpha), \neg Com(\alpha))$

(14) $\models Com(\alpha) \to KCom(\alpha)$

(15) $\models Com(\alpha_1; \alpha_2) \to Com(\alpha_1) \wedge K[\alpha_1]Com(\alpha_2)$

(16) $\models Com((\varphi?; \alpha_1) + (\neg\varphi?; \alpha_2)) \wedge K\varphi \to Com(\varphi?; \alpha_1)$

(17) $\models Com((\varphi?; \alpha_1) + (\neg\varphi?; \alpha_2)) \wedge K\neg\varphi \to Com(\neg\varphi?; \alpha_2)$

(18) $\models Com((\varphi?; \alpha)*; \neg\varphi?) \wedge K\varphi \to Com((\varphi?; \alpha); (\varphi?; \alpha)*; \neg\varphi?)$

这里的性质（1）说明，模态词 K，B，D，[α] 在蕴涵下封闭，在这一意义下，这些模态词是“正规的”（normal）。性质（2）说明，对确定性行动α而言，[α] 的对偶算子⟨α⟩比 [α] 强：如果在执行行动α后最多存在一个后继状态（successor state），而且至少存在一个后继状态满足φ，那么所有的后继状态满足φ。性质（3）与性质（4）即所谓的关于知识和信念的内省性质。性质（5）的意思是知识都是真的。性质（6）的意思是信念可以不真，但不能不一致。性质（7）说明，有机会执行两个行动的序列复合行动的意思是，首先有机会执行第一个行动，然后有机会执行第二个行动。

性质（8）的意思是，主体能够执行结果为φ的两个行动的序列复合行动，当且仅当，主体能够执行第一个行动，并进入有实际可能性执行结果为φ的第二个行动的状态中。性质（9）说明，如果主体可能意图执行结果为φ的行动α，那么他就知道：存在执行行动α的可能性，其结果就是进入φ成立的状态中。性质（10）表明，如果主体可能意图执行结果为φ的行动α，那么主体就有机会承诺α，结果就是主体致力于α，即α被提上主体的议程。性质（11）的意思是，如果主体意图执行带有某个目的的行动，那么，该主体不能不承诺α。因此，如果主体致力于α，那么该主体就不得不坚持该承诺。承诺的持续性（persistence）就以这种方式在 KARO 中得以表示。这与利用与可能无穷未来有关的时态算子来表示持续性的方式不同。目标的主体程序设计语言[56]与 Cohen 与 Levesqu（1990）[45]的意图逻辑之间，存在几乎完美的对应性质，这并不是一个巧合。KARO 逻辑的好处是：在其处理承诺的变化的行动语言中，有专门的行动来表示持续性，而不需要参照（无穷的）未来，这就使得持续性变得更容易计算。性质（12）的意思是，如果主体致力于一个行动，而且主体有机会不承诺该行动，那么该行动实际上会被取消。性质（13）表明，如果主体致力于不再有实际可能性的行动，那么她知道她能够放弃这一不可能的承诺。性质（14）说明，承诺为主体所知。最后四个性质表明关于复杂行动的承诺的性质。例如，性质（15）的意思是，如果主体致力于两个行动的序列复合行动，那么她将致力于第一个行动，而且她知道在执行了第一个行动后，她将致力于第二个行动。[28]20

4.2 关于情感主体的 KARO 逻辑

BDI 逻辑的初衷是为了描述理性主体（rational agents）的行为，而 J－J. Ch. Meyer 等人（2012）[28]说明了如何使用 KARO 框架来描述情感主体（emotional agents）的行为，这是 BDI 逻辑近年来一个很好的应用。虽然使用逻辑来刻画情感和情感行为或许有些自相矛盾，但我们这里处理的是行为，这是可以在逻辑中得以描述的，尤其是可以在处理行动的逻辑（比如 KARO 框架）中得以描述。而且我们将会看到，情感行为并不排斥主体的理性行为，这已经在认知科学中得到确认[64]。

现在我们来实际看看两个心理学理论：一个是仅仅处理了四种基本情感的 Oatley 和 Jenkins（1996）[65]的理论；另一个是处理了二十二种情感的 Ortony 等人（1988）[66]提出的 OCC 理论。前者处理的四种基本情感是指：高兴（happiniess）、悲伤（sadness）、愤怒（anger）和害怕（fear）。Oatley 和 Jenkins（1996）认为这四种情感具有如下特点：

（1）在试图达到目标的过程中，一切正像主体所期望的那样顺利，即迄今的子目标都得以实现，这时主体就表现出高兴。

（2）在试图达到目标的过程中，一切都不像主体所期望的那样顺利，即子目标没有得以实现，这时主体就表现出悲伤。

（3）愤怒是没有能够执行当前计划，导致主体需要更加努力去执行计划，是主体受挫的结果。

（4）当主体的维护性目标（maintenance goal）受到威胁，主体在开展其他活动前，需要确保此维护性目标得以恢复，这时主体就表现出害怕。

从以上对情感描述的内容看，这正是与 BDI 相关的概念，因此使用 BDI 逻辑来刻画它们就不足为怪。Meyer（2006[67]，2007[68]）就选择 KARO 对情感主体行为进行了处理。

现在我们以悲伤为例。为了简便起见，假定计划是由一系列原子行动组成。在 KARO 中，悲伤的触发条件（trigger condition）可以表示为：

$$I(\sigma, \varphi)\wedge Com(\sigma)\wedge B([\alpha]\psi)\rightarrow[\alpha]((B\neg\psi\wedge Com(\sigma\backslash\alpha))\rightarrow sad(\sigma\backslash\alpha, \varphi))$$

其中α是计划σ的前缀（prefix）。这一触发条件的直观意思是：如果主体有执行一个目标为φ的计划σ的（可能）意图，那么她致力于σ(因此主体有执行σ的真实意图)；而且她相信在执行计划σ的初始部分α后，ψ成立；在执行α后，如果她相信ψ不成立，而她仍然要致力于计划σ的剩余部分，那么相对于计划σ的剩余部分和目标φ而言，主体就是悲伤的。其他三种情感的触发条件可以类似地加以形式化[67, 68]。

现在我们对 Steunebrink 等人（2007[69]，2012[70]）更为复杂的情感 OCC 理论框架[69, 70]加以简要介绍。在 Steunebrink 等人（2012）[70]的 OCC 框架中，情感的触发条件的形式化主要分为三步：首先是给出情感的更为普遍的逻辑结构；其次是在道义逻辑（doxastic logic）中对其进行提炼；最后是在 BDI 逻辑的 KARO 框架中进行全面处理。这种基于 BDI 模型的情感语义非常复杂，这里不加以细致介绍。这种方法通过使用 KARO 的（可能）意图算子，可以证明如下性质(这里我们使用主体对其进行参数化)：

$$I(\alpha, \sigma) \rightarrow [i: \alpha](\text{Pride}_j^T(i: \alpha) \wedge \text{Joy}_i^T(\varphi) \wedge \text{Gratification}_i^T(i: \alpha, \varphi))$$

其中：i：α是道义逻辑中的盒子（box），表示主体 i 执行α的行动；置于情感算子之上的上标^T，涉及我们正在考察的情感的触发/抽出（elicitation）形式。这一性质的意思是：如果主体有执行一个目标为φ的行动α的（可能）意图，那么如果她已经执行让她感到自豪(pride）的行动α，并为目标φ的达成感到高兴（joy），而且对行动 i：α和目标φ感到满足（gratification）。

使用 BDI 术语，为 OCC 理论中的情感的形式化做出贡献的还有 Adam 等人（2007[71]，2009[72]）。虽然 Adam 等人的工作与 Steunebrink 等人（2007[69]，2012[70]）的工作有所不同。Adam 等人(2007[71]）把高兴简单地定义为信念和愿望的合取：$\text{Joy}\,\varphi =_{def} B\varphi \wedge D\varphi$，这似乎表达的是高兴的状态（经验），而不是高兴的触发条件。Adam 等人（2009[72]）虽然对此有所改进，但是经验与情感触发仍然有些混淆不清。

第五节　stit 逻辑中的 BDI - 模态词

从 20 世纪 50 年代开始，基于知识的典型主体范式（paradigm）认为，为了使自己的行为更为智能，主体需要知道环境中的相关信息。这一观点在 20 世纪 90 年代的 BDI 范式中得到更为精细的理解：主体的决策行为被看作是主体的信念、愿望和意图相互作用的结果。BDI 逻辑原则对主体模态词进行了理性假设。特别地，这些原则说明了 B、D 和 I 模态词是如何在时间上相互作用的（著名的有所谓的"承诺策略"[45]，这一策略说明了在哪些信念和愿望条件下，意图不得不被抛弃）。

任何 BDI 逻辑的实质部分都具有动态性。典型情况是：BDI 逻辑的动态部分要么是在动态逻辑的基础上形成的（如 Cohen and Levesque（1990）[45]，KARO[32, 33]），要么是在时态逻辑的基础上形成的（如 Rao and Georgeff（1991）[23]）。近年来，还出现了第三种方法：务必做到逻辑 stit 逻辑。stit 逻辑介于动态逻辑和时态逻辑之间。动态逻辑把行动看作是程序的步骤，时态逻辑描述行动时完全脱离了这一理念，stit 逻辑则把行动看作是主体与她能够看到的效果之间的关系。为此，stit 逻辑把时态结构推广到选择结构中。stit 逻辑的最大特点是：公式的真值常常表达的是世界的动态信息。例如，stit 逻辑公式［ag stit］X（at_station）的意思是：主体 ag 务必做到她下一个状态在车站，这是关于静态条件的真。

近年来，一些学者致力于 stit 逻辑与 BDI 概念的融合。首先，我们把注意力集中在 stit 逻辑的精华部分，以及为它们而量身定做的 BDI 扩展。之后，我们考察 BDI 模态词的动态版本，并在 stit 逻辑的另一个版本 XSTIT 中讨论"知道做"（knowingly doing），在其中，行动的结果是使得下一个状态有效。

5.1　瞬间 stit 逻辑中的 BDI 模态词

传统的 stit 逻辑包括假定主体的选择努力（exertion）不需要花费

时间的 agency 算子。因此，一般而言，瞬间（instantaneous）stit 算子［ag stit］φ遵循成功公理［ag stit］φ→φ，以表达关于瞬间性意图，即如果 ag 现在务必看到φ成立，那么φ现在必须为真。现在我们给出标准的（即 Chellas 的）瞬间 stit 逻辑的形式定义，并介绍 Chellas（1995）[73]和 Horty（2001）[74]的部分相关性质。

5.1.1 CSTIT 逻辑①

定义 2.5.1 假定Φ是可数个命题的集合，而且 p ∈Φ，形式语言 L_{CSTIT}的定义如下：

φ ∷ =p |¬φ|φ∧ψ|□φ|[Cstit]φ|

除了通常的命题联结词，CSTIT 的语法还包括两个模态算子：□φ与［ag Cstit］φ。算子□φ表示“历史的必然”（historical necessity），即表示φ已经被解决，其作用与计算树逻辑 CTL 和 CTL*[75]中著名的路径量词（path quantifiers）一样。我们用◇φ表示¬□¬φ的缩写。[Cstit]φ表示“主体务必做到φ”。⟨Cstit⟩φ是¬[Cstit]¬φ的缩写。

定义 2.5.2 一个 CSTIT - 框架 F 是一个三元组⟨S，H，R_{ag}⟩，使得②：

（1）S 是一个非空的状态的集合。S 的元素记作 s，s′等；

（2）H 是一个非空的可能系统历史……，s_{-2}，s_{-1}，s_0，s_1，s_2，…的集合，而且对于每个整数 x ∈Z 而言，s_x ∈S。H 的元素记作 h，h′等；

（3）动态状态是二元组⟨s，h⟩，其中 s ∈S，h ∈H，而且 s 出现在 h 上。只有当 s = s′，且⟨s，h⟩R_{ag}⟨s′，h′⟩，关系 R_{ag}才是动态状态上的有效性（effectivity）等价类。对任意的状态 s 和主体 ag 而言，关系 R_{ag}定义了被 s 建构的动态状态部分（partition）。此部分对状态 s 中的主体 ag 的可能性选择 Cs ag，C′s ag，C″s ag，…进行了建模。在 s 中

① 这里的 C 表示 Chellas。

② 在元语言中，我们使用相同的符号表示常元和变元，并假定全称量词不会约束元变元。

的选择轮廓（profile）就是在 s 时的选择 Cs ag_i 的特别组合⟨Cs ag_1，Cs ag_2，…，Cs ag_n⟩，表示对系统中每一主体 ag_i 而言的选择。对任意的 s 而言，在任意选择轮廓中的选择交集非空，即 $\cap$ Cs $ag_i \neq \varnothing$，其中 $ag_i \in Ags$。

在定义 2.5.2 中，状态 s 是静态状态；动态状态函数是此逻辑赋值的初始单位，而⟨s，h⟩是动态状态，它是由静态状态 s 与历史 h 组合而成的。此逻辑语义中的“真值”这一基本概念，是相对于与选择努力有关的动态条件而言的。现在我们通过向定义 2.5.2 这一框架中添加命题原子的赋值来定义模型。

定义 2.5.3　通过添加原子命题的赋值υ，对框架 F = ⟨S，H，R_{ag}⟩进行扩展，就得到模型 M = ⟨S，H，R_{ag}，υ⟩，其中υ是一个赋值函数υ：$\Phi \rightarrow 2^{S\times H}$，此函数把每个原子命题映射到状态历史序对的集合中，对原子命题而言，它们为真。

现在我们给出动态状态的真值。

定义 2.5.4　相对于模型 M = ⟨S，H，R_{ag}，υ⟩而言，公式φ在一个动态状态⟨s，h⟩（其中 $s \in h$）中的真⟨s，h⟩⊨φ的定义如下：

（1）⟨s，h⟩⊨p　⇔　⟨s，h⟩∈υ(p)；

（2）⟨s，h⟩⊨¬φ　⇔　并非⟨s，h⟩⊨φ；

（3）⟨s，h⟩⊨φ∧ψ　⇔　⟨s，h⟩⊨φ而且⟨s，h⟩⊨ψ

（4）⟨s，h⟩⊨□φ　⇔　∀h′：如果 $s \in h'$，那么⟨s，h′⟩⊨φ

（5）⟨s，h⟩⊨［Cstit］φ①　⇔　∀h′：如果⟨s，h⟩R_{ag}⟨s，h′⟩，那么⟨s，h′⟩⊨φ

可满足性、在框架上的有效性和一般有效性的定义如常。

现在我们对 CSTIT 逻辑进行公理化。

定理 2.5.5　［Xu(1998)[76]］

---

① 原文中是⟨s，h⟩⊨［ag Cstit］φ，为了简化并与全文符号尽量一致，在只有一个主体 ag 或者在不引起混淆的情况下，笔者去掉了 ag。其他与此作类似处理。这样做有利于我们看清各个学者工作的异同。

如下公理模式，与标准公理化的命题逻辑，以及正规模态算子的标准规则（如必然化规则）一起，可以为 CSTIT 定义一个完全的 Hilbert 系统：

（1）关于□而言的 S5 公里；

（2）对每个主体 ag 而言的关于［ag Cstit］的 S5 公里；

（3）（SettC）　$\Box\varphi \to [ag\ Cstit]\ \varphi$；

（4）（Indep）　对于 $Ags = \{ag_1, \cdots, ag_n\}$ 而言，

$\Diamond[ag_1\ Cstit]\varphi \wedge \cdots \wedge \Diamond[ag_n\ Cstit]\psi \to \Diamond([ag_1\ Cstit]\varphi \wedge \cdots \wedge [ag_n\ Cstit]\psi)$。

Balbiani 等人（2007）[77]则是选择另外的方法对 CSTIT 逻辑进行公理化，而且语义的赋值单位不是来自两个维度的序对⟨s，h⟩，而是仅仅来自一个维度的可能世界 w。本文选择介绍来自两个维度的语义，以强调它与后面 2.5.2 节中介绍的 XSTIT 逻辑的关系。

5.1.2　BDI - stit 逻辑

Semmling 和 Wansing（2008）[78]把 BDI 模态词添加到基本 Chellas 的 stit 逻辑中，得到了 BDI - stit 形式系统。J. - J. Ch. Meyer 等人（2012）[28]对其进行了改进，给出了一个不同但语义上却等价的语法定义，其具体定义如下：

定义 2.5.6　假定Φ是可数个命题的集合，而且 $p \in \Phi$，形式语言 $L_{BDI-stit}$的定义为：

$\varphi ::= p \mid \neg\varphi \mid \varphi \wedge \psi \mid \Box\varphi \mid [Cstit]\varphi \mid \langle[B]\varphi\rangle \mid \langle[D]\varphi\rangle \mid \langle[I]\varphi\rangle$

在这里，引入了表示主体信念、愿望和意图的模态算子以及可能性算子。为了强调其弱模态性，这里把符号［］与⟨⟩进行了组合。

定义 2.5.7　一个 BDI - stit 框架是一个六元组$\langle S, H, R_{ag}, N_B, N_D, N_I\rangle$，其中：

（1）$\langle S, H, R_{ag}\rangle$是一个 CSTIT - 框架；

（2）N_B、N_D和 N_I是形式为 $N: S \times H \times Ags \to 2^{2^{S\times H}}$的邻域（neighborhood）函数，此函数把一个动态状态⟨s，h⟩，与一个主体 ag 的任

意组合，映射到⟨s, h⟩的邻域集合中。邻域框架应该满足如下约束条件[78]：

（a）N_B、N_D和N_I这三个函数都遵循$\varnothing \notin N$（s, h, ag）；

（b）N_B、N_D和N_I这三个函数都遵循：如果$N \in N$（s, h, ag），而且$N \subset N'$，那么$N' \in N$（s, h, ag）；

（c）$N \in N_I$（s, h, ag）且$N' \in N_I$（s, h, ag）蕴涵$N \cap N' \neq \varnothing$。

从直觉上看，N_B（s, h, ag）给出了主体ag在情境⟨s, h⟩中，该主体相信的联合可能性（jiont possibility）的可能世界（情境/动态状态）的聚类（cluster）。因为命题与聚类是一一对应（这些命题的模（modulo）是逻辑等值）的，因此，可以把聚类或邻域看作命题。如果主体相信对应于N的命题（模逻辑等值），就说$N \in N_B$（s, h, ag）成立；如果主体愿望对应于N的命题，就说$N \in N_D$（s, h, ag）成立；如果主体意图对应于N的命题，就说$N \in N_I$（s, h, ag）成立。

定义2.5.7的（2）中（a）的意思是不存在关于事件的不可能状态的信念、愿望或意图。（2）中（b）表明，信念、愿望和意图在主体所信念、愿望或意图的弱命题中闭包。（2）中（c）表达的意思是，从主体不可能同时意图一个命题和该命题的否定命题的意义上讲，意图具有一致性。

定义2.5.8　（BDI算子的真值条件）

相对于模型⟨S, H, R_{ag}, N_B, N_D, N_I, υ⟩而言，信念、愿望和意图算子的真值可以定义如下（其中〖φ〗是值集合，即，在S×H中的所有动态元素的子集满足φ）：

（1）$\langle s, h\rangle \models \langle [B]\varphi\rangle \quad \Leftrightarrow \quad \models [\![\varphi]\!] \in N_B(s, h, ag)$

（2）$\langle s, h\rangle \models \langle [D]\varphi\rangle \quad \Leftrightarrow \quad \models [\![\varphi]\!] \in N_D(s, h, ag)$

（3）$\langle s, h\rangle \models \langle [I]\varphi\rangle \quad \Leftrightarrow \quad \models [\![\varphi]\!] \in N_I(s, h, ag)$

这一可能性认知逻辑的公理化，是通过提出相对于邻域函数条件的公理而得到的。

定义2.5.9　（Hilbert系统的BDI算子）

假定标准推导规则，像逻辑等值下的闭包（closure），是针对弱模态词的。相对于定义 2.5.7 和定义 2.5.8 的语义，我们可以定义如下的 Hilbert 系统：

(1)（B_{possi}）　$\neg\langle[B]\varphi\rangle\perp$；

(2)（D_{possi}）　$\neg\langle[D]\varphi\rangle\perp$；

(3)（I_{possi}）　$\neg\langle[I]\varphi\rangle\perp$；

(4)（B_{weak}）　$\langle[B]\varphi\rangle\rightarrow\langle[B]\rangle(\varphi\vee\psi)$；

(5)（D_{weak}）　$\langle[D]\varphi\rangle\rightarrow\langle[D]\rangle(\varphi\vee\psi)$；

(6)（I_{weak}）　$\langle[I]\varphi\rangle\rightarrow\langle[I]\rangle(\varphi\vee\psi)$。

Semmling 和 Wansing（2008）[78]根据自己所给出语义学中的相关定义，证明了 BDI - stit 逻辑的完全性。根据邻域语义学和单调性模态逻辑[79]，我们可以得到这里相对于定义 2.5.7 的框架定义的更为普遍的公理化结果。在这一公理化系统中，我们可以检查与这些公理一一对应的框架上的条件[28]。

虽然这一 stit 框架的真值概念，是相对于在给定状态中的动态主体系统（在这一意义上，称其为动态状态）而言的，但 Semmling 和 Wansing 并没有给出 BDI 的动态解释。例如，$\langle[B]\rangle[Cstit]\varphi$的意思是，主体相信她务必做到φ，但这一概念的内在动态特征并没有得到分析。特别是，stit 的模态词与 BDI 模态词是如何相互作用的，没有得到分析。这似乎是因为此逻辑中缺乏明确的动态时态算子，而且 agency 又具有瞬间性。在 2.5.2 节中将讨论这些算子组合的内在动态性。

5.1.3 BDI 逻辑、stit 逻辑与后悔

Lorini 和 Schwarzentruber（2011）[80]以 stit 逻辑为基础，考察了反事实情感（counterfactual emotions）①。典型的反事实情感就是后悔（regret）。后悔被描述成，介于实际出现的情况（what actually oc-

---

① 这并不是说这些情感是反事实的，他们的理论是基于反事实条件的信念的事实情感。

curs）与可能发生的情况（what could have happened）之间的一个差异（discrepancy）。之后，他们在 stit 框架中给出了后悔的定义，这需要关于知识和愿望的模态词对其进行扩展。他们把三个不同的 stit 形式系统作为其定义的基础，但本文仅仅根据 2.5.1 节给出的 CSTIT 逻辑来讨论他们的理论。

Lorini 和 Schwarzentruber（2011）[80] 以最直接的方式，把知识添加到 stit 框架中，即在 stit 系统中为每个主体 ag_i 添加一个正规 S5 知识算子 $[ag_i\ K]$。然后根据 2.5.1 节的 stit 语言中的动态状态而言的赋值的基本单位上的等价类，来给出知识算子的解释。他们为此系统添加的第二个算子是使用命题常元来定义的愿望算子。

定义 2.5.10　令 $good_{ag_i}$ 表示一个命题常元，其意思是对系统中的每个主体 ag_i 而言，其真值表示了有利于（is good for）该主体的状态。模态算子 $[ag_i\ good]\varphi$ 和 $[ag_i\ D]\varphi$①的定义如下：

$[ag_i\ good]\varphi =_{def} (good_{ag_i} \rightarrow \varphi)$；$[ag_i\ D]\varphi =_{def} [ag_i\ D][ag_i\ good]\varphi$。

反事实方面是通过定义"可以防止（could have prevented, CHP)"这一概念来引入的。要想定义这一的反事实性质，stit 框架比动态逻辑或者情境演算（situation calculus）框架更为适合。因为在 stit 中，我们不仅可以对行动的事实特征进行推理，而且还有可能对并非事实的选择进行推理。Lorini 和 Schwarzentruber（2011）在一组 stit 框架中定义了"可以防止"的概念。此定义的直观理解就是，有些事情是可以被防止的，当且仅当，此事情为真，而且其他主体并非务必做到此事情为真。为了仅仅定义个体 agency，J. -J. Ch. Meyer 等人（2012）[28] 根据他们的理念，给出了如下定义：

定义 2.5.11　$\langle[ag_i CHP]\rangle\varphi =_{def} \varphi \wedge \neg \bigvee [ag_j\ Cstit]\varphi$，其中 $ag_j \in Ags \backslash ag_i$

由于 CHP 不是一个正规模态，故我们使用⟨⟩与［］的组合符号来

① 本文中，在只有一个主体或者不至于引起混淆的情况下，$[ag_i\ D]\varphi$ 简写为 $[D]\varphi$。

标记。现在，我们可以把对一个命题φ后悔的概念定义成，愿望¬φ，并且知道φ是可以被防止的这一事实。即有：

定义 2.5.12　$\langle[ag_i regret]\rangle\varphi =_{def} [ag_i D]\neg\varphi \wedge [ag_i K]\langle[ag_i CHP]\rangle\varphi$

在只有一个主体或者不至于引起混淆的情况下，此定义可以简写成：

$\langle[regret]\rangle\varphi =_{def} [D]\neg\varphi \wedge [K]\langle[CHP]\rangle\varphi$

5.2　在 XSTIT 逻辑中的 BDI 模态词：动态视角

在 2.5.1 节中讨论的 CSTIT 系统和 BDI - stit 系统，都把 BDI 概念与 stit 算子进行了融合。但这两个系统都没有特别关注 BDI 与 stit 算子融合后的动态解释，虽然这一解释强烈地暗示了这一点。如果像 [Cstit]φ这样的算子，表示主体现在进行选择以确保φ，而且像 [K]φ这样的知识算子也有一个动态解读（注意，知识的真值条件不是相对于静态状态 s 而言的，而是相对于动态状态⟨s，h⟩而言的），那么像[K][Cstit]φ的组合的一个很自然的解释就是，主体“知道务必做到φ”。但这一动态解释似乎不是这些系统的作者的本意，因为这些系统并不包含时态模态词，而且被使用的 stit 版本具有瞬间性。在本节中，我们将介绍基于 stit 系统，且把知道和意图的概念做这样理解的 XSTIT 系统，其中 agency 内在地涉及向下一个状态的一个移动（a move）。

5.2.1　XSTIT 系统

现在我们给出 XSTIT 系统的基本定义。XSTIT 使用了一个 next 的时态算子，对 2.5.1 节中的 CSTIT 语言进行了扩展，并使用 [xstit] φ代替了 [Cstit] φ，在 [xstit] φ中的结果φ不是瞬间结果，而是出现在下一个状态中的结果。其进一步的解释和动机可以参见 Broersen (2009[81]，2011[82])。

定义 2.5.13　假定Φ是可数个命题的集合，而且 p ∈Φ，形式语言 L_{XSTIT}的定义如下：

$\varphi ::= p \mid \neg\varphi \mid \varphi\wedge\psi \mid \ \varphi \mid [xstit]\varphi \mid X\ \varphi \mid$

其中［xstit］φ表示主体在下一个状态中务必做到φ。X φ是一个标准的 next 时间算子。□仍然是历史性必然［即积淀性（settledness）］算子。

定义 2.5.14　一个 XSTIT - 框架 F 是一个三元组⟨S, H, E⟩，其中：

（1）S 是一个非空的静态状态的集合。S 的元素记作 s, s′等；

（2）H 是一个非空的可能系统历史……，s_{-2}，s_{-1}，s_0，s_1，s_2，…的集合，而且对于每个整数 x ∈Z 而言，s_x∈S。H 的元素记作 h, h′等。在历史 h 上的 s 的后继 s′，记作 s′ = succ(s, h) 或 s = prec(s′, h)。对集合 H 的相关规定有：如果 s ∈h 且 s′∈h′且 s′ = s，那么 prec（s, h） = prec(s′, h′)。

（3）E：S ×H ×Ags→2^S是一个 h - 功效（effectivity）函数，其意思是，相对于主体的一个历史而言，主体 ag 选择所允许的下一个静态状态的集合。我们规定：

（a）如果 s ∉h，那么 E（s, h, ag） =∅；

（b）如果 s′∈E(s, h, ag)，那么∃h′：s′ = succ(s, h′)；

（c）如果 s′ = succ(s, h′) 且 s′∈h，那么 s′∈E(s, h, ag)；

（d）对于 ag_1≠ag_2而言，E(s, h, ag)∩E（s, h′, ag)≠∅。

定义 2.5.14 中的（3）的（b）保证了从当前状态 s 中看到的下一个状态的功效，并不包含在从当前状态中经过某种历史不能够达到的状态 s′中。（3）中的（c）表示“在不可分割的历史之间没有选择”的 stit 条件。（3）中的（d）的意思是，不同主体的同时选择的交集非空。这反映了一个主体努力选择的效果，与限制在这些选择中且能够同时进行选择的其他主体所产生的效果是不同的。

现在我们相对于动态状态进行真值赋值。

定义 2.5.15　相对于模型 M = ⟨S, H, E, υ⟩而言，公式φ在一个动态状态⟨s, h⟩(其中 s ∈h) 中为真⟨s, h⟩⊨φ的定义如下：

（1）⟨s, h⟩⊨p　⇔　⟨s, h⟩∈υ(p)

（2）⟨s, h⟩⊨¬φ　⇔　并非⟨s, h⟩⊨φ

(3) $\langle s, h\rangle \models \varphi\wedge\psi$　$\Leftrightarrow$　$\langle s, h\rangle \models \varphi$而且$\langle s, h\rangle \models \psi$

(4) $\langle s, h\rangle \models \Box\varphi$　$\Leftrightarrow$　$\forall h'$：如果$s\in h'$，那么$\langle s, h'\rangle \models \varphi$

(5) $\langle s, h\rangle \models X\varphi$　$\Leftrightarrow$　如果$s'=succ(s, h)$，那么$\langle s', h\rangle \models \varphi$

(6) $\langle s, h\rangle \models [xstit]\varphi$①　$\Leftrightarrow$　$\forall s'$和h'：如果$s'\in E(s, h, ag)$且$s\in h'$那么$\langle s', h'\rangle \models \varphi$

可满足性、在框架上的有效性和一般有效性的定义如常。

现在我们对 CSTIT 逻辑进行公理化。

定理 2.5.16　[Broersen (2011[82])]

如下公理模式，与标准公理化的命题逻辑，以及正规模态算子的标准规则（如必然化规则）一起，可以为 XSTIT 定义一个完全的 Hilbert 系统：

(1) 关于□而言的 S5 公里

(2) 对每个主体 ag 而言的关于［xstit］的 KD 公理

(3) (Lin)　$\neg X\neg\varphi\leftrightarrow X\varphi$

(4) (Sett)　$\Box X\varphi\rightarrow[xstit]\varphi$

(5) (XSett)　$[xstit]\varphi\rightarrow X\Box\varphi$

(6) (Indep)　对于 $Ags=\{ag_1, \cdots, ag_n\}$ 而言，

$\Diamond[ag_1\ xstit]\varphi\wedge\cdots\wedge\Diamond[ag_n\ xstit]\psi\rightarrow\Diamond([ag_1\ xstit]\varphi\wedge\cdots\wedge[ag_n\ xstit]\psi)$

5.2.2　知道做

像在 2.5.1 中一样，为了研究“知道做”这一概念，对系统中的每个主体 ag_i 而言的一个正规 S5 模态算子 $[ag_i K]\varphi$ 被添加了进来。其等价类，或这些算子的信念集合包括状态历史序对$\langle s, h\rangle$，其意思是，知识与系统中的主体的动态信息有关。这样，知道做就可以通过算子组合 $[ag_i K][ag_i xstit]\varphi$ 来表示。现在我们简要介绍这些模态词之间相互作用，更多详细内容可以参见 Broersen (2011a[82],

---

① 原文中是$\langle s, h\rangle \models [ag\ xstit]\varphi$，为了简化和全文符号尽量一致，在只有一个主体 ag 或者在不引起混淆的情况下，笔者去掉了 ag，简写成$\langle s, h\rangle \models [xstit]\varphi$。其他与此作类似处理。这样做有利于我们看清各个学者工作的异同。

2011b[83]）

定义 2.5.17　对其他主体当前选择的无知（ignorance）可以通过下面的公理来定义：

（IgnCC）　对于 $ag_1 \neq ag_2$ 而言，$[ag_1 K][ag_2 xstit]\varphi \rightarrow [ag_1 K][ag_2 xstit]\varphi$

公理 IgnCC 表明：如果一个主体知道来自于另一个主体选择的某些结果，那么这只可能是该主体知道来自于另一个主体选择的某些确定性的结果。

定义 2.5.18　关于下一个状态的知识的性质可以通过如下公理来定义：

（XK）　$[ag K]X\varphi \rightarrow [ag K][ag xstit]\varphi$

公理 XK 可以简写成：$[K]X\varphi \rightarrow [K][xstit]\varphi$

定义 2.5.19　效果累积（effect recollection）的性质可以通过如下公理来定义：

（Rec－Eff）　$[ag K][ag xstit]\varphi \rightarrow [ag xstit][ag K]\varphi$

公理 Rec－Eff 可以简写成：$[K][xstit]\varphi \rightarrow [xstit][K]\varphi$。其意思是，如果主体知道在下一个状态中她务必做到φ，那么她知道φ会出现在结果状态中。

以上关于知道做的这三个性质仅仅例示了某些可能性。知道做的更多性质已经得到研究[82]，而且这些动态性质已经被扩展到信念和意图中[83]。在 XSTIT 中添加了适当的 BDI 模态词后的基本逻辑，似乎更适合研究意图行动（intentional action）[28]。

在这一章中，我们对认知逻辑的使用情况进行了回顾，并使用诸如愿望和意图这类动机态度（attitudes）进行了扩展，用于描述智能主体的行为。很显然，虽然这里所有的逻辑方法都是出于实践原因，而且都是基于 Bratman 开创性的 BDI 理论，但是这些形式系统本身又大不相同。它们提出了不同的性质（甚至提出乍一看有些矛盾的性质）。虽然 Bratman 已经竭尽全力给出了这些概念的清晰的哲学理论，但是就像我们常常做的那样，在对这些哲学理论进行形式化时，仍然存在很多歧义，甚至使得我们可以更为自由地对这些概念加以形式化。由于这些形式系统使用了完全不同的基础逻辑（base logic），比如分支时态逻辑、动态逻辑和务必做到逻辑 stit，这使得我们很难对这些系统进行比较。因为这些 BDI 形式系统的目的要么是为了更好地理解现实，要么是为现实提供一个可执行的计算框架，所以使得 BDI 逻辑大受欢迎，这对主体系统的设计者和程序员而言，尤为重要。例如，KARO 框架在我们为主体程序设计语言 3APL 时起着重要的作用（Hindriks 等人（1999）[84]）；为了得到 3APL 的验证逻辑（verification logic）及其衍生逻辑，KARO 框架与 3APL 之间的形式关系也得到了研究（Hindriks 等人（2007）[85]，Meyer（2007）[86]）。BDI 逻辑的这些应用已经超出了本专著的研究范围，有兴趣的读者可以参见文献［Hoek 等人(2003)[87]、Dastani 等人(2007)[88]、Alechina 等人(2007)[89]、Dastani 等人(2010)[90]、Hindriks 等人（2007）[91]］。

本章小结

（1）BDI 逻辑的基本概念来自于 Bratman（1987）[22]的信念—意图—愿望理论：认为信念、愿望和意图在影响人类行为决策和推理的过程中起着重要的作用；并把注意力集中在伴随着主体的行动的面向未来的意图，其特点是：意图是更高级别的计划；意图引起深思并激发规划；意图伴随着为实现该意图的承诺（commitment）；引入了对主体行动起激励作用的前态度，对信念、愿望和意图加以区分；意图具有惯性（inertia），而且是进一步实际推理的一个输入。之后有多位学者对 Bratman 的理论进行了形式化。其中，有代表性的主要有：Cohen 和 Levesque（1990）的 BDI 逻辑、基于分支时间时态逻辑的 Rao 和 Georgeff（1991）的 BDI 逻辑、基于动态逻辑的 KARO 逻辑框架，以及基于务必做到逻辑的 BDI 逻辑。

（2）Cohen 和 Levesque（1990）[45]关于意图的方法，试图实现 Bratman（1987）的哲学分析模型：以线性时序逻辑和可能世界语义学为基础，使用信念、现实偏好、时间和行动的概念通过定义级联（cascade）的方式，定义了意图模态算子，研究了信念、目标、持续目标、意图以及理性的逻辑表达和演算；其逻辑是命题动态逻辑的线性版本。

（3）Rao 和 Georgeff（1991）[23] 为 BDI 主体的理性行为进行了建模，他们借助分支时间时态逻辑的方法，引入了信念、目标和意图这三个模态算子，借助可能世界语义学，为这些算子建立克里普克模型；在对不同类型的主体进行形式化分析时，通过加入特定的条件以保持主体的信念、目标和意图的持续性。信念、目标、意图之间的关系以及它们对行动的影响通过一些公理表征，比如有信念—目标兼容性公理；目标—意图兼容性公理；意图导向行动公理等。

（4）KARO 逻辑是在一系列文章[25，30—33]的基础上逐步发展而成的。其中：行动、知识或信念是初始概念，其他主体概念则是通过它们定义而得到的；除了有像 BDI 一样的诸如知识、信念、愿望和目标这类概念和算子外，还存在把行动作为诸如能力和承诺论元的算子，如 Can 算子和（可能的）意图算子；所有这些算子都可以用来描述主体的心智状态；具体行动可以用来改变主体的心智状态；为了对知识/信念以及具体行动的动机进行处理，修正行动、承诺行动和未承诺行动被添加到该语言中；行动被建模成“模型/状态对”转换装置，以强调行动对主体的知识、信念和愿望的综合状态，而不仅仅是对世界状态的影响；能力和承诺则是通过能够产生每个“模型/状态对”相关信息的函数给出的。

（5）任何 BDI 逻辑的实质部分都具有动态性，其动态性要么在动态逻辑、要么在时态逻辑、要么在务必做到逻辑的基础上形成。在 stit 逻辑中：把行动看作是主体与她能够看到的效果之间的关系，并把时态结构推广到选择结构中，公式的真值常常表达的是世界的动态信息。Semmling 和 Wansing（2008）[78] 把 BDI 模态词添加到基本 Chellas 的 stit 逻辑中，得到了 BDI-stit 形式系统。Lorini 和 Schwarzentruber（2011）[80]以最直接的方式把知识添加到 stit 框架中，考察了后悔这一反事实情感。XSTIT 逻辑解决了 BDI 与 stit 算子融合后的动态解释问题。

第三章　基于扩展 BDI（信念—愿望—意图）逻辑的 Agent 行为表征研究

本章是在第二章的基础上的拓展创新研究。第一节是基于等级 BDI 逻辑的行为表征研究；第二节是基于情感等级 BDI 逻辑的行为表征研究；第三节是基于知识情感等级 BDI 逻辑的行为表征研究。第二节是在第一节的基础上的扩展研究，第三节是在第二节的基础上的扩展研究。即知识情感 BDI 逻辑是情感 BDI 逻辑的扩展改进版本；情感等级 BDI 逻辑则是等级 BDI 逻辑的扩展改进版本；而等级 BDI 逻辑则是传统 BDI 逻辑的扩展改进版本①。本章绝大部分内容均属于笔者的创新成果。

第一节　基于等级 BDI 逻辑的行为表征研究

1.1　引言

主体强调理性作用，可以作为描述机器智能、动物智能和人类智能的统一模型。主体是一种通过传感器感知其环境，并通过执行器作用于该环境的实体，可以定义为一种从感知序列到实体动作的映射。[15]主体和多主体系统的研究是分布式人工智能研究的重点和热点，它在现实环境中的自主移动机器人、移动计算、网络信息处理、电子商务、分布式过程智能控制以及面向主体的软件工程等诸多领域

---

① 本章部分内容笔者在博士后期间在文献［37］与文献［38］等文章中发表过。

有着广泛的应用。近年来，一些学者提出的理论和结构为多主体系统提供了形式支持。其中，影响最为深远的形式系统是，在第二章中做了较为详细介绍的 Rao 等[23, 26]建立的 BDI 主体模型。BDI 主体是指其行为受到其信念、愿望和意图的支配的主体。BDI 主体模型能够帮助设计者对系统所期望的行为进行决策和推理。着重研究信念、愿望和意图与行为决策和推理的关系及其形式化描述，试图建立主体的 BDI 模型，已成为主体理论模型研究的主要方向[92]。近年来，国外关于 BDI 主体模型的研究成果颇为丰富[20]；我国学者也从不同视角对 BDI 主体进行了研究[4, 19, 37, 38]。

由于 BDI 逻辑系统易于实现，故，备受计算机科学、人工智能、系统工程等相关领域专家的青睐[93]。BDI 主体模型已经在这些领域得到了切实而广泛的应用。例如，计算机生成虚拟兵力等军事仿真系统[4]、多主体系统的机器学习[17]、旅游推荐系统[94]、火星机器人岩石样本的选择[18]、财富管理系统[95]等多个领域获得了应用。目前，计算机学界已经使用 Java[96]、Jason[35, 97]、JaCa[97]等程序设计语言对 BDI 主体模型进行了计算机实现。

BDI 模型的研究主要有三种方法：(1)以分支时态逻辑为基础的方法[23]；(2)以线性时态逻辑为基础的方法[24]；(3)以命题动态逻辑为基础的方法[25]。BDI 模型的扩展研究有：（1）情感 BDI 模型[35]；（2）等级（graded）BDI 模型[36]。

至今提出的大多数 BDI 主体结构主要是处理二值信息，但在现实世界中，我们有必要对信息进行更加细致的量化，即我们需要对信念、愿望和意图的强烈程度进行区分和处理，这有助于提高主体的可适应性和自主性[98, 99]。等级 BDI 模型通过对主体的信念、愿望和意图的强烈程度进行区分和表示，能够对主体的不确定性行为进行推理。目前对等级 BDI 模型研究的最新成果主要有 Casali 等人的工作[41, 42]。笔者的研究主要是以 Casali 等人（2005）[36]的等级 BDI 模型为基础，属于首次对 BDI 模型的第一种和第三种研究方法的融合研究。

Casali 等人（2005）[36] 的等级 BDI 模型是以 Parsons 等人（2002）[39] 的多背景（multi－context）的 BDI 模型为基础，并在不同的逻辑框架中分别给出了 B、D 和 I 的语言、语义、公理和推理规则，没有对这些规则进行统一处理，显得有些杂乱。笔者对他们的工作加以了改进和拓展：笔者借鉴其多背景思路，但把 B、D 和 I 这三个模态词所表示的不同概念，建立在一个统一的逻辑框架中；而且笔者的模型是建立在，无穷值的卢卡斯维茨逻辑（Łukasiewicz Logic，LL）和命题动态逻辑（Propositional Dynamic Logic，PDL），这两个能够对行为的不确定性，进行更为精细描述的逻辑之上，从而使得等级 BDI 主体的不确定性行为，得到比 Casali 等和 Parsons 等人的工作更为清晰一致的形式刻画。为了避免混淆，把在本节中笔者提出的等级 BDI 记为 $g-BDI_{PDL+LL}$①。

在本文中，信念度（belief degree）表示主体认为一个公式为真的程度；愿望度允许主体为偏好区分出不同的层次；意图度给出偏好的测度（measure）。在这三个心智状态的相互作用和表示的基础上，就可以对主体的不同行为进行建模。

1.2　等级 BDI 逻辑

1.2.1　等级 BDI 逻辑对主体模型的非形式描述

不确定性推理可以通过选择合适的多值逻辑，并定义适当的模型理论来进行处理。我们选择 Hájek 等[100, 101]发展起来的多值模态的方法对信念、愿望和意图的不同强烈程度进行表示和推理。其基本思路如下：信念度是概率的模型，一个模态公式 B φ被解释为“φ是可能的”，这样 B φ也是一个模糊公式，其真值隶属度依赖于φ的概率，而且被选中的不确定性模型能够表示信念度。对愿望度和意图度的解释和处理类似于信念度。意图度是对为了达到目标所采取的行动所涉及

① 本节部分内容发表在张晓君、林颖、周昌乐：《智能主体的等级 BDI（信念、愿望和意图）模型》，发表在《计算机科学》2016 年第 7 期第 35—40 页。

的利益的测度。

g-BDI_{PDL+LL}逻辑的基础之一是无穷值的卢卡斯维茨逻辑，其真值的取值范围是介于0—1之间的所有实数，真值函数是：$\neg x = 1 - x$，$x \to y = \min(1, 1 - x + y)$。这就使得我们可以定义一个能够对必然性和可能性的程度进行推理的逻辑，因而能够对概率进行处理。g-BDI_{PDL+LL}逻辑的基础之二是命题动态逻辑，它是动态逻辑的基础系统，主要处理关于主体的行动（更确切地说是程序，因为一个程序的执行和调用就是一个行动）和行动选择的推理。命题动态逻辑把程序的输入-输出关系，看作是克里普克语义学中的可及关系。

Casali 等人（2005）[36]使用 BC、DC、IC 来分别表示信念背景、愿望背景、意图背景这三个心理背景，并使用 PC、CC 来分别表示计划背景、交流背景，然后把主体定义为（$\{BC, DC, IC, PC, CC\}$，Δ_{br}）这样一个相互联系的单元组。信念背景是主体关于环境的信念模型，与环境和实际达到信念所付出的代价无关。愿望背景是主体偏好的模型。愿望是意图的先决条件。意图依赖于主体关于世界的知识，这些知识将允许或者不允许主体制订出把当前世界转变成所期望的世界的计划。每个计划将允许主体从其当前世界进行另一个世界，在后一世界中，给定的公式应得到满足，这一计划所建立的愿望也应得以实现。即当前的世界必须满足采取行动的前提条件。交流背景是主体与外界联系的窗口，等级主体与其他主体借此从其所生活的多主体社会中接受和传达信息。

1.2.2 等级 BDI 逻辑的语言

为了能够对信念、愿望和意图的不确定性进行推理，我们需要在卢卡斯维茨逻辑和命题动态逻辑的基础上，为 g-BDI_{PDL+LL}主体定义相应的语言。经典命题语言 L 是定义在，命题变元的可数集和联结词“否定$\neg$”以及“蕴涵$\to$”之上的，笔者使用作为 BDI 主体集合的一部分的行动，对这一语言 L 进行扩展[37]。

现在我们为 g-BDI_{PDL+LL}主体定义一个语言 L_{BDI}。其方法是：向经典命题语言 L 中添加形式为［α］的行动模态词（其中α是一个行动）和三个模糊模态算子 B、D 和 I。$B\varphi$ 的意思是“φ 是可以相信的”；$D\varphi$ 的意思是“φ 是所期盼的”，其真值隶属度表示当 φ 为真时，主体的满意程度。“$I\varphi$ 的程度是 δ”的意思是“φ 是所期望的”，其真值隶属度是 δ。

语言 $L_{g-BDIPDL+LL}$ 有两种类型的表达式：命题或公式 φ，ψ，……以及行动（或程序）α，β，…，每种表达式都有可数多个原子符号。所有原子命题的集合记作 Φ_0，所有命题的集合记作 Φ。所有原子行动的集合记作 Π_0，所有行动（包括原子行动和作为复合行动的计划）的集合记作 Π。行动和命题可以通过使用经典算子“否定 $\neg$”和“蕴涵 $\rightarrow$”、“行动复合算子 ;”、“不确定性选择算子 $\cup$”、“迭代算子 $*$”、“必然算子 $[\ ]$”和“测试算子 ?”，由其相应的原子行动和原子命题，通过归纳的方式得到。即计划的集合 Π 和 $L_{g-BDIPDL+LL}$ 公式可以通过如下的方式得到：

（1）$\Phi_0 \subseteq \Phi$

（2）$\Pi_0 \subseteq \Pi$

（3）如果 φ，$\psi \in \Phi$，那么 $\varphi \rightarrow \psi \in \Phi$ 且 $\neg \varphi \in \Phi$

（4）如果 α，$\beta \in \Pi$，那么 α；β，$\alpha \cup \beta$，$\alpha * \in \Pi$

（5）如果 $\alpha \in \Pi$ 且 $\varphi \in \Phi$，那么 $[\alpha]\varphi \in \Phi$

（6）如果 $\varphi \in \Phi$，那么 $\varphi ? \in \Pi$

在（5）中，$[\alpha]\varphi$ 的直观意思是“在当下状态每次执行 α 后，主体都进入承载信息 φ 的状态”。

为了给 BC 定义一个模态背景语言，我们需要使用无穷值的卢卡斯维茨逻辑，由初始模态公式和真值常元 r_c（其中每个有理数 $r \in [0, 1]$）来构造 B－模态：

（7）如果 $\varphi \in L_{g-BDIPDL+LL}$，那么 φ，$B\varphi \in BC$

（8）如果 $r \in Q \cap [0, 1]$，那么 $r_c \in BC$（其中 Q 为有理数的集合）

（9）如果 $B\varphi$，$B\psi \in BC$，那么 $B\varphi \rightarrow_L B\psi \in BC$ 且 $B\varphi \& B\psi \in BC$

在（9）中，$\rightarrow_L$ 和 & 对应于卢卡斯维茨逻辑中的和合取蕴涵。公式 $B\varphi \rightarrow_L B\psi$ 真值为 1，当且仅当，$B\varphi$ 的真值大于或等于 $B\psi$ 的真

值。类型为 $r_c \to_L B\ \varphi$ 的模态公式的意思是，φ的概率至少为 r。为了简便起见，类型为 $r_c \to_L B\ \varphi$ 的公式记作（$B\ \varphi$，r_c）。

现在我们为 *DC* 定义一个模态背景语言。我们用一个新的联结词Δ(即著名的 Baaz 联结词）对卢卡斯维茨逻辑进行扩展后，对愿望的强烈程度进行形式化。对于任意的模态公式*Φ*，如果*Φ*的值小于某个阈值时，那么Δ*Φ*的值为 0；否则，如果*Φ*的值大于或等于某个阈值时，那么Δ*Φ*的值也为 1。这样Δ*Φ*就变成了一个二值的布尔公式。类型为 $r_c \to_L D\ \varphi$ 的公式记作（$D\ \varphi$，r_c）。

（10）如果 $\varphi \in L_{g-BDIPDL+LL}$，那么 $D\ \varphi \in DC$

（11）如果 $r \in Q \cap [0, 1]$，那么 $r_c \in DC$

（12）如果 $D\ \varphi$，$D\ \psi \in DC$，那么 $D\ \varphi \to_L D\ \psi \in DC$ 且 $D\ \varphi\ \&\ D\ \psi \in DC$

在这个背景下，定性表达式 $D\ \varphi \to_L D\ \psi$ 表示φ至少与ψ一样被偏好。而表达式（$D\ \varphi$，1）的意思是：主体的最大偏好是φ，并且：如果φ为真，那么主体就得到完全满足。

IC 的模态背景语言可以类似定义。达到φ的意图可以理解为，是找到一个可行的计划α的结果，此计划将允许到达φ在其中成立的世界状态。

1.2.3　等级 BDI 逻辑的语义

与通常的模态逻辑一样，笔者需要使用克里普克结构为 $g-BDI_{PDL+LL}$ 主体的背景语言定义一个语义。为了表示由于行动而引起的世界之间的转换，我们需要在可能世界上，添加一个能够表示由于每个原子行动，所引起的世界序对的转换的函数结构τ、一个概率测度ρ、一个偏好分布θ和一个可能性分布 μ_w。这样笔者就可以为 $g-BDI_{PDL+LL}$ 主体定义一个 6 元组的克里普克结构 $K = \langle W, \upsilon, \rho, \tau, \theta, \{\mu_w\}_{w \in W}\rangle$[37]，其中：

（13）W 是一个非空的可能世界的集合。

（14）$\upsilon: \Phi \times W \to \{0, 1\}$ 为每个命题变元 $\varphi \in \Phi$ 和每个可能世界 $w \in W$，指派一个二值的布尔值，即 $\upsilon(\varphi, w) \in \{0, 1\}$。

（15）$\rho: 2^{W} \to [0, 1]$ 是关于 W 上的子集上的布尔代数的有穷加法概率测度，使得对于 $\varphi \in \Phi_0$，集合 $\{w \mid \upsilon(\varphi, w) = 1\}$ 是可测度的。

（16）$\tau: \Pi_0 \to 2^{W \times W}$ 表示由于每个原子行动，所引起的从一个可能世界到另一个可能世界的世界序对之间的转换。

（17）$\theta: W \to [0, 1]$ 是可能世界上的偏好分布，$\theta(w) < \theta(w')$ 的意思是 w′比 w 受到更多偏好。

（18）$\mu_w: W \to [0, 1]$ 是对每个 $w \in W$ 而言的可能性分布。其中 $\mu_w(w') \in [0, 1]$ 表示主体试图从可能世界 w 到可能世界 w′的努力程度。

$L_{g-BDIPDL+LL}$ 可以通过使用经典联结词和行动模态词，对 L 进行如下扩展而得到：

（19）$\tau(\alpha; \beta) = \tau(\alpha) \circ \tau(\beta)$

（20）$\tau(\alpha \cup \beta) = \tau(\alpha) \cup \tau(\beta)$

（21）$\tau(\alpha *) = \tau(\alpha)$

（22）$\tau(\varphi?) = \{(w, w) \mid \upsilon(\varphi, w) = 1\}$

（23）$\upsilon([\alpha]\varphi, w) = \min\{\upsilon(\varphi, w_i) \mid (w, w_i) \in \tau(\alpha)\}$

（24）$\upsilon([\alpha]\varphi, w) = 1$，当且仅当，在通过行动α从可能世界 w 能够到达的所有可能世界 w′中，$\upsilon(\varphi) = 1$。

根据卢卡斯维茨逻辑的真值函数和信念的概率解释，B－公式可由υ进行如下扩展得到：

（25）$\upsilon(B\varphi, w) = \rho(\{w' \in W \mid \upsilon(\varphi, w') = 1\}$，对每一个φ

（26）$\upsilon(r_c, w) = r$，对所有的 $r \in Q \cap [0, 1]$

（27）$\upsilon(B\varphi \& B\psi, w) = \max(\upsilon(B\varphi) + \upsilon(B\psi) - 1, 0)$

（28）$\upsilon(B\varphi \to_L B\psi, w) = \min(1 - \upsilon(B\varphi) + \upsilon(B\psi), 1)$

（29）$\|B\varphi\|^K = td_{w \in W}\upsilon(B\varphi, w)$，其中 $\|B\varphi\|^K$ 是公式 $B\varphi$ 在克里普克结构 $K = \langle W, \upsilon, \rho, \tau, \theta, \{\mu_w\}_{w \in W}\rangle$ 中的真值隶属度。

与 B－公式类似，利用卢卡斯维茨联结词，D－公式可以由公式 $D\varphi$ 的偏好分布 $\theta(w)$，以及一元联结词Δ和υ进行如下扩展得到：

（30）$\upsilon(D\varphi, w) = td\{\theta(w') \mid \upsilon(\varphi, w') = 1\}$。

(31) 如果$\upsilon(D\varphi, w) = 1$，那么$\upsilon(\Delta D\varphi, w) = 1$。

(32) 如果$\upsilon(D\varphi, w) \neq 1$，那么$\upsilon(\Delta D\varphi, w) = 0$。

(33) 对所有的 $w \in W$，$td \varnothing = 1$。

(34) 对所有的 $w \in W$，$\upsilon(D\perp, w) = 1$。

在 (30) 与 (33) 中的 td 表示公式 $D\varphi$在克里普克结构 $K = \langle W, \upsilon, \rho, \tau, \theta, \{\mu_w\}_{w \in W}\rangle$中的真值隶属度。D－公式的真值仅仅依赖于，公式本身所表示的主体所在的可能世界中的偏好测度。

与 B－公式和 D－公式类似，利用卢卡斯维茨逻辑和公式 $I\varphi$的可能性分布μ_w，I－公式可以由υ进行如下扩展得到：

(35) $N_w(S) = td\{1 - \mu_w(s) | s \notin S\}$，其中 N_w表示与可能性分布μ_w有关的必然性测度。

(36) $\upsilon(I\varphi, w) = N_w\{w' | \upsilon(\varphi, w') = 1\}$。

1.2.4 等级 BDI 逻辑的公理和演绎规则

根据卢卡斯维茨逻辑[101]和命题动态逻辑[102]，以及我们给出的 $g-BDI_{PDL+LL}$逻辑的语义，笔者可以给出 $g-BDI_{PDL+LL}$逻辑的如下公理 (37－56)：

(37) 经典命题逻辑的关于非模态公式的所有公理。

(38) 卢卡斯维茨逻辑关于模态公式的所有公理。比如：基本 Hájek 逻辑[101]的公理，以及$\neg\neg B\varphi \to B\varphi$、$\neg\neg D\varphi \to D\varphi$和$\neg\neg I\varphi \to I\varphi$这三个公理。

基于卢卡斯维茨逻辑的关于信念 B 的公理如下[99]：

(39) $B(\varphi \to \psi) \to_L (B\varphi \to B\psi)$

(40) $\neg_L B(\varphi) \equiv B(\neg\varphi)$

(41) $B(\varphi) \equiv \neg_L B(\varphi \wedge \neg\psi) \to_L B(\varphi \wedge \psi)$

基于命题动态逻辑的关于信念 B 的公理如下：

(42) $[\alpha]B(\varphi \to \psi) \to ([\alpha]B\varphi \to [\alpha]B\psi)$

(43) $[\alpha]B(\varphi \wedge \psi) \leftrightarrow [\alpha]B\varphi \wedge [\alpha]B\psi$

(44) $[\alpha \cup \beta]B\varphi \leftrightarrow [\alpha]B\varphi \wedge [\beta]B\varphi$

(45) $[\alpha; \beta]B\varphi \leftrightarrow [\alpha][\beta]B\varphi$

(46) $[B\psi?]B\varphi \leftrightarrow (B\psi \rightarrow B\varphi)$

(47) $B\varphi \wedge [\alpha][\alpha *]B\varphi \leftrightarrow [\alpha *]B\varphi$

(48) $B\varphi \wedge [\alpha *](B\varphi \rightarrow [\alpha]B\varphi) \leftrightarrow [\alpha *]B\varphi$　（归纳公理）

基于命题动态逻辑的关于愿望 D 和意图 I 的公理与信念 B 的公理类似，比如有：

(49) $[\alpha]D(\varphi \rightarrow \psi) \rightarrow ([\alpha]D\varphi \rightarrow [\alpha]D\psi)$

(50) $[\alpha]\mathrm{V}I(\varphi \rightarrow \psi) \rightarrow ([\alpha]I\varphi \rightarrow [\alpha]I\psi)$

基于卢卡斯维茨逻辑的关于愿望 D 和意图 I 的公理有：

(51) $D(\varphi \rightarrow \psi) \rightarrow_L (D\varphi \rightarrow D\psi)$

(52) $D(\varphi \wedge \psi) \equiv D\varphi \wedge D\psi$

(53) $\neg D(\bot)$

(54) $I(\varphi \rightarrow \psi) \rightarrow_L (I\varphi \rightarrow I\psi)$

(55) $\neg I(\bot)$

(56) $I(\varphi \wedge \psi) \equiv I\varphi \wedge I\psi$

$g-BDI_{PDL+LL}$逻辑的演绎规则有（57－59）：

(57) 分离规则（MP）：从（φ，r_1）和（$\varphi \rightarrow \psi$，r_2），可以推出（ψ，$r_1\& r_2$）。

(58) 真值常元引入规则：从(φ，r_1)，可以推出($r_c \rightarrow \varphi$，$r_c \rightarrow r_1$)。

(59) 导出规则(RK)：从$\varphi \rightarrow_L \psi$成立，可以推出$[\alpha]\varphi \rightarrow_L [\alpha]\psi$成立。

1.2.5　等级 BDI 逻辑的可靠性和完全性

由于我们的 $g-BDI_{PDL+LL}$逻辑（简记为 g-BDIL）是对命题动态逻辑（PDL）和卢卡斯维茨逻辑（LL）的扩展，因此 PDL $\subset$g-BDIL 且 LL $\subset$g-BDIL。而且 PDL 和 LL 都具有可靠性和完全性[41，103]，因此可以通过把 g-BDIL 嵌入（embedding）到 PDL 或 LL 中的方法，来证明 g-BDIL 的可靠性和完全性[37]。嵌入运算至少在如下两方面有用：一是嵌入运算使得用一个逻辑语言中的联结词，解释另一个逻辑语言中的联结词成为可能；二是嵌入使得各种逻辑性质得以保持[104]。例如，如果逻辑 L_1可以嵌入到一个具有可靠性和完全性的逻辑 L_2中，

那么 L_1 也具有可靠性和完全性。

现在我们需要定义一个能行的翻译函数 Tr，使得对所有的公式 $\varphi \in$ g-BDIL，当且仅当，$Tr(\varphi) \in$ PDL 或 $Tr(\varphi) \in$ LL。事实上，我们可以令 Tr 是从 g-BDIL 到 PDL 或 LL 的一个如下映射：

定义 1：

(60) $Tr(p) = p$，如果 p 是一个 PDL 或 LL 公式。

(61) $Tr(\neg\varphi) = \neg Tr(\varphi)$，如果 φ 是一个 g-BDIL 公式。

(62) $Tr(\varphi \to \psi) = Tr(\varphi) \to Tr(\psi)$，对所有的 g-BDIL 公式 φ 和 ψ。

(63) $Tr(B\varphi) = Tr(\varphi), Tr(D\varphi) = Tr(\varphi), Tr(I\varphi) = Tr(\varphi)$，如果 φ 是一个 g-BDIL 公式。

根据翻译函数 Tr 的定义，笔者提出并证明下面的定理：

定理 1　定义 1 所定义的映射 Tr 是从 g-BDIL 到 PDL 或 LL 的一个嵌入。

证明：我们可以很容易证明，对所有的公式 $\varphi \in$ g-BDIL，当且仅当，$Tr(\varphi) \in$ PDL 或 $Tr(\varphi) \in$ LL。例如，对于(39)而言，$B(\varphi \to \psi) \to_L (B\varphi \to B\psi) \in$ g-BDIL，根据定义 1，$Tr(B(\varphi \to \psi) \to_L (B\varphi \to B\psi)) = Tr(B(\varphi \to \psi)) \to_L Tr(B\varphi \to B\psi) = Tr(\varphi \to \psi) \to_L (Tr(B\varphi) \to Tr(B\psi)) = (Tr(\varphi) \to Tr(\psi)) \to_L (Tr(\varphi) \to Tr(\psi)) = (\varphi \to \psi) \to_L (\varphi \to \psi) \in$ LL。(40) - (56)的证明与（39）类似。因此，翻译函数 Tr 是从 g-BDIL 到 PDL 或 LL 的一个嵌入。

由于 PDL 和 LL 都具有可靠性和完全性，根据嵌入运算的性质可知，等级 BDI 逻辑 g-BDIL 也具有可靠性和完全性。换句话说，如果 g-BDIL 是 BC、DC 和 IC 上的有穷理论，而且 ϕ 是一个模态公式，那么：g-BDIL $\vdash \phi$，当且仅当，在 g-BDIL 的每个 BDI 克里普克模型 K 中，$\|\phi\|^K = 1$。

1.3　等级 BDI 逻辑对主体复合行动的形式刻画

很显然，计划实际上是复合行动，它使得智能主体能够从当前世界进入到另一世界，给定的公式在其中得以满足，而且所涉及的行为需要付出相应的代价（cost）[23]，我们选择把一阶语言限制到霍恩子句（Horn Clauses，HL）中，那么计划理论就包括如下这些特殊的谓词：

（64）*action*（α，*Pre-*，$Cost_\alpha$），其中$\alpha \in \Pi_0$是初始行动，$Pre - \subset HL$是执行行动α的前提条件，$Cost_\alpha \in [0, 1]$表示执行α所付出的代价。

（65）*plan*［φ，*action*(α，*Pre-*，$Cost_\alpha$)，*b*］，其中$\alpha \in \Pi$表示计划达成$\varphi \in Pre -$时的初始行动或复合行动，*b* 表示通过执行α实际达成φ时的信念度。这里假定每个公式只能够产生此谓词的一个实例。

（66）*bestplan*［φ，*action*(α，*Pre-*，$Cost_\alpha$)，*b*］，其解释与（65）类似，且假定最佳计划的实例只有一个。

在此，我们假定：当前的世界状态满足执行相应行动的前提条件，而且计划必须使得建立计划的相应愿望为真。

根据主体的愿望和信念以及行动所带来的可能世界的转变，计划者可以制订相应的计划，并通过行动来实现其愿望[36]。愿望 *D* 的背景、信念 *B* 的背景和计划 *P* 的背景之间具有这样的关系：

（67）如果 D：$\neg\Delta\neg(D\varphi)$，P：*action*(α，*Pre*，$Cost_\alpha$）且 B：（B（［α］φ，*b*），那么 P：*plan*［φ，*action*（α，*Pre-*，$Cost_\alpha$)，*b*］。

如果用意图度来换取，为达到目标时所付出的代价和获得的利益，那么对每个能够达到目标的复合行动α而言，$I\varphi$的意图度可以从$D\varphi$的愿望度，以及满足φ的计划所付出的代价得到。即$I\varphi$的意图度可以通过下面的转换函数计算得出：

（68）如果 D：（$D\varphi$，*d*）且 P：*plan*［φ，*action*(α，*Pre-*，$Cost_\alpha$)，*b*］，那么 I：［$I\varphi$，$F(d, b)$］。

不同的转换函数$f(d, b)$是对不同个体行为的建模。假定在完成α后，完全相信能够达成φ，那么产生φ的意图度则主要依赖于，φ给主体带来的满意度和所付出的代价，比如，可以考虑 1 与通常所付出代价的差。因此，转换函数$F(d, b)$可做如下定义：

(69) $F\ (d,\ b,\ Cost_{\alpha}) = b\ [d+\ (1-Cost_{\alpha})]\ /2$

主体与环境的相互作用是指：如果主体在 i_{max}（指所有意图的最强烈的程度）时，其愿望是达成φ，那么主体将关注能够使其达成最为期望的目标的最佳计划。即：

(70) 如果 $I:(I\varphi, i_{max})$ 且 $P: bestplan[\varphi, action(\alpha, Pre-, Cost_{\alpha}), b]$，那么 C：$C\ [does(\alpha)]$。

主体将通过交流单元来感知环境中的所有变化，因此，信念 B 的背景与交流 C 的背景就具有这样的关系：

(71) 如果 C：β，那么 B：B β。

1.4 实例分析：等级 BDI 逻辑对主体买房行为的形式刻画

假设我们训练我们的投资主体进行买房交易。为此，我们指派给该主体两个愿望：一是我们希望所买的房屋在学校附近；二是我们希望所买的房屋在地铁附近。而且希望所买的房屋离我们上班的地方不超过 10 公里。为了决定所要买的房屋，主体将考虑此买房行为带来的利益（比如在学校和地铁附近）及所付出的代价。在这种情况下，BC、DC 和 PC 背景如下：

愿望背景（DC）：我们赋予该主体这样的愿望：

(72)（D（*在学校附近*），$d=0.85$）

(73)（D（*在地铁附近*），$d=0.80$）

(74)（D（*在学校附近* ∧ *在地铁附近*），$d=0.95$）

(75)（D（*离上班的地方* ≤10 公里），$d=0.82$）

信念背景（BC）：BDI 具有所采取的可能行动之间的关系，以及执行这些行动后，哪些公式为真的知识。在本例中：不同行动就是买不同的房屋；假定我们有五套房屋可供选择：

(76) Π_0 = {房 A、房 B、房 C、房 D、房 E}

在此例中，$B([\alpha]$*在地铁附近*）的强烈程度是指在买了α后，所买房屋在地铁附近的概率或满意度。我们可以给这一买房主体赋予这样的信念：

（77） *B*（[房*A*]在地铁附近，$b_1=0.35$）

（78） *B*（[房*B*]在地铁附近，$b_1=0.55$）

（79） *B*（[房*C*]在地铁附近，$b_1=0.78$）

（80） *B*（[房*D*]在地铁附近，$b_1=0.52$）

（81） *B*（[房*E*]在地铁附近，$b_1=0.90$）

在此例中，*B*（［α］*在学校附近*）的强烈程度是指在买了α后，所买房屋在学校附近的概率或满意度。我们可以对这一买房主体买到学校附近的房屋赋予这样的信念：

（82） *B*（[房*A*]在学校附近，$b_2=0.45$）

（83） *B*（[房*B*]在学校附近，$b_2=0.68$）

（84） *B*（[房*C*]在学校附近，$b_2=0.77$）

（85） *B*（[房*D*]在学校附近，$b_2=0.52$）

（86） *B*（[房*E*]在学校附近，$b_2=0.86$）

我们假定这两个愿望是随机独立的。因此，需要为信念背景 *BC* 指派这样的推理规则：

（87） 如果 *B*（［α］*在学校附近*，b_1）且 *B*（［α］*在地铁附近*，b_2），那么 *B*（［α］*在学校附近* ∧ *在地铁附近*，$b=b_1\cdot b_2$）。

计划背景（*PC*）：在此实例中，一系列原子行动如下：

（88） *action*（房*A* ，{dist－ =5 公里}，{cost =7 百万}，$Cost_\alpha=0.94$）

（89） *action*（房*B* ，{dist－ =13 公里}，{cost =4 百万}，$Cost_\alpha=0.58$）

（90） *action*（房*C* ，{dist－ =3 公里}，{cost =5 百万}，$Cost_\alpha=0.70$）

（91） *action*（房*D* ，{dist－ =18 公里}，{cost =3 百万}，$Cost_\alpha=0.46$）

（92） *action*（房*E* ，{dist－ =4 公里}，{cost =6 百万}，$Cost_\alpha=0.82$）

现在主体能够通过推理来决定应该采取哪个意图，并判断哪个计划与此意图有关。其具体步骤如下：

第一步，这些愿望通过愿望背景传递给计划背景。

第二步，在计划背景中，为每个愿望找到相应的计划。

主体根据愿望，寻找不同的买房计划，并考虑这样的信念：通过不同的买房行动满足所买房屋在学校和地铁附近这一目标的概率或满意度。由于受到愿望（75）的限制，即所买房屋离该主体上班的地方不超过10公里，主体将放弃计划（89）和（91），即放弃买房 B 和房 D 这两套房屋。因此，主体的计划将根据（67）由每个愿望产生。例如，最强烈的偏好愿望是所买房屋“既在学校附近又在地铁附近”，该愿望所产生的计划如下：

（93）*plan*（*在学校附近* ∧ *在地铁附近*，*action*（*房A*，{dist－=5公里}，{cost=7百万}，$Cost_{\alpha}=0.94$），$b_1 \cdot b_2=0.1575$）

（94）*plan*（*在学校附近* ∧ *在地铁附近*，*action*（*房C*，{dist－=3公里}，{cost=5百万}，$Cost_{\alpha}=0.70$），$b_1 \cdot b_2=0.6006$）

（95）*plan*（*在学校附近* ∧ *在地铁附近*，*action*（*房E*，{dist－=4公里}，{cost=6百万}，$Cost_{\alpha}=0.82$），$b_1 \cdot b_2=0.774$）

第三步，根据计划判断意图的强烈程度。

根据（69），转换函数F相对于 d 是单调递增的。因此，只需要考虑最强烈的偏好愿望，即所买房屋“既在学校附近又在地铁附近”，其偏好的强烈程度是0.95。再次根据（69）可知，$F(d, b, Cost_{\alpha}) = b(d+(1-Cost_{\alpha}))/2 = b_1 \cdot b_2 \cdot (0.95+(1-Cost_{\alpha}))/2$，对于α∈{房A、房C、房E}，我们可以依次得到意图的强烈程度如下：

（96）*I*（*在学校附近* ∧ *在地铁附近*，$b_1 \cdot b_2 \cdot (0.95+(1-Cost_{\alpha}))/2 = 0.0795375$）

（97）*I*（*在学校附近* ∧ *在地铁附近*，$b_1 \cdot b_2 \cdot (0.95+(1-Cost_{\alpha}))/2 = 0.375375$）

（98）*I*（*在学校附近* ∧ *在地铁附近*，$b_1 \cdot b_2 \cdot (0.95+(1-Cost_{\alpha}))/2 = 0.43731$）

可见，所买房屋“既在学校附近又在地铁附近”是实行买房 E 的计划，其意图的强烈程度为最大，是 0.43731。

第四步，采纳计划。

根据（70），通过选择行动α，即买房 E，并把这一行动传递给交流背景。

总之，主体根据信念、愿望、意图进行行为决策和推理的过程可概括成图 3.1。

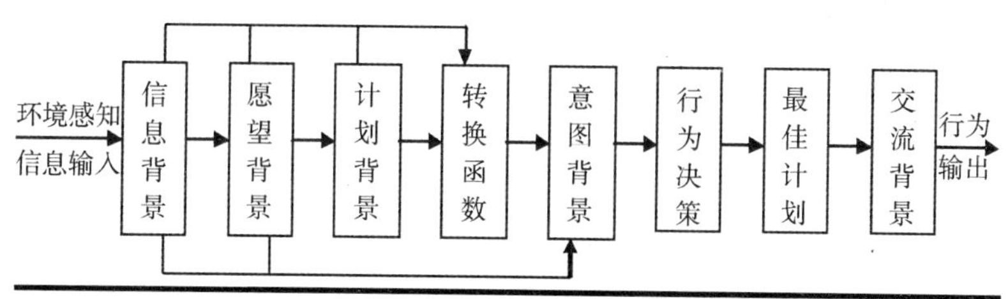

图 3.1　等级 BDI 主体的一般结构

可见，本文提出的 g－BDI_{PDL+LL}模型，为等级 BDI 主体行为的不确定性推理，提供了比 Casali 等[36]和 Parsons 等[39]人的工作，更为清晰一致的形式刻画，我们只需进行简单编程即可实现。但是如何为主体的信念、愿望和意图赋予科学合理的测度值，还有待进一步研究。

1.5　结论和未来的工作

本节的主要贡献和结论如下：（1）我们选择无穷值的卢卡斯维茨逻辑对信念、愿望和意图，这三种心理状态的强烈程度进行了形式化。为了通过概率、必然性和可能性，对不确定性行为进行表示和推理，我们把相应的概率添加到卢卡斯维茨逻辑中。（2）g-BDI_{PDL+LL}主体模型使用多背景系统，可以清晰地表示信念、愿望和意图的不确定性。g-BDI_{PDL+LL}主体的行为，可以通过添加了具体条件的每种背景的不同测度来决定。（3）我们对信念、愿望和意图的模型进行了公理化，并说明了它们对主体行为的影响。此模型可以很轻易地向包括其他心理状态的主体进行推广。（4）笔者提出的 g-BDI_{PDL+LL}逻辑系统，是在可能世界语义学和克里普克模型的基础上，把命题动态逻辑和无穷值的卢卡斯维茨逻辑进行融合后得到的逻辑系统，此系统是符号的形式演绎和数值计算并存的连续值柔性逻辑系统。

至于以后的工作，笔者考虑：(1)对情感等级 BDI 主体模型的研究。借鉴 Pereira 等（2008）[35]通过情感对主体的可适应性和自主性的影响的形式分析，向我们的 g-BDI_{PDL+LL}主体中，添加诸如害怕、焦虑和自信等情感因素，研究这些因素对主体行为的影响。(2)把 g-BDI_{PDL+LL}逻辑和动态认知行动逻辑进行融合，提出关于g-BDI_{PDL+LL}主体的动态认知行动逻辑。由于动态认知行动逻辑和g-BDI_{PDL+LL}逻辑，都是建立在模态逻辑、可能世界语义学和克里普克模型的基础上，对它们进行融合，提出新的逻辑系统，对智能主体的不确定性行为，进行更为充分更为有效的表达是完全可能的。其关键是：在所建立的行动模型中，为每个原子行动指派相应语言中的公式，作为执行该行动的前提条件时，要充分考虑知识、信念、愿望、意图、情感对行动的影响。(3)如何拓展 g-BDI_{PDL+LL}主体模型的应用范围，提高智能主体不确定性推理的能力，从而增强主体的学习能力和自适应能力，也值得开展进一步研究。

第二节　基于情感等级 BDI 逻辑的行为表征研究

2.1　引言

主体的行为不仅仅要受到其信念、愿望和意图等心智状态的影响，而且还会受到诸如害怕、焦虑、自信、高兴等情感状态的影响。情感 BDI 主体（emotional-BDI agents）是指主体行为不仅受到信念、愿望和意图的支配，而且主体的行为推理和决策还受到情感的影响。情感 BDI 主体模型及其逻辑主要是由 Meyer[106]和 Pereira 等人[107]提出和发展起来的。Pereira 等人（2008）提出的情感 BDI 逻辑[35]，是建立在 Rao 和 Georgeff 的 BDI 逻辑[23, 27]，以及 van der Hoek 等人的 KARO 框架[108]之上的。笔者提出的情感等级 BDI 逻辑，则是对

Pereira 等人（2008）的情感 BDI 逻辑[35]，以及 Casali 等人（2005）提出的等级 BDI 逻辑[36]，进行融合得到的，即在笔者在第三章第一节中提出的等级 BDI 逻辑[37]中，加入对情感因素的考察。第三章第一节中提出的等级 BDI 逻辑，是在无穷值的卢卡斯维茨逻辑（infinite - valued Łukasiewicz Logic，LL）[101]和命题动态逻辑（Propositional Dynamic Logic，PDL）[102]的基础上，对 Casali 等人（2005）提出的等级 BDI 逻辑的改进与拓展。第三章第二节的研究，是笔者在对情感等级 BDI 模型的相关概念进行逻辑表示，并为 BDI 主体的几种情感，比如害怕（fear）、焦虑（anxiety）、自信（self - confidence）等情感状态，以及信念、愿望和意图等心智状态，进行模糊等级区分和建模的基础上，分析情感对智能主体不同行为的影响，旨在为分布式人工智能提供形式支持[38]。在第三章第二节中，不同模态词所表示的不同概念，都是建立在一个统一的逻辑框架中，这为情感等级 BDI 主体的行为表征，提供了更为清晰一致的形式刻画。笔者为此提出的逻辑系统①，是符号的形式演绎和数值计算并存的连续值柔性逻辑系统。

2.2　情感等级 BDI 逻辑

第三章第二节提出的情感等级 BDI 逻辑，是在笔者在第三章第一节中提出的等级 BDI 逻辑的基础上，引入对主体情感因素的考察。这既可以看作是使用表示情感的模态算子，对 Casali 等人（2005）提出的等级 BDI 逻辑[36]进行的扩展；也可以看作是在 Pereira 等人（2008）提出的情感 BDI 逻辑[35]中，引入无穷值的卢卡斯维茨逻辑对信念、愿望和意图等心智状态和情感状态进行模糊等级区分。笔者在第三章第二节提出的情感等级 BDI（eg-BDI）逻辑的语义，是以带有可及关系的克里普克模型为基础；不同的可能世界对应于不同的心

---

① 本节部分内容发表在张晓君、周昌乐：《情感等级 BDI 主体模型研究》，《模式识别与人工智能》2013 年第 7 期，第 615—622 页。

智状态和情感状态。

2.2.1 情感等级 BDI 逻辑的语言

情感等级 BDI 逻辑，是把命题动态逻辑与无穷值的卢卡斯维茨逻辑，进行融合后而产生的多模态逻辑。由于在无穷值的卢卡斯维茨逻辑中，承认命题可以部分为真，命题真值的取值范围是介于 0—1 之间的所有实数，其真值函数是$\neg x = 1 - x$ 和 $x \rightarrow y = \min(1, 1 - x + y)$，这使得我们可以定义，一个能够对必然性和可能性的程度进行处理的逻辑。命题动态逻辑则主要处理关于主体的行动和行动选择的推理，此逻辑把程序的输入—输出关系，看作是克里普克语义学中的可及关系。

为了能够对信念、愿望和意图等心智状态，以及害怕、焦虑、自信等情感状态，进行模糊等级区分和建模，研究它们对智能主体的不确定性行为的影响，我们需要在卢卡斯维茨逻辑和命题动态逻辑的基础上，为情感等级 BDI 主体定义相应的语言 $L_{eg\text{-}BDI}$。其方法是：向经典命题语言 L 中，添加形式为［α］的行动模态词（其中α是一个行动），以及六个模糊模态算子 B、D、I、$Fear$、Anx 和 $SConf$。$B\varphi$表示“φ是所相信的”，其真值隶属度表示主体相信φ为真的强烈程度；$D\varphi$表示“φ是所愿望的”，其真值隶属度表示主体愿望φ为真的强烈程度；$I\varphi$表示“φ是所意图的”，其真值隶属度表示主体意图φ为真的强烈程度。$Fear\ \varphi$、$Anx\ \varphi$和 $SConf\ \varphi$的解释与此类似。$Fear\ \varphi$的意思是“φ是令人害怕的”，其真值隶属度表示主体对φ的害怕程度；$Anx\ \varphi$的意思是“φ是令人焦虑的”，其真值隶属度表示主体对φ的焦虑程度；$SConf\ \varphi$的意思是“φ是令人自信的”，其真值隶属度表示主体对φ的自信程度。

语言 L_{eg-BDI}有两种类型的表达式：命题或公式φ，ψ，…，以及行动（或程序）α，β，…。Φ_0、Φ、Π_0和Π分别表示所有原子命题的集合，所有命题的集合、所有原子行动的集合以及所有行动（包括原子行动和作为复合行动的计划）的集合。$L_{eg\text{-}BDI}$ - 公式是由原子命题，通过使用经典算子“否定¬”和“蕴涵→”，以及作为混合算子的“必然算子［ ］”和“测试算子?”，通过归纳的方式来得到。L_{eg-BDI}-行动则可以由相应的原子行动，通过“行动复合算子;”、“不确定性选择算子∪”、“迭代算子 *”这三个行动算子，以及作为混合算子的“测试算子?”，通过归纳的方式得到。即：

（1）L_{eg-BDI}的公式φ可以通过如下归纳定义的方式得到：

$\varphi ::= \varphi \mid \neg\varphi \mid \varphi\rightarrow\psi \mid [\alpha]\varphi \mid B\varphi \mid D\varphi \mid I\varphi \mid Fear\ \varphi \mid Anx\ \varphi \mid \mathrm{SConf}\ \varphi \mid$

（2）L_{eg-BDI}的行动α由其相应的原子行动，通过如下归纳定义的方式得到：

$\alpha ::= \alpha^0 \mid \alpha;\ \beta \mid \alpha\cup\beta \mid \alpha* \mid \varphi? \mid$

这里［α］φ表示在当下状态下每次执行行动α后，都进入承载信息φ的状态。迭代行动α^n（其中 n≥0），是由$\alpha^0 = id$ 和$\alpha^{n+1} = \alpha;\ \alpha^n$通过归纳定义得到。

为了定义一个模态背景（context）语言ΣC（在第三章第二节中，Σ∈{B, D, I, Fear , Anx, SConf}），我们需要使用多值的卢卡斯维茨逻辑，由初始模态公式和真值常元 r_c（其中每个有理数 r∈[0, 1]）来构造Σ-模态：

（3）若$\varphi\in L_{eg-BDI}$，则φ，Σφ∈ΣC

（4）若 $r\in Q\cap[0,\ 1]$，则 $r_c\in\Sigma C$（其中 Q 是有理数的集合）

（5）若Σφ，Σψ∈ΣC ，则$\Sigma\varphi\rightarrow_L\Sigma\psi\in\Sigma C$ 且Σφ & Σψ∈ΣC

例如，当Σ = Fear 且$\varphi\in L_{eg-BDI}$时，根据（3）可知：φ，Fear φ∈FearC；当Σ = Fear 且 Fear φ，Fear ψ∈FearC 时，根据（5）可知：$Fear\ \varphi\rightarrow_L Fear\ \psi\in FearC$ 且 Fear φ& Fear ψ∈FearC。其他情况与此类似。在（5）中，$\rightarrow_L$与 & 对应于卢卡斯维茨逻辑中的蕴涵和合取。公式$\Sigma\varphi\rightarrow_L\Sigma\psi$的真值为 1，当且仅当，Σφ的真值大于或等于Σψ的真值。类型为 $r_c\rightarrow_L\Sigma\varphi$ 的模态公式表示φ的概率至少为 r_c。类型为 $r_c\rightarrow_L\Sigma\varphi$ 的公式记作（Σφ，r_c）。

为了对情感等级 BDI 主体进行形式化，我们使用一个新的联结词Δ（即著名的 Baaz 联结词）对卢卡斯维茨逻辑进行扩展，并规定：对于任意的模态公式，若Σφ的值小于某个阈值时，则ΔΣφ的值为 0；

若$\Sigma\varphi$的值大于或等于某个阈值时，则$\Delta\Sigma\varphi$的值也为1。这样介于0—1之间的模糊值公式$\Sigma\varphi$，就可以被转变成一个二值的布尔公式$\Delta\Sigma\varphi$。

2.2.2 情感等级 BDI 逻辑的语义

与通常的模态逻辑一样，我们需要使用克里普克结构，为情感等级 BDI 逻辑定义一个语义。不同的心智状态和情感状态对应于不同的可能世界。为此，笔者在可能世界的基础上，添加一些结构和函数，从而为情感等级 BDI 主体模型定义如下的一个9元组的克里普克结构：

$K=\langle W, \upsilon, \rho, \tau, \theta, \{\mu_w\}_{w\in W}, \varepsilon, \eta, \kappa\rangle$，其中：

(6) W 是一个非空的可能世界的集合。

(7) $\upsilon: \Phi\times W\rightarrow\{0, 1\}$ 是为每个命题变元$\varphi\in\Phi$和每个可能世界$w\in W$，指派一个二值的布尔值，即$\upsilon(\varphi, w)\in\{0, 1\}$。

(8) $\rho: 2^W\rightarrow[0, 1]$ 是指 W 的子集上的布尔代数的有穷加法概率测度；对于$\varphi\in\Phi_0$，$\{w\mid\upsilon(\varphi, w)=1\}$ 是可测度的。

(9) $\tau: \Pi_0\rightarrow 2^{W\times W}$是指由每个原子行动所引起的两个可能世界之间的转换函数。

(10) $\theta: W\rightarrow[0, 1]$ 是可能世界上的偏好分布，$\theta(w)<\theta(w')$ 是指 w′比 w 受到更多偏好。

(11) $\mu_w: W\rightarrow[0, 1]$ 是对每个$w\in W$而言的可能性分布。其中$\mu_w(w')\in[0, 1]$ 是指，主体试图从可能世界 w 到可能世界 w′的愿望程度。

(12) $\varepsilon: W\rightarrow[0, 1]$ 是可能世界上的害怕程度分布，$\varepsilon(w)<\varepsilon(w')$ 是指 w′比 w 更令人害怕。

(13) $\eta: W\rightarrow[0, 1]$ 是可能世界上的焦虑程度分布，$\eta(w)<\eta(w')$ 是指 w′比 w 更令人焦虑。

(14) $\kappa: W\rightarrow[0, 1]$ 是可能世界上的自信程度分布，$\kappa(w)<\kappa(w')$ 是指 w′比 w 更令人自信。

与等级 BDI 逻辑一样，情感等级 BDI 逻辑的语义，可以通过使用经典联结词和行动模态词，对经典命题语言 *L* 的语义，由“;”、

"∪"、"*"、"[ ]"和"?"这些算子，以及赋值函数υ进行扩展而得到。即，对卢卡斯维茨逻辑进行如下扩展可以得到Σ - 公式：

（15）$\upsilon(\Sigma\varphi, w) = \xi(\{w' \in W \mid \upsilon(\varphi, w') = 1\})$，对于每个$\varphi$而言，其中$\xi \in \{\rho, \theta, \mu_w, \varepsilon, \eta, \kappa\}$

（16）$\upsilon(r_c, w) = r$，对于所有的$r \in Q \cap [0, 1]$ 而言

（17）$\upsilon(\Sigma\varphi \& \Sigma\psi, w) = \max(\upsilon(\Sigma\varphi) + \upsilon(\Sigma\psi) - 1, 0)$

（18）$\upsilon(\Sigma\varphi \to_L \Sigma\psi, w) = \min(1 - \upsilon(\Sigma\varphi) + \upsilon(\Sigma\psi), 1)$

（19）$\|\Sigma\varphi\|^K = td_{w \in W}\upsilon(\Sigma\varphi, w)$，其中$\|\Sigma\varphi\|^K$表示$\Sigma\varphi$在克里普克结构$K = \langle W, \upsilon, \rho, \tau, \theta, \{\mu_w\}_{w \in W}, \varepsilon, \eta, \kappa\rangle$中的真值隶属度。

（20）若$\upsilon(\Sigma\varphi, w) = 1$，则$\upsilon(\Delta\Sigma\varphi, w) = 1$

（21）若$\upsilon(\Sigma\varphi, w) \neq 1$，则$\upsilon(\Delta\Sigma\varphi, w) = 0$

（22）$td\, \varnothing = 1$

（23）$\upsilon(\Sigma\perp, w) = 1$，对所有的$w \in W$ 而言

在（19）和（22）中的 *td* 表示，$\Sigma\varphi$在克里普克结构$K = \langle W, \upsilon, \rho, \tau, \theta, \{\mu_w\}_{w \in W}, \varepsilon, \eta, \kappa\rangle$中的真值隶属度。$\Sigma$ - 公式的真值仅仅依赖于，公式本身所表示的主体所在的可能世界中的相应测度（measure）。

2.2.3　情感等级 BDI 逻辑的公理和演绎规则

根据卢卡斯维茨逻辑[101]和命题动态逻辑[102]，以及笔者在第三章第 1.2.4 节中给出的等级 BDI 逻辑的公理，笔者给出情感等级 BDI 逻辑的如下公理（23—35）：

（24）经典命题逻辑的关于非模态公式的所有公理。

（25）卢卡斯维茨逻辑关于模态公式的所有公理。比如，基本 Hájek 逻辑[101]的公理以及$\neg\neg\Sigma\varphi \to \Sigma\varphi$公理。

基于卢卡斯维茨逻辑的Σ - 公理如下：

（26）$\Sigma(\varphi \to \psi) \to_L (\Sigma\varphi \to \Sigma\psi)$

（27）$\neg_L\Sigma(\varphi) \equiv \Sigma(\neg\varphi)$

（28）$\Sigma(\varphi) \equiv \neg_L\Sigma(\varphi \wedge \neg\psi) \to_L \Sigma(\varphi \wedge \psi)$

基于命题动态逻辑的Σ - 公理如下：

(29) $[\alpha]\ \Sigma(\varphi\to\psi)\to([\alpha]\ \Sigma\varphi\to[\alpha]\ \Sigma\psi)$

(30) $[\alpha]\ \Sigma(\varphi\wedge\psi)\leftrightarrow[\alpha]\ \Sigma\varphi\wedge[\alpha]\ \Sigma\psi$

(31) $[\alpha\cup\beta]\ \Sigma\varphi\leftrightarrow[\alpha]\ \Sigma\varphi\wedge[\beta]\ \Sigma\varphi$

(32) $[\alpha;\beta]\ \Sigma\varphi\leftrightarrow[\alpha]\ [\beta]\ \Sigma\varphi$

(33) $[\Sigma\psi?]\ \Sigma\varphi\leftrightarrow(\Sigma\psi\to\Sigma\varphi)$

(34) $\Sigma\varphi\wedge[\alpha]\ [\alpha*]\ \Sigma\varphi\leftrightarrow[\alpha*]\ \Sigma\varphi$

(35) $\Sigma\varphi\wedge[\alpha*]\ (\Sigma\varphi\to[\alpha]\Sigma\varphi)\leftrightarrow[\alpha*]\ \Sigma\varphi$

(36) $\neg\Sigma(\bot)$

情感等级 BDI 逻辑的演绎规则有：

(37) 分离规则（MP）：从（φ，r_1）和（$\varphi\to\psi$，r_2）可以推出（ψ，$r_1\&r_2$）。

(38) 真值常元引入规则：从（φ，r_1）可以推出（$r_c\to\varphi$，$r_c\to r_1$）。

2.2.4 情感等级 BDI 逻辑的可靠性和完全性

由于我们的情感等级 BDI 逻辑（简称 eg－BDIL），是对笔者在第一节中提出的等级 BDI 逻辑（g－BDIL）的扩展，而等级 BDI 逻辑是对命题动态逻辑（PDL）和卢卡斯维茨逻辑（LL）的扩展，因此 PDL ⊂g-BDIL ⊂eg-BDIL 且 LL ⊂g-BDIL ⊂eg-BDIL。PDL 和 LL 都具有可靠性和完全性[101，102]，在第三章第 1.2.5 节中，我们已经通过把 g－BDIL 嵌入（embedding）到 PDL 或 LL 中的方法，证明了g-BDIL 的可靠性和完全性。事实上，证明 eg-BDIL 的可靠性和完全性，与证明 g-BDIL 的可靠性和完全性的方法类似，所用到的翻译函数也类似。即定义一个能行的翻译函数 *Tr*，使得对所有的公式$\varphi\in$eg-BDIL，当且仅当，$Tr(\varphi)\in$PDL 或 $Tr(\varphi)\in$LL。令 *Tr* 是如下的一个映射：

定义 1

(39) $Tr(p)=p$，如果 p 是一个 PDL 或 LL 公式。

(40) $Tr(\neg\varphi)=\neg Tr(\varphi)$，如果$\varphi$是一个 eg-BDIL 公式。

(41) $Tr(\varphi\to\psi)=Tr(\varphi)\to Tr(\psi)$，对所有的 eg-BDIL 公式$\varphi$和$\psi$。

(42) $Tr(\varphi\wedge\psi)=Tr(\varphi)\wedge Tr(\psi)$，对所有的 eg－BDIL 公式$\varphi$和$\psi$。

(43) $Tr([\alpha]\Sigma\varphi)=Tr([\alpha]\varphi)$，如果$\varphi$是一个 eg-BDIL 公式。

（44）$Tr(\Sigma\varphi) = Tr(\varphi)$，如果φ是一个 eg-BDIL 公式。

根据翻译函数 Tr 的定义，笔者提出并证明如下定理：

定理 1　定义 1 所定义的映射 Tr 是从 eg-BDIL 到 PDL 或 LL 的一个嵌入。

证明：与第三章第一节提出的等级 BDI 逻辑中的证明类似。需要证明：对所有公式$\varphi \in$ eg-BDIL，当且仅当，$Tr(\varphi) \in$ PDL 或 $Tr(\varphi) \in$ LL。例如，对于(27)，$[\alpha]\Sigma(\varphi \to \psi) \to ([\alpha]\Sigma\varphi \to [\alpha]\Sigma\psi) \in$ eg-BDIL，由定义 1：$Tr([\alpha]\Sigma(\varphi \to \psi) \to ([\alpha]\Sigma\varphi \to [\alpha]\Sigma\psi)) = Tr([\alpha]\Sigma(\varphi \to \psi)) \to Tr([\alpha]\Sigma\varphi \to [\alpha]\Sigma\psi) = Tr([\alpha](\varphi \to \psi)) \to (Tr([\alpha]\Sigma\varphi) \to Tr([\alpha]\Sigma\psi)) = [\alpha](\varphi \to \psi) \to (Tr([\alpha]\varphi) \to Tr([\alpha]\psi)) = [\alpha](\varphi \to \psi) \to ([\alpha]\varphi \to [\alpha]\psi) \in$ PDL。对于（23）–（35）的其他证明与（27）类似。因此，翻译函数 Tr 是从 eg－BDIL 到 PDL 或 LL 的一个嵌入。

由于经典命题逻辑的关于非模态公式的所有公理，都是包含在 PDL 的公理之中，故新逻辑系统 eg-BDIL 实际上只有两类公理，一类是基于 PDL 之上的公理；一类是基于 LL 之上的公理。通过翻译函数 Tr 我们可以把基于 PDL 之上的公理嵌入到 PDL 中，并把基于 LL 之上的公理嵌入到 LL 中，由于 PDL 和 LL 都具有可靠性和完全性，而且嵌入运算使得各种逻辑性质得以保持[104]，所以，情感等级 BDI 逻辑 eg－BDIL 也具有可靠性和完全性。

由于在第三章第 1.2.5 节中，笔者已经通过把 g-BDIL 嵌入到 PDL 或 LL 中的方法，证明了等级 BDI 逻辑系统 g-BDIL 的可靠性和完全性，而情感等级 BDI 逻辑系统 eg-BDIL 只是在等级 BDI 逻辑系统的基础上，通过增加情感这一考察因素，直接扩展而成，故可以通过找到从 eg-BDIL 到 g-BDIL 的翻译函数，直接证明 eg-BDIL 的可靠性和完全性。

2.3　情感等级 BDI 逻辑对主体模型不同背景之间的相互关系的形式刻画

根据主体的愿望、信念和情感，以及行动所带来的可能世界的转变，计划者可以制订相应的计划（实际上是复合行动），并通过行动来实现其愿望[35]。愿望 D 的背景、信念 B 的背景、情感 *Fear*、*Anx* 和 *SConf* 的背景与计划 P 的背景之间具有这样的关系：

（45）如果 D：$\neg\Delta\neg(D\,\varphi)$，$B$：$B([\alpha]\varphi, b)$，*Fear*：$(Fear([\alpha]\varphi, f))$，*Anx*：$(Anx([\alpha]\varphi, a))$，*SConf*：$(SConf([\alpha]\varphi, s))$ 且 P：$action(\alpha, Pre-, Cost_\alpha)$，那么 P：$plan(\varphi, action(\alpha, Prek-, Cost_\alpha), b)$。

其中：$\alpha\in\Pi_0$是初始行动，$Pre-$ 是执行行动α的前提条件，$Cost_\alpha\in[0, 1]$ 表示执行α所付出的代价；b、f、a 和 s 分别为主体通过执行α实际达成φ时的信念度、害怕度、焦虑度和自信度；$action(\alpha, Pre-, Cost_\alpha)$ 是刻画原子行动的特殊谓词，$plan(\varphi, action(\alpha, Pre-, Cost_\alpha), b)$ 是刻画复合行动（即计划）的特殊谓词。这里假定每个公式只能够产生这个谓词的一个实例，而且最佳计划只有一个。我们还假定当前的世界状态满足执行相应行动的前提条件，且计划必须使得建立计划的相应愿望为真。

若用意图度来换取为达到目标时所付出的代价和获得的利益，则对每个能够达到目标的复合行动α而言，$I\,\varphi$的意图度可以从 $D\,\varphi$的愿望度、$B\,\varphi$的信念度、*Fear* φ的害怕度、*Anx* φ的焦虑度、*SConf* φ的自信度，以及满足φ的计划所付出的代价得到。即 $I\,\varphi$的意图度可以通过下面的转换函数计算得出：

（46）如果 D：$(D\,\varphi, d)$，B：$(B([\alpha]\varphi, b))$，*Fear*：$(Fear([\alpha]\varphi, f))$，*Anx*：$(Anx([\alpha]\varphi, a))$，*SConf*：$(SConf([\alpha]\varphi, s))$ 且 P：$plan(\varphi, action(\alpha, Pre-, Cost_\alpha), b)$，那么 I：$(I\,\varphi, \mathrm{F}(d, f, \mathrm{a}, s, b))$。

不同的函数 $F(d, f, \mathrm{a}, s, b)$ 是对不同个体行为的建模。假定在完成α后，完全相信能够达成φ，那么产生φ的意图度（即转换函数 $F(d, f, \mathrm{a}, s, b)$ 的值）则主要依赖于，φ给主体带来的满意度、害怕度、焦虑度、自信度以及所付出的代价。这里的关键是要弄清 F 与 d、f、a、s 和 b 以及 $Cost_\alpha$ 具有怎样的关系。由于理性主体会尽量避免或减轻执行后α所带来的诸如害怕、焦虑等负面情感，而且希望执行行动α所付出的代价越小越好，因此，计算意图度 F 时可以考虑 1 分别与害怕度、焦虑度以及通常所付出代价的差。为此，笔者对函数 $F\ (d, f, a, s\ , b, Cost_{\alpha})$ 做如下定义：

(47) $F\ (d, f, a, s\ , b, Cost_{\alpha}) = b(d + (1 - Cost_{\alpha}) + (1 - f) + (1 - a) + s)/5$

这一定义使得信念、愿望等心智状态，以及诸如害怕、焦虑和自信等情感状态与主体的意图相关联。而且这一定义使得意图度承载了其他几种心智测度和情感测度的信息，从而使得主体可以根据意图度来判断，是否应该采取行动以及采取何种行动更为合理。若理性主体在 i_{max}（指所有意图的最强烈的程度）时，其愿望是达成φ，则主体将关注能够使其达成最为期望的目标的最佳计划，主体也因此与环境相互作用。即：

(48) 若 I：$(I\ \varphi\ , i_{max})$ 且 P：$bestplan\ (\varphi\ , action\ (\alpha, Pre\text{-}, Cost_{\alpha}), b)$，则 C：$C\ (does(\alpha))$。

智能主体将通过交流单元来感知环境中的所有变化，为此，信念 B 的背景与交流 C 的背景就具有如下的关系：

(49) 若 C：β，则 B：B β。

2.4　实例分析：情感等级 BDI 逻辑对主体买房行为的形式刻画

假设训练我们的情感等级 BDI 主体进行买房交易。为此，我们指派给该主体三个愿望：一是所买的房屋在小学附近；二是所买的房屋在地铁附近；三是所买的房屋离主体上班的地方不超过 8 公里。同时指派给该主体这样三个的情感：一是害怕房屋周边环境吵闹；二是焦虑房屋公摊面积大；三是自信房屋增值空间大。为了决定所要买的房屋，主体将考虑此买房行为所带来的利益（即在小学和地铁附近、增值空间大），以及害怕和焦虑等负面情感和所付出的代价。在这种情况下，*BC*、*DC*、*FearC*、*Anx*C、*SConf*C 和 *PC* 背景如下：

愿望背景（*DC*）：我们可以赋予该主体这样的愿望：

(50)(*D*(*在小学附近*), $d=0.82$)

(51)(*D*(*在地铁附近*), $d=0.75$)

(52)(*D*(*在小学附近*∧ *在地铁附近*), $d=0.95$)

(53)(*D*(*离上班的地方*≤8 公里), $d=0.85$)

此例中，愿望度的值可以取 0—1 之间的任意实数；值越大，其对应的愿望就越强烈。本文中的其他所有测度都与此类似。

信念背景（*BC*）：理性主体具有所采取的可能行动之间的关系，以及执行这些行动后哪些公式为真的知识。此例中，不同行动就是买不同的房屋；假定我们有五套房屋可供选择：

(54) Π_0 = {房 A、房 B、房 C、房 D、房 E}

在此例中，*B*（[α] *在地铁附近*）的强烈程度是指在买了α后，相信所买房屋在地铁附近的概率或满意程度。我们可以给这一买房主体赋予如下的信念：

(55) *B*（[*房A*] *在地铁附近*, $b_1=0.98$)

(56) *B*（[*房B*] *在地铁附近*, $b_1=0.88$)

(57) *B*（[*房C*] *在地铁附近*, $b_1=0.65$)

(58) *B*（[*房D*] *在地铁附近*, $b_1=0.46$)

(59) *B*（[*房E*] *在地铁附近*, $b_1=0.35$)

在此例中，*B*（[α] *在小学附近*）的信念度是指在买了α后，相信所买房屋在小学附近的概率或满意程度。我们可为这一买主体赋予如下的信念：

(60) *B*（[*房A*] *在小学附近*, $b_2=0.85$)

(61) *B*（[*房B*] *在小学附近*, $b_2=0.82$)

(62) *B*（[*房C*] *在小学附近*, $b_2=0.35$)

(63) *B*（[*房D*] *在小学附近*, $b_2=0.77$)

(64) *B*（[*房E*] *在小学附近*, $b_2=0.52$)

我们假定这两个愿望是随机独立的，为此，需要为信念背景 *BC* 指派这样的推理规则：

(65) 如果 *B*([α]*在小学附近*, b_1)且 *B*([α]*在地铁附近*, b_2),

那么 *B*（［α］*在小学附近*∧ *在地铁附近*，$b = (b_1 + b_2)/2$）。

害怕背景（*FearC*）：我们赋予主体这样的害怕测度：

（66）*Fear*（［*房A*］*周边环境吵闹*，*f*=0.58）

（67）*Fear*（［*房B*］*周边环境吵闹*，*f*=0.88）

（68）*Fear*（［*房C*］*周边环境吵闹*，*f*=0.67）

（69）*Fear*（［*房D*］*周边环境吵闹*，*f*=0.72）

（70）*Fear*（［*房E*］*周边环境吵闹*，*f*=0.91）

焦虑背景（*AnxC*）：我们赋予主体这样的焦虑测度：

（71）*Anx*（［*房A*］*公摊面积大*，*a*=0.62）

（72）*Anx*（［*房B*］*公摊面积大*，*a*=0.93）

（73）*Anx*（［*房C*］*公摊面积大*，*a*=0.86）

（74）*Anx*（［*房D*］*公摊面积大*，*a*=0.70）

（75）*Anx*（［*房E*］*公摊面积大*，*a*=0.56）

自信背景（*SConfC*）：我们赋予主体这样的自信测度：

（76）*SConf*（［*房A*］*增值空间大*，*s*=0.91）

（77）*SConf*（［*房B*］*增值空间大*，*s*=0.76）

（78）*SConf*（［*房C*］*增值空间大*，*s*=0.68）

（79）*SConf*（［*房D*］*增值空间大*，*s*=0.53）

（80）*SConf*（［*房E*］*增值空间大*，*s*=0.87）

计划背景（*PC*）：在此实例中，一系列原子行动如下：

（81）*action*（*房A*，{dist－=3 公里}，{cost=120 万}，$Cost_\alpha$ = 0.56）

（82）*action*（*房B*，{dist－=5 公里}，{cost=100 万}，$Cost_\alpha$ = 0.42）

（83）*action*（*房C*，{dist－=13 公里}，{cost=150 万}，$Cost_\alpha$ = 0.93）

（84）*action*（*房D*，{dist－=15 公里}，{cost=145 万}，$Cost_\alpha$ = 0.87）

（85）*action*（*房E*，{dist－=6 公里}，{cost=113 万}，$Cost_\alpha$ =

0.49）

现在理性主体可以通过推理来决定应该采取哪个意图，并判断哪个计划与此意图有关。其具体步骤如下：

第一步，主体的愿望通过愿望背景传达给计划背景。

第二步，在计划背景中，主体为每个愿望找到相应的计划。

主体根据愿望，寻找不同的买房计划，并考虑这样的信念：通过不同的买房行动满足所买房屋在小学和地铁附近，且增值空间大这些目标的概率。由于受到愿望（52）的限制，即所买房屋离该主体上班的地方不超过8公里，主体将放弃计划（82）和（83），即放弃买房C和房D这两套房屋的计划。因此，主体的计划将根据（44）由每个愿望产生。例如，最强烈的偏好愿望是所买房屋“既在小学附近又在地铁附近”，此愿望所产生的计划如下：

（86）*plan*（*在小学附近∧在地铁附近*，*action*（*房A*，{dist－=3公里}，{cost=120万}，$Cost_\alpha$=0.56），（b_1+b_2）/2 =0.915）

（87）*plan*（*在小学附近∧在地铁附近*，*action*（*房B*，{dist－=5公里}，{cost=100万}，$Cost_\alpha$=0.42），（b_1+b_2）/2 =0.85）

（88）*plan*（*在小学附近∧在地铁附近*，*action*（*房E*，{dist－=6公里}，{cost=113万}，$Cost_\alpha$=0.49），（b_1+b_2）/2=0.435）

第三步，根据计划所对应的信念、愿望等心理状态和情感状态来判断意图的强烈程度。

由（46）可知，函数F相对于d是单调递增的，故只需要考虑最强烈的偏好愿望，即所买房屋“既在小学附近又在地铁附近”，其偏好的强烈程度是0.95。再由(46)可知，$F(d, f, a, s, b, Cost_\alpha)=b(d+(1-Cost_\alpha)+(1-f)+(1-a)+s)/5=(b_1+b_2)/2\cdot(0.95+(1-Cost_\alpha)+(1-f)+(1-a)+s)/5$，对于$\alpha\in${房A、房B、房E}，可依次得到意图的强烈程度如下：

（89）*I*（*在小学附近∧在地铁附近*，$(b_1+b_2)/2\cdot(0.95+(1-Cost_\alpha)+(1-f)+(1-a)+s)/5=0.5673$）

（90）*I*（*在小学附近∧在地铁附近*，$(b_1+b_2)/2\cdot(0.95+$

$(1-Cost_\alpha)+(1-f)+(1-a)+s)/5=0.4216)$

(91) I（在小学附近∧在地铁附近，$(b_1+b_2)/2\cdot(0.95+(1-Cost_\alpha)+(1-f)+(1-a)+s)/5=0.24882)$

由此可见，所买房屋“既在小学附近又在地铁附近且增值空间大”就是执行买房 A 的计划，其意图的强烈程度最大，是 0.5673。

第四步，主体采纳最佳计划，执行行动。

由（47）可知：通过选择行动α，即买房 A，并把这一行动信息传递给交流背景。

需要特别说明的是：在第三章第 1.3—1.4 节的转换函数仅仅涉及到愿望和信念等心智状态对意图度的影响，而在第三章第 2.3—2.4 中的转换函数还涉及了害怕、焦虑、自信等情感状态对意图度的影响；因此，我们对这两个转换函数进行了不同的定义。同时，在第三章第 1.3—1.4 节和在第三章第 2.3—2.4 节中，我们也给信念背景 BC 赋予了不同的推理规则。究竟哪个定义或推理规则更为合理，要视具体情况而定，并可根据实践来反复地加以验证和调整，直到我们满意为止。

2.5　结论和未来的工作

本节研究的主要工作和结论如下：(1)情感等级 BDI 逻辑是在 Pereira 等人（2008）的情感 BDI 逻辑[35]的基础上，增加了等级这一考察维度，这使得我们能够更为精细地表达主体的心智状态和情感状态的不确定性；本研究也是在 Casali 等人（2005）提出的等级 BDI 逻辑[36]，以及笔者在第三章第一节中提出的等级 BDI 逻辑的基础上，增加了情感这一考察因素，这使得我们对主体的研究更接近真实的人类，这将为情感机器人的研发提供必要的形式支持。(2)笔者选择无穷值的卢卡斯维茨逻辑对信念、愿望和意图这三种心智状态，以及害怕、焦虑和自信这三种情感状态的强烈程度进行了形式化。为了通过信念度、愿望度、意图度、害怕度、焦虑度和自信度对不确定性行为进行表示和推理，我们把相应的公理添加到卢卡斯维茨逻辑中。(3)

文中的情感等级 BDI 主体模型的行为，是通过添加了具体条件的不同背景的不同测度来决定，清晰地表示了主体的心智状态和情感状态的不确定性。(4)笔者对情感等级 BDI 模型进行了公理化，并说明了它们对主体行为的影响。此模型可以很轻易地向包括其他心智状态和情感状态的主体进行推广。(5)笔者提出的情感等级 BDI 逻辑系统是在可能世界语义学和克里普克模型的基础上，把无穷值的卢卡斯维茨逻辑和命题动态逻辑进行融合后，得到的符号的形式演绎和数值计算并存的连续值柔性逻辑系统。

至于以后的工作，我们考虑：（1)参照 Meyer（2004)[106]的工作，把情感等级 BDI 主体模型推广到包含诸如高兴、悲伤、愤怒等情感的主体模型中。(2)如何把情感等级 BDI 主体模型扩展到多主体环境中，即把情感等级 BDI 主体置身于社会背景中，让其处理与其他主体各个方面的社会关系。我们打算参照 Liau（2003)[109]的工作，并假定这种社会背景具有良好的逻辑信任模型，即情感等级 BDI 主体相信来自其他主体的信息。(3)借鉴 Puică 和 Florea（2013)[110]的工作，并通过对本节的情感等级 BDI 模型的深入研究，把情感、资源（resoures）和主体的个性特征整合到人工智能主体中，从而得到主体的拟人行为（human - like behavior)。

第三节　基于知识情感等级 BDI 逻辑的行为表征研究

3.1　引言

由于主体可以定义为一种从感知序列到实体动作的映射。[15]这一定义使得研究者可以通过函数和数值对主体行为进行形式刻画。近二十年来，一些学者提出的理论和结构为多主体系统提供了形式支持。其中，典型的形式系统是 Rao 和 Georgeff[23, 26, 27]建立的 BDI (Belief - Desire - Intension）主体模型，此模型能够帮助设计者根据主体的信念、愿望和意图对系统所期望的行为进行决策和推理。

近年来，不少学者对 Rao 和 Georgeff 提出的 BDI 主体模型进行了改进和扩展，其中较为重要的有：（1）情感（emotional）BDI 主体模型[35]；（2）等级（graded）BDI 主体模型[36, 37]；（3）情感等级 BDI 主体模型[38]；（4）知识情感等级 BDI 主体模型[126]。本节的研究是笔者在第三章第二节提出的情感等级 BDI 主体模型[38]的基础上，增加了知识对主体行为决策和推理的影响这一考察因素，从逻辑学的视角，严格遵循 BDI 的形式化语义，通过定义不同的模态算子来建立知识情感等级 BDI 主体模型。此成果属于原创性成果①。

3.2　知识情感等级 BDI 逻辑

在本节中，笔者提出的知识情感等级 BDI 逻辑（简称 keg - BDI 逻辑），是笔者在第三章第二节中提出的情感等级 BDI 逻辑（简称 eg - BDI 逻辑）[38]的基础上，增加了表示知识的模态算子，以考察知识状态，信念、愿望和意图等心智状态，以及害怕、焦虑、自信等情感状态与主体行为决策和推理之间的关系。需要特别指出的是：在 eg - BDI 逻辑中，真值隶属度的取值范围为是介于 0—1 之间的所有实数（记作［0, 1］）；而在 keg - BDI 逻辑中，笔者把其真值隶属度的取值范围扩展为介于–1—1 之间的所有实数（记作［–1, 1］）。

3.2.1　知识情感等级 BDI 逻辑的语言

与 eg - BDI 逻辑一样，keg - BDI 逻辑也是建立在无穷值的卢卡斯维茨逻辑（infinite - valued Łukasiewicz Logic）[101]和命题动态逻辑（Propositional Dynamic Logic）[102]的基础之上。命题动态逻辑主要处理关于主体的行为和行为决策的推理。无穷值的卢卡斯维茨逻辑承认命题可以部分为真，命题真值的取值范围是［0, 1］，其真值函数是 $\neg x = 1 - x$ 和 $x \rightarrow y = \min(1, 1 - x + y)$，此逻辑能够对概率进行处理。

并非所有知识都是足道的。在本节中：为了简化模型，我们只考

① 本节部分内容发表在张晓君、林颖、周昌乐：《基于知识情感等级 BDI 主体的决策行为模型研究》，《计算机科学》2014 年第 3 期，第 232—237 页。

虑关键性知识；能够对主体的决策和推理行为产生重要影响的知识，称为“关键性知识”；直接用 $K\varphi$ 表示主体知道关键性知识 φ；关键知识可以有多个；促使主体采取行动的知识称为正向知识，阻止主体采取行动的知识称为反向知识；相应地有正向关键性知识和反向关键性知识。类似地，有正向愿望和反向愿望。目前，绝大部分学者如 Pereira 等人（2008）[35] 主要是采取同时引入正向愿望算子和反向愿望算子来处理愿望；这样，即使要处理的因素不多，模型也显得复杂。

笔者认为：为了减少引入模态算子的个数，使得模型简洁，并能够同时处理更多的考察因素，我们有必要把无穷值的卢卡斯维茨逻辑的取值范围从［0，1］扩展到［-1，1］。这样，正向关键性知识对执行行动 α 的影响程度所对应的真值隶属度的取值范围为［0，1］，反向关键性知识则为［-1，0］。对正向愿望和反向愿望的处理与此类似。这样做的另一个好处是：对于要同时处理的相反的知识状态、心智状态和情感状态，我们只需选择其中一个进行处理就行。比如，如果我们要同时处理自信与自卑这两种相反的情感对主体决策行为的影响时，可把自信看作正向自信，把自卑看作反向自信。为此，统一规定：促使主体采取行动的知识状态、心智状态和情感状态的正向因素所对应的真值隶属度 $\in[0,1]$；阻止主体采取行动的知识状态、心智状态和情感状态的反向因素所对应的真值隶属度 $\in[-1,0]$。

笔者提出的 keg - BDI 逻辑是把扩展的无穷值卢卡斯维茨逻辑与命题动态逻辑进行融合后而产生的多模态逻辑。现在，我们为知识情感等级 BDI 主体定义相应的语言 $L_{keg\text{-}BDI}$。其方法是：向经典命题语言 L 中添加形式为［α］的行动模态词（其中 α 是一个行动）和 7 个模糊模态算子 K、B、D、I、$Fear$、Anx 和 $SConf$。

我们规定：$K([\alpha]\varphi, k)$ 表示主体知道关键性知识 φ 后，会促使或阻止主体采取行动 α 的概率测度或强烈程度（简称知识度）为 k。$B([\alpha]\varphi, b)$ 表示主体相信在执行行动 α 后，进入承载信息 φ 的概率测度或相信 φ 为真的强烈程度（简称信念度）为 b；$D(\varphi, d)$ 表示

“φ是主体所愿望的”，d表示主体所愿望的φ为真的强烈程度（简称愿望度）；$I([\alpha]\varphi, i)$表示主体愿意执行行动α，进入承载信息φ为真的意图的强烈程度（简称意图度）为i。$Fear\ \varphi$、$Anx\ \varphi$和$SConf\ \varphi$的解释与此类似。$Fear([\alpha]\varphi, f)$表示主体在执行行动α后，害怕φ的强烈程度（简称害怕度）为f；$Anx([\alpha]\varphi, a)$表示主体在执行行动α后，焦虑φ的强烈程度（简称焦虑度）为a；$SConf([\alpha]\varphi, s)$表示主体在执行行动α后，自信φ的强烈程度（简称自信度）为s。这里的概率测度b，d，i，f，a，s也是真值隶属度。

语言$L_{keg-BDI}$有两种类型的表达式：命题φ，ψ，…以及行动α，β，…。原子命题的集合、命题的集合、原子行动的集合和行动的集合分别用Φ_0、Φ、Π_0和Π表示。

（1）$L_{keg-BDI}$的公式φ可通过如下归纳定义的方式得到：

$\varphi ::= \varphi \mid \neg\varphi \mid \varphi \rightarrow \psi \mid [\alpha]\varphi \mid K\ \varphi \mid B\ \varphi \mid D\ \varphi \mid I\ \varphi \mid Fear\ \varphi \mid Anx\ \varphi \mid SConf\ \varphi \mid$

即$L_{keg-BDI}$-公式是由原子命题、经典算子“否定¬”和“蕴涵→”、“必然算子［］”和“测试算子?”通过归纳的方式得到的。这里［α］φ表示在当下状态下，每次执行行动α后都进入承载信息φ的状态。

（2）$L_{keg-BDI}$的行动α由其相应的原子行动通过如下归纳定义的方式得到：

$\alpha ::= \alpha^0 \mid \alpha;\beta \mid \alpha\cup\beta \mid \alpha* \mid \varphi? \mid$

即$L_{keg-BDI}$-行动是由相应的原子行动通过“行动复合算子;”、“不确定性选择算子∪”、“迭代算子＊”和“测试算子?”通过归纳的方式得到的。迭代行动α^n（n≥0）由$\alpha^0 = id$和$\alpha^{n+1} = \alpha;\alpha^n$通过归纳定义得到。

现在，我们定义一个模态背景（context）语言ΣC（其中$\Sigma \in \{K, B, D, I, Fear, Anx, SConf\}$）。为此，需要使用扩展的无穷值的卢卡斯维茨逻辑，由初始模态公式和真值常元r_c（有理数r，$r_c \in [-1, 1]$）来构造Σ-模态：

（3）如果$\varphi \in L_{keg-BDI}$，则φ，$\Sigma\varphi \in \Sigma C$

（4）如果 $r \in Q \cap [-1, 1]$，则 $r_c \in \Sigma C$，其中 Q 表示有理数的集合。

（5）如果$\Sigma\varphi$，$\Sigma\psi \in \Sigma C$，则$\Sigma\varphi \wedge \Sigma\psi \in \Sigma C$ 且$\Sigma\varphi \rightarrow \Sigma\psi \in \Sigma C$

例如，当$\Sigma = K$ 且$\varphi \in L_{keg-BDI}$时，由（3）可知：φ，$K\varphi \in KC$（KC 表示知识背景）；当$\Sigma = K$ 且 $K\varphi$，$K\psi \in KC$ 时，根据（5）可知：$K\varphi \rightarrow K\psi \in KC$ 且 $K\varphi \wedge K\psi \in KC$。其他模态算子的情况与此类似。我们规定：公式$\Sigma\varphi \rightarrow \Sigma\psi$的真值为 1，当且仅当，$\Sigma\varphi$的真值不小于$\Sigma\psi$的真值。模态公式 $r_c \rightarrow \Sigma\varphi$表示φ的概率至少为 r_c，简记为（$\Sigma\varphi$，r_c）。

3.2.2 知识情感等级 BDI 逻辑的语义

不同的可能世界对应于主体不同的知识状态、心智状态和情感状态。与通常的模态逻辑一样，本节提出的 keg – BDI 逻辑的语义也是使用克里普克模型来建立的。为此，我们只需在第三章第二节中的 eg – BDI 主体模型的 9 元组克里普克结构[38]的基础上，添加对知识状态进行处理的结构和函数λ。即为 keg – BDI 主体模型定义如下一个 10 元组的克里普克结构：$K = \langle W, \upsilon, \rho, \tau, \theta, \{\mu_w\}_{w \in W}, \lambda, \varepsilon, \eta, \kappa \rangle$，其中：

（6）W 是任意的可能世界的集合，且 $w, w' \in W \neq \varnothing$。

（7）$\upsilon: \Phi \times W \rightarrow \{0, 1\}$ 是为每个$\varphi \in \Phi$和每个 $w \in W$ 指派一个二值的布尔值，$\upsilon(\varphi, w) \in \{0, 1\}$。

（8）$\rho: 2^W \rightarrow [-1, 1]$ 是指 W 的子集上的概率测度；对于$\varphi \in \Phi_0$，$\{w \mid \upsilon(\varphi, w) = 1\}$ 是可测度的。

（9）$\tau: \Pi_0 \rightarrow 2^{W \times W}$是指由每个原子行动所引起的两个可能世界之间的转换函数。

（10）$\theta: W \rightarrow [-1, 1]$ 是偏好分布，$|\theta(w)| < |\theta(w')|$是指 w′ 比 w 受到更多偏好。

（11）$\mu_w: W \rightarrow [-1, 1]$ 是可能性分布。其中$\mu_w(w') \in [-1, 1]$ 是指主体试图从 w 到 w′的愿望强烈程度。

（12）$\lambda: W \rightarrow [-1, 1]$ 是关键性知识对决策行为影响程度分布，

$|\lambda(w)|<|\lambda(w')|$ 是指 w′比 w 对主体决策行为影响更大。

（13）ε：$W\to[-1, 1]$ 是害怕程度分布，$|\varepsilon(w)|<|\varepsilon(w')|$ 是指 w′比 w 更令主体害怕。

（14）η：$W\to[-1, 1]$ 是焦虑程度分布，$|\eta(w)|<|\eta(w')|$ 是指 w′比 w 更令主体焦虑。

（15）κ：$W\to[-1, 1]$ 是自信程度分布，$|\kappa(w)|<|\kappa(w')|$ 是指 w′比 w 更令主体自信。

keg-BDI 逻辑的语义与 eg-BDI 逻辑[38]的语义大致类似，只是增加了关于知识的语义部分，而且前者的真值的取值范围已经由 [0, 1] 扩展到 [–1, 1]：

（16）$\upsilon(\Sigma\varphi, w) = \xi\{w'\in W \mid \upsilon(\varphi, w') = 1\}$，对每个$\varphi$来说，其中$\xi\in\{\rho, \theta, \mu_w, \lambda, \varepsilon, \eta, \kappa\}$

（17）对于所有的 $r\in Q\cap[-1, 1]$ 而言，$\upsilon(r_c, w) = r$

（18）$\upsilon(\Sigma\varphi\wedge\Sigma\psi, w) = \max(\upsilon(\Sigma\varphi) + \upsilon(\Sigma\psi) - 1, 0)$

（19）$\upsilon(\Sigma\varphi\to\Sigma\psi, w) = \min(1 - \upsilon(\Sigma\varphi) + \upsilon(\Sigma\psi), 1)$

（20）$\|\Sigma\varphi\|^K = td_{w\in W}\upsilon(\Sigma\varphi, w)$，其中$\|\Sigma\varphi\|^K$表示$\Sigma\varphi$在克里普克结构 $K=\langle W, \upsilon, \rho, \tau, \theta, \{\mu_w\}_{w\in W}, \lambda, \varepsilon, \eta, \kappa\rangle$中的真值隶属度。

（21）如果$\upsilon(\Sigma\varphi, w) = 1$，则$\upsilon(\Delta\Sigma\varphi, w) = 1$

（22）如果$\upsilon(\Sigma\varphi, w) \neq 1$，则$\upsilon(\Delta\Sigma\varphi, w) = 0$

（23）$td\,\varnothing = 1$

（24）对所有的 $w\in W$ 而言，$\upsilon(\Sigma\bot, w) = 1$。

在（20）与（23）中的 *td* 表示$\Sigma\varphi$在克里普克结构中的真值隶属度。Σ－公式的真值仅仅依赖于：公式本身所对应的主体所在的可能世界中的相应测度。

3.2.3　知识情感等级 BDI 逻辑的公理和演绎规则

我们只要在笔者在第三章第 2.2.4 节提出的 eg－BDI 逻辑的公理和演绎规则的基础上[38]，增加关于知识部分的公理和演绎规则，就可以得到 keg－BDI 逻辑的公理和演绎规则。这二者几乎完全一样：只是在第三章第二节的 eg－BDI 逻辑[38]中，$\Sigma\in\{B, D, I, Fear,$

Anx, *SConf*}；而在 keg - BDI 逻辑中，$\Sigma \in \{K, B, D, I, Fear, Anx, SConf\}$，即，后者中的Σ还可以取值为 *K*。keg - BDI 逻辑的公理是由关于非模态公式的所有经典命题逻辑公理，以及基于卢卡斯维茨逻辑和命题动态逻辑的模态公式Σ - 公理组成。

keg-BDI 逻辑具有完全性与可靠性，其证明方法与第三章第 2.2.4 节中 eg-BDI 逻辑的完全性与可靠性的证明方法[38]几乎完全一样，即通过把 keg-BDI 逻辑嵌入（embedding）到卢卡斯维茨逻辑或命题动态逻辑中的方法来证明。

3.3 知识情感等级 BDI 逻辑对主体模型的不同背景之间的相互关系的形式刻画

主体根据知识、愿望、信念、情感，以及行动所带来的可能世界的转变，制订相应的计划（实际上是复合行动），并通过行动来达成愿望。知识 *K* 的背景、愿望 *D* 的背景、信念 *B* 的背景、情感 *Fear*、*Anx* 和 *SConf* 的背景与计划 *P* 的背景之间具有这样的关系：

（25）如果 $K:(K([\alpha]\varphi, k))$，$D:\neg\Delta\neg(D\varphi, d)$，$B:(B([\alpha]\varphi, b))$，$Fear:(Fear(\varphi, f))$，$Anx:(Anx(\varphi, a))$，$SConf:(SConf(\varphi, s))$且 $P: action(\alpha, Pre-, Cost_{\alpha})$，那么 $P: plan(\varphi, action(\alpha, Pre-, Cost_{\alpha}), b)$。

其中：$\alpha \in \Pi_0$是初始行动，*Pre* - 是执行行动α的前提条件；$Cost_{\alpha} \in [-1, 1]$，表示执行α所需要付出的代价；*k*、*b*、*f*、*a* 和 *s* 分别表示主体通过执行α实际达成φ时的知识度、信念度、害怕度、焦虑度和自信度。假定当前的世界状态满足执行相应行动的前提条件，计划必须使得建立计划的相应愿望为真。

若用意图度来换取为达到目标时所付出的代价和获得的利益，则对每个能够达到目标的复合行动α而言，$I\varphi$的意图度 *i* 可以从 $K\varphi$的知识度 *k*、$D\varphi$的愿望度 *d*、$B\varphi$的信念度 *b*、$Fear\varphi$的害怕度 *f*、$Anx\varphi$的焦虑度 *a*、$SConf\varphi$的自信度 *s* 以及满足φ的计划所付出的代价 $Cost_{\alpha}$得到。即 $I\varphi$的意图度可通过下面的转换函数计算得出：

（26）如果 K:(K([α]φ, k)), D :(D φ, d), B :(B[α]φ, b), $Fear$:($Fear$([α]φ, f)), Anx:(Anx([α]φ, a)), $SConf$:($SConf$([α]φ, s))且 P: $plan$(φ, $action$(α, Pre- ,$Cost_\alpha$), b)，那么 I:(I φ, F (k, d, b, f, a, s ,$Cost_\alpha$))。

不同的转换函数F（k, d, b, f, a, s , $Cost_\alpha$）是对不同个体行为的建模。假定在完成α后，完全相信能够达成φ。要想知道主体执行行动α的意图度 i 的值，就需要算出转换函数 F(k, d, b, f, a, s, $Cost_\alpha$）的值，其关键就是要弄清 k, d, f, a, s , b 和代价 $Cost_\alpha$ 各自对意图度 i 的影响究竟有多大。这样利用函数 F(k, d, b, f, a, s, $Cost_\alpha$)，就可以把知识状态、心智状态（信念、愿望等）、情感状态（害怕、焦虑、自信、后悔等）对行为决策和推理的影响最后都转化成意图度，即意图度承载了其他所有要考察因素所携带的信息。

我们可以根据具体要考察的模型，对知识状态、心智状态、情感状态对意图度的影响赋予不同的权重，并根据实践反馈的信息对权重进行不断修改完善。比如，对于本文要考察的军事决策行为模型而言，经过初步研究，我们指派给 k, d, b, f, a, s 和代价 $Cost_\alpha$ 对意图度影响的权重分别为 0.28、0.11、0.13、0.07、0.14、0.18、0.09。这些权重的大小可以根据实际考察的模型制定其相应的调参规则，而且可在实际应用中对其不断修改完善。为此，笔者不妨对函数 F(k, d, b, f, a, s , $Cost_\alpha$）做如下定义：

（27）F（k, d, f, a, s , b , $Cost_\alpha$）$= 0.28\mathrm{k} + 0.11d + 0.13b + 0.07f + 0.14a + 0.18s + 0.09Cost_\alpha$

假定在所有可供选择的方案中，理性主体选择意图度最强的方案执行。即如果在所有意图的最强烈的程度 i_{max}时，理性主体的愿望是达成φ，则主体将执行使其达成最为期望的目标的最佳计划，主体据此与环境相互作用。即：

（28）如果 I:（I φ, i_{max}）且 P: $bestplan$（φ, $action$（α, Pre - , $Cost_\alpha$), b)，则 C: C（$does$（α))。

3.4 实例分析：知识情感等级 BDI 逻辑对军事决策行为的形式刻画

面对高技术战争，军事仿真训练已经成为训练部队、保护和提高军队战斗力的主要手段。“从军事仿真训练中学习战争”已经成为现实[111]。20 世纪 70 年代以来，美军各军种已经开发了上百种军事仿真训练系统；军事建模和仿真技术已经成为提高军队和经费效率的倍增器[112]。虽然这些系统在降低训练费用、降低组织联合训练的难度方面发挥了巨大的作用，但都存在这样那样的问题有待改进。军事战略决策是开发军事仿真训练系统的重点研究领域。

现在假设训练我们的知识情感等级 BDI 主体进行军事战略决策。为此，我们指派给该决策主体这样三个关键性知识：敌方增援部队及时赶到、得到敌方的城防图、得到敌方的作战计划。同时，指派给该主体这样三个愿望：一是人员伤亡要少；二是作战时间要短；三是作战地点离本土的距离≤800 海里。指派给该主体这样三个的情感：一是害怕被包围；二是焦虑指挥系统被摧毁；三是自信能够取得最终胜利。为了决定所要选择的作战方案，主体将根据所获得的关键性知识，综合考虑此作战方案所带来的利益（即人员伤亡少、作战时间短，并取得最终胜利），以及害怕和焦虑等负面情感和所付出的代价。此案例中，不同决策行为就是选择不同的作战方案；假定我们有五套方案可供选择：

(29) Π_0 = {方案 A、方案 B、方案 C、方案 D、方案 E}。

在这种情况下，*KC*、*BC*、*DC*、*FearC*、*AnxC*、*SConf*C 和 *PC* 背景如下：

知识背景（*KC*）：我们可以赋予该主体这样的三个关键知识：

(30) K（[*方案A*] *敌方增援部队及时赶到*，$k_1 = -0.78$）

(31) K（[*方案B*] *敌方增援部队及时赶到*，$k_1 = -0.83$）

(32) K（[*方案C*] *敌方增援部队及时赶到*，$k_1 = -0.55$）

(33) K（[*方案D*] *敌方增援部队及时赶到*，$k_1 = -0.64$）

(34) K（[*方案E*] *敌方增援部队及时赶到*，$k_1 = -0.36$）

（35）K（［*方案A*］*得到敌方的城防图*，$k_2=0.85$）

（36）K（［*方案B*］*得到敌方的城防图*，$k_2=0.78$）

（37）K（［*方案C*］*得到敌方的城防图*，$k_2=0.68$）

（38）K（［*方案D*］*得到敌方的城防图*，$k_2=0.72$）

（39）K（［*方案E*］*得到敌方的城防图*，$k_2=0.90$）

（40）K（［*方案A*］*得到敌方的作战计划*，$k_3=0.80$）

（41）K（［*方案B*］*得到敌方的作战计划*，$k_3=0.86$）

（42）K（［*方案C*］*得到敌方的作战计划*，$k_3=0.75$）

（43）K（［*方案D*］*得到敌方的作战计划*，$k_3=0.79$）

（44）K（［*方案E*］*得到敌方的作战计划*，$k_3=0.87$）

其中，每种作战方案所对应的真值隶属度表示，相应关键性知识对是否采取所对应方案的影响程度，即对意图的影响程度，因为这关系到是否能够最终取得胜利。由于“敌方增援部队及时赶到”这一关键性知识会阻止主体采取行动，属于反向关键性知识，故所对应的真值隶属度$\in[-1,0]$；而“得到敌方的城防图”和“得到敌方的作战计划”这两个关键性知识会促使主体采取行动，属于正向关键性知识，故所对应的真值隶属度$\in[0,1]$。

假定这三个关键性知识是随机独立的，为此，根据这三个关键性知识在这一实际情境中对意图影响的不同权重，不妨为知识背景 KC 指派这样的推理规则：

（45）如果 $K([\alpha]$*敌方增援部队及时赶到*，$k_1)$ 且 $K([\alpha]$*得到敌方的城防图*，$k_2)$ 且 $K([\alpha]$*得到敌方的作战计划*，$k_3)$，那么 $K([\alpha]$*敌方增援部队及时赶到*$\wedge$*得到敌方的城防图*$\wedge$*得到敌方的作战计划*，$k=0.22k_1+0.37k_2+0.41k_3)$。

愿望背景（DC）：我们可以赋予该主体这样三个愿望：

（46）（D（*人员伤亡少*），$d=0.81$）

（47）（D（*作战时间短*），$d=0.76$）

（48）（D（*人员伤亡少*$\wedge$*作战时间短*），$d=0.92$）

（49）（D（作战地点离本土的距离$\leqslant 800$海里），$d=0.88$）

由于此案例中的三个愿望均为正向愿望，所对应的真值隶属度$\in[0, 1]$。真值隶属度的绝对值越大，其对应的愿望就越强烈。文中的其他所有测度都与此类似。

信念背景（*BC*）：理性作战主体具有所采取的可能行动之间的关系，以及执行这些行动后哪些公式为真的知识。

在此例中，*B*（[α] *人员伤亡少*）的强烈程度是指在采取作战方案α后，相信己方人员伤亡少的概率或满意程度，属于正向信念，所对应的真值隶属度$\in[0, 1]$。不妨为这一决策主体赋予如下信念：

（50）*B*（[*方案A*] *人员伤亡少*，$b_1=0.72$）

（51）*B*（[*方案B*] *人员伤亡少*，$b_1=0.86$）

（52）*B*（[*方案C*] *人员伤亡少*，$b_1=0.58$）

（53）*B*（[*方案D*] *人员伤亡少*，$b_1=0.42$）

（54）*B*（[*方案E*] *人员伤亡少*，$b_1=0.66$）

在此例中，*B*（[α] *作战时间短*）的信念度是指在采取作战方案α后，相信作战时间短的概率，属于正向信念，所对应的真值隶属度$\in[0, 1]$。不妨为这一决策主体赋予如下信念：

（55）*B*（[*方案A*] *作战时间短*，$b_2=0.68$）

（56）*B*（[*方案B*] *作战时间短*，$b_2=0.80$）

（57）*B*（[*方案C*] *作战时间短*，$b_2=0.32$）

（58）*B*（[*方案D*] *作战时间短*，$b_2=0.49$）

（59）*B*（[*方案E*] *作战时间短*，$b_2=0.63$）

我们假定这两个愿望是随机独立的，为此，根据这两个愿望在这一实际情境中对意图影响的不同权重，为信念背景 *BC* 指派这样的推理规则：

（60）如果 *B*（[α] *人员伤亡少*，b_1）且 *B*（[α] *作战时间短*，b_2），那么 *B*（[α] *人员伤亡少*∧*作战时间短*，$b=0.65b_1+0.35b_2$）。

害怕背景（*FearC*）：由于“害怕被包围”对采取行动的影响是阻止性的，故所对应的真值隶属度$\in[-1, 0]$。不妨赋予主体这样的害怕测度：

（61） *Fear*（［方案A］被包围，$f = -0.80$）

（62） *Fear*（［方案B］被包围，$f = -0.57$）

（63） *Fear*（［方案C］被包围，$f = -0.71$）

（64） *Fear*（［方案D］被包围，$f = -0.45$）

（65） *Fear*（［方案E］被包围，$f = -0.38$）

焦虑背景（*AnxC*）：由于“焦虑指挥系统被摧毁”对采取行动的影响是阻止性的，其真值隶属度∈[–1，0]。不妨赋予主体这样的焦虑测度：

（66） *Anx*（［方案A］指挥系统被摧毁，$a = -0.76$）

（67） *Anx*（［方案B］指挥系统被摧毁，$a = -0.81$）

（68） *Anx*（［方案C］指挥系统被摧毁，$a = -0.63$）

（69） *Anx*（［方案D］指挥系统被摧毁，$a = -0.46$）

（70） *Anx*（［方案E］指挥系统被摧毁，$a = -0.58$）

自信背景（*SConfC*）：由于“取得最终胜利”对采取行动的影响是促进性的，故所对应的真值隶属度∈[0，1]。我们赋予主体这样的自信测度：

（71） *SConf*（［方案A］取得最终胜利，$s = 0.62$）

（72） *SConf*（［方案B］取得最终胜利，$s = 0.86$）

（73） *SConf*（［方案C］取得最终胜利，$s = 0.52$）

（74） *SConf*（［方案D］取得最终胜利，$s = 0.68$）

（75） *SConf*（［方案E］取得最终胜利，$s = 0.82$）

计划背景（*PC*）：由于付出的代价对采取行动的影响是阻止性的，故所对应的真值隶属度∈[–1，0]。假设在此实例中，一系列原子行动如下：

（76） *action*（方案A，{dist－ = 1200 海里}，{cost = 1400 亿元}，$Cost_{\alpha} = -0.81$）

（77） *action*（方案B，{dist－ = 700 海里}，{cost = 1250 亿元}，$Cost_{\alpha} = -0.73$）

(78) *action* (方案 C ，{dist－ =600 海里}，{cost =1100 亿元}，$Cost_{\alpha}$ = －0.61)

(79) *action* (方案 D ，{dist－ =1500 海里}，{cost =1700 亿元}，$Cost_{\alpha}$ = －0.90)

(80) *action* (方案 E ，{dist－ =500 海里}，{cost =1000 亿元}，$Cost_{\alpha}$ = －0.52)

现在，理性主体可根据推理来判断应该采取哪个意图，并弄清哪个计划与此意图有关。之后，主体根据愿望，寻找不同的作战方案，并考虑这样的信念：通过不同的作战方案满足人员伤亡少而且作战时间短，并取得最终胜利的目标的概率。由于受到愿望（49）的限制，即作战地点离本土的距离≤800 海里，主体将放弃计划（76）和（79），即放弃方案 A 和方案 D 这两套作战方案。因此，主体的计划将根据（25）由每个愿望产生。例如，最强烈的偏好愿望是采取的作战方案“人员伤亡少而且作战时间短”，此愿望所产生的计划如下：

(81) *plan* (人员伤亡少∧作战时间短，*action* (方案 B，{dist－ =700 海里}，{cost = 1250 亿元}，$Cost_{\alpha}$ = －0.73)，b = 0.65b_1 + 0.35b_2 =0.797)

(82) *plan* (人员伤亡少∧作战时间短，*action* (方案 C，{dist－ =600 海里}，{cost = 1100 亿元}，$Cost_{\alpha}$ = －0.61)，b = 0.65b_1 + 0.35b_2 =0.489)

(83) *plan* (人员伤亡少∧作战时间短，*action* (方案 E，{dist－ =500 海里}，{cost = 1000 亿元}，$Cost_{\alpha}$ = －0.52)，b = 0.65b_1 + 0.35b_2 =0.6495)

现在，主体可以根据计划所对应的知识状态，信念、愿望等心智状态和情感状态来判断意图的强烈程度。由（27）可知，函数 F 相对于 d 是单调递增的，故理性主体只需要考虑最强烈的偏好愿望，即所采取的作战方案“人员伤亡少而且作战时间短”，其偏好的强烈程度是 0.92。再由（27）可知，F (k，d，f，a，s ，b，$Cost_{\alpha}$) =0.28k

$+0.11d+0.13b+0.07f+0.14a+0.18s+0.09Cost_{\alpha}$。对于α∈{方案 B、方案 C、方案 E}，我们依次得到意图的强烈程度如下：

（84）*I*（*人员伤亡少∧作战时间短*，0.28k +0.11d +0.13b +0.07f +0.14a +0.18s +0.09Cost α = 0.269018）

（85）*I*（*人员伤亡少∧作战时间短*，0.28k +0.11d +0.13b +0.07f +0.14a +0.18s +0.09Cost α = 0.188238）

（86）*I*（人员伤亡少∧作战时间短，0.28k +0.11d +0.13b +0.07f +0.14a +0.18s +0.09Cost α = 0.349575）

由此可见："人员伤亡少且作战时间短并能够取得最终胜利"的作战计划就是执行方案 E，因为其意图的强烈程度最大；方案 B 优于方案 C，方案 E 为最佳方案。这里算出的意图度都不高，这是由于：战争要付出很大的代价，带来诸多负面效果，是不得已而为之的行为。

最后，主体采纳最佳计划，执行行动。由（28）可知：通过选择行动α，即执行方案 E，这一行动信息随后就传递给交流背景。

3.5　结论和未来的工作

本节的主要工作和结论如下：(1)笔者把无穷值的卢卡斯维茨逻辑的取值范围从[0，1] 扩展到［–1，1］后，对知识状态，信念、愿望和意图等心智状态，以及害怕、焦虑和自信等情感状态的强烈程度进行了形式化。(2)知识情感等级 BDI 主体模型的行为，是通过添加了具体条件的不同背景的不同测度来决定，清晰地表示了主体的知识状态、心智状态和情感状态的不确定性。(3)知识情感等级 BDI 主体模型可以很轻易地向包括其他知识状态、心智状态和情感状态的主体进行推广。(4)知识情感等级 BDI 逻辑系统是在可能世界语义学和克里普克模型的基础上，把命题动态逻辑和扩展的无穷值的卢卡斯维茨逻辑进行融合后，得到的符号形式演绎和数值计算并存的连续值柔性逻辑系统。

至于以后的工作，我们考虑：(1)知识情感等级 BDI 主体模型推广到包含诸如沮丧、多疑、愤怒等情感的主体模型中；(2)把该模型扩展到多主体环境中，即让知识情感等级 BDI 主体处理与其他主体各个方面的社会关系；(3)深入挖掘该模型的应用价值，更好地为分布式人工智能和军事仿真服务。

本章小结

(1) 在现实世界中，我们有必要对信息进行更加细致的量化，即我们需要对信念、愿望和意图的强烈程度进行区分和处理，这有助于提高主体的可适应性和自主性。等级 BDI 模型通过对主体的信念、愿望和意图的强烈程度进行区分和表示，能够对主体的不确定性行为进行表示和推理。不确定性推理可以通过选择合适的多值逻辑，并定义适当的模型理论来进行处理。

(2) 笔者在本章第一节中提出的等级 BDI 逻辑 $g-BDI_{PDL+LL}$，借鉴了 Parsons 等人（2002）[39] 的多背景系统，对 Casali 等人（2005）[36] 的等级 BDI 模型进行了改进：把 *B*、*D* 和 *I* 这三个模态词所表示的不同概念建立在一个统一的逻辑框架中；把等级 BDI 模型建立在无穷值的 Łukasiewicz 逻辑和命题动态逻辑的基础上，并对这一逻辑系统进行了公理化，从而使得等级 BDI 主体的不确定性行为得到了比 Casali 等和 Parsons 等人的工作更为清晰一致的形式刻画。

(3) 主体根据信念、愿望、意图进行行为决策和推理的过程可概括成图 3.1。

(4) 情感 BDI 主体是指主体行为不仅受到信念、愿望和意图的支配，而且主体的行为推理和决策还受到情感的影响。主体的行为不仅仅要受到其信念、愿望和意图等心智状态的影响，而且还会受到诸如害怕、焦虑、自信、高兴等情感状态的影响。笔者在第二节中提出的情感等级 BDI 逻辑则是对 Pereira 等人（2008）的情感 BDI 逻辑[35] 和 Casali 等人（2005）提出的等级 BDI 逻辑[36] 进行融合得到的，即在笔者在第一节中提出的等级 BDI 逻辑[37] 中加入了对情感因素的考

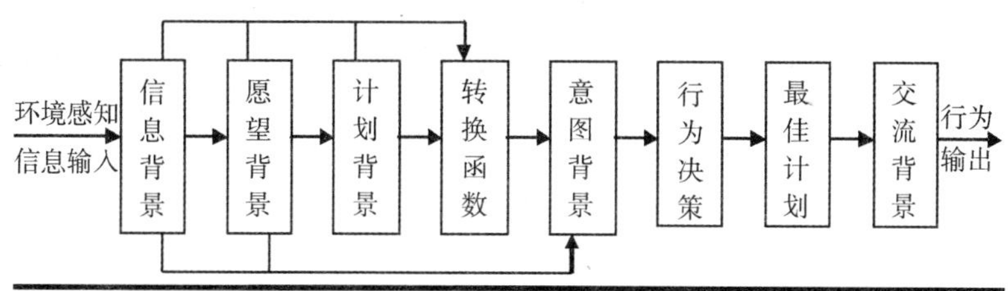

图 3.1 等级 BDI 主体的一般结构

察，也是对这些逻辑的改进和扩展研究，这将为情感机器人的研发打下良好的基础。在对情感等级 BDI 模型的相关概念进行逻辑表示，并为 BDI 主体的几种情感，比如害怕（fear）、焦虑（anxiety）、自信（self-confidence）等情感状态以及信念、愿望和意图等心智状态心理状态，进行模糊等级区分和建模的基础上，分析情感对智能主体不同行为的影响，旨在为分布式人工智能提供形式支持。

（5）笔者在第三章第三节提出的知识情感等级 BDI 逻辑，是笔者在第三章第二节提出的情感等级 BDI 主体模型[38]的基础上，增加知识对主体行为决策和推理的影响这一考察因素，即增加了表示知识的模态算子，以考察知识状态，信念、愿望和意图等心智状态，以及害怕、焦虑、自信等情感状态，与主体行为决策和推理之间的关系。并非所有知识都是足道的。为了简化模型，笔者只考虑关键性知识。为了减少引入模态算子的个数，使得模型简洁，并能够同时处理更多的考察因素，笔者把无穷值的卢卡斯维茨逻辑的取值范围从［0，1］扩展到［-1，1］，并规定：促使主体采取行动的知识状态、心智状态和情感状态的正向因素所对应的真值隶属度∈[0，1]；阻止主体采取行动的知识状态、心智状态和情感状态的反向因素所对应的真值隶属度∈[-1，0]。此成果属于原创性成果

（6）知识情感 BDI 逻辑是情感 BDI 逻辑的扩展改进版本；情感等级 BDI 逻辑则是等级 BDI 逻辑的扩展改进版本；而等级 BDI 逻辑则是传统 BDI 逻辑的扩展改进版本。这些逻辑系统都是把（扩展的）

无穷值卢卡斯维茨逻辑与命题动态逻辑进行融合后而产生的多模态逻辑系统；也都是符号的形式演绎和数值计算并存的连续值柔性逻辑系统，满足信息时代对当代逻辑的基本要求。

第四章　基于扩展 BDI（信念—愿望—意图）逻辑的 Agent 行为规范研究

在现实生活中，主体的行为不仅仅要受到其知识状态、信念、愿望和意图等心智状态，以及害怕、焦虑、自信等情感状态的影响，而且还要遵守其所生活的社会的道德规范（norms）和法律规范，这是我们建立和谐共生的美好社会必不可少的基本要求（徐梦秋等著：《规范通论》，2011）[113]。也就是说，慎思 Agent 的自主行为应该遵守规范，而且慎思Agent在行为决策和推理时也应该考虑规范，可见，对主体行为规范的研究具有极为重要的理论意义和现实意义。故本章对慎思 Agent 行为规范进行了初步研究，以便为读者和笔者之后的深入研究打好基础。

目前，基于 BDI 逻辑的行为规范研究主要有 Criado 等人(2010)[43]。他们在单 BDI 主体研究的基础上，研究了如何提高开放性多 BDI 主体系统的协调效率，从而为等级 BDI 主体的行为提出了规范性慎思（normative deliberation）的思想：规范（norms）应该被主体内化（internalized)，即主体的自主行为应该遵守规范；并使用识别背景（recognition context）和规范背景（normative context)，对 BDI 主体先前研究的多背景系统进行扩展，从而使得主体可以从周围环境中获得规范，并且在行为决策时考虑规范。本章主要对其工作加以介绍①。

① 本章的工作主要参考了 Criado 等（2010）[43] 和徐梦秋等（2011）[113] 等文献而完成的。

第一节是引言；第二节介绍了相关基础知识：多背景 BDI；第三节是规范模型方案；第四节是规范 BDI 结构；第五节是实例研究的执行；第六节是思考与未来的工作。

第一节 引言

开放的多主体系统（open multi - agent systems，MAS）在完成任务的过程中，具有很高的不确定性和有限的信任（limited trust）特征[114]。这是因为它们是由身处动态环境、具有不同个性的自主主体（autonomous agents）组成的。因此，开放的多主体系统要求具有指导主体行为并控制系统性能的机制。规范的多主体系统（normative multi - agent systems，NMAS）因此应运而生[115]。要想使得规范成为有效的协调机制（coordination mechanism），规范就必须能够被主体识别。而且主体在维护其自主性时，主体必须能够接受规范[116]。

Broersen（1999）[117]与 Andrighetto（2008）[118]都建议：支持规范推理（normative reasoning）的主体结构不应该考虑主体能够接受和识别的动态对象；规范可以当作是主体结构上的硬布线（hard - wired）的静态常元。因此，主体应该盲目遵守规范，因为相对于规范遵守（norm compliance）的决策而言，主体不具有自主性。笔者的理解是：谁来制定规范、如何制定规范、制定怎样的规范，主体不一定具有自主权。

因此，我们有必要开发出能够对规范进行推理的规范自主主体。即主体能够识别规范，能够对规范的效果和结果进行评价，能够对规范遵守作出决定[119]。这些推理能力要求主体具有实用的决策程序，而不是遵守一成不变的理论或规则。Conte（2010）[120]通过把认知理论的思想吸收进多主体领域，对这些复杂的问题进行了讨论。正是基于以上原因，Criado 等人（2010）[43]对 Casali（2008）[40]提出的多背景的等级（graded）BDI 结构[40]进行了扩展，从而使得主体具有规范的识别能力和规范推理能力，并在其行为决策的过程中考虑规范。

对主体的心智状态进行等级区分，不仅可以使得模型语义更加丰富，而且有助于主体更好地决策，使得主体能够在规范控制下的不确定的动态环境中进行推理。

Criado 等人（2010）[43] 在 Botti 等人（2009）[121] 的工作的基础上，对正在运行的盆地中的水资源管理场景进行了实例分析。这一实例涉及不同盆地水资源之间的冲突，多数情况下，会引起潜在的或实际的水资源短缺。这一问题可以通过建立一个能够对环境进行监管的开发性的多主体系统来加以解决，即建立一个规范的多主体系统。其中，自主主体就是在封闭的盆地中的水资源的用户。其案例研究对象是属于一个灌溉社区的一个灌溉主体（irrigator agent）。这个社区就是一个组织，其行为就是维护其成员的权益并监督成员的行为。每个社区都可以为其成员制定规范或限制。这一案例研究阐明了一个具体的灌溉主体在其动机与灌注社区所制定的规范之间是如何进行决策的。本节主要介绍其相关内容。

第二节　相关基础知识：多背景 BDI

多背景系统（multi - context system）[122] 可以定义成一个相互联系的单位的集合 $\langle \{u_i\}_{i\in I}, Br \rangle$，其中每个单位 $u_i \in \{u_i\}_{i\in I}$ 是一个三元组 $\langle L_i, A_i, Br_i \rangle$，这里的 L_i、A_i 和 Br_i 分别表示每个单元的逻辑的语言、公理和推理规则。Br 是各个单元（units）之间的桥规则（bridge rules）的集合，这些桥规则就是推理规则，其前提和条件属于不同的背景，例如，$u_1: \phi, u_2: \psi \Rightarrow u_3: \theta$。

一般的 BDI 主体可以定义成一个多背景的主体结构[40]，该结构主要是由表征主体的信念、意图和愿望的心智单位，以及表示规划和交流的函数单位组成。即 BDI 主体结构是由主体的信念背景、愿望背景、意图背景、规划背景和交流背景组成。

2.1　BDI 背景

BDI 结构为等级心智命题（graded mental propositions）提供了支

持[40]，即使用权重（weight）来表示心智命题的确定性或可愿望度（desirability degree）。其心智背景被描述如下：

（1）信念背景 BC：它是由属于 BC - 逻辑[40]的命题组成，即为诸如（B φ，δ）：δ∈[0，1] 的逻辑命题，B φ表示主体关于命题φ的信念，$\varphi \in L_{DL}$是一个动态逻辑命题，δ表示与此信念有关的确定的信念度。

（2）愿望背景 DC：它是由属于 DC - 逻辑[40]的命题组成，即为诸如（D * φ，δ）：δ∈[0，1] 的逻辑命题，D φ表示主体关于命题$\varphi \in L_{DL}$的愿望，δ表示与此愿望有关的确定的愿望度。* ∈{+，-} 分别表示正愿望和负愿望。正愿望度或负愿望度是由环境中偏好（prefence）或排斥（rejection）的强烈程度决定的。

（3）意图背景 IC：它是由属于 IC - 逻辑[40]的命题组成，即为诸如（I φ，δ）：δ∈[0，1] 的逻辑命题，I φ表示主体关于命题$\varphi \in L_D$的意图，δ表示与此意图有关的确定的意图度。

（4）规划背景 PC：规划背景允许主体根据其愿望决定所意图的行动。

（5）交流背景 IC：指的是与主体进行交流的环境。

在水资源管理场景中，一个灌溉主体是一个期望提高其蔬菜质量和产量的农民。他有两个不同的灌溉可能性：每天灌溉他所有的菜地，或每天仅仅灌溉他一半的菜地。从逻辑上讲，他相信如果他所有的菜地都得到浇灌，那么就更容易提高蔬菜质量和产量，比如有信念：（B [full irrigation] high quanlity，0.75）和（B [half irrigation] high quanlity，0.5）。根据气象条件，该主体相信干旱的可能较大，比如有信念：（B drought，0.6）。他想从他的菜地获得高质量和高产量蔬菜的愿望为：（D^+ high quanlity，1），而且他不希望被罚款：（D^-pay fine，0.8）。他有两个不同的耕地浇灌计划：一个是执行每天灌溉其中所有菜地的行动，即 plan（full irrigation）；另一个是执行每天仅仅灌溉其中一半菜地的行动，即 plan（half irrigation）。

2.2　桥规则

为了确定不同类型的 BDI 主体，Casali（2005[36]，2008[40]）都给出了桥规则的定义。现在我们仅仅论述对规范推理过程有影响的桥规则。

2.2.1　从笼统愿望中推导出具体愿望的桥规则

这一桥规则允许主体根据自己的信念，从抽象的或笼统的（generic）愿望推导出更现实的具体愿望：

(1) DC:（$D*\varphi$，δ_φ），BC:（$B[\alpha]\varphi$，δ_ϕ）⇒（$D*[\alpha]\varphi$，$F_D(\delta_\varphi,\delta_\phi)$）

具体地说，主体考虑到通过行动可以到达（$B[\alpha]\varphi,\delta_\phi$），那么笼统的愿望可以推导出更现实的愿望（$D*[\alpha]\varphi$，$f_D(\delta_\varphi,\delta_\phi)$）。这样，具体愿望的偏好度依赖于对$\varphi$的最初的愿望度$\delta_\varphi$以及通过行动$\alpha$达到$\varphi$的可能性$\delta_\phi$，这可以通过函数 $F_D(\delta_\varphi,\delta_\phi)$ 计算得出。如果我们把 $F_D(\delta_\varphi,\delta_\phi)$ 定义成δ_φ与δ_ϕ的乘积，即 $F_D(\delta_\varphi,\delta_\phi)=\delta_\varphi\delta_\phi$，那么我们就可以得到所期望的满意值或厌恶值（disgust value）。

对灌溉主体而言，他根据自己的信念和抽象的愿望推导出更现实的愿望：

DC:（D^+ high quanlity，1），BC:（B [full irrigation] high quanlity，0.75）⇒

DC:（D^+ [full irrigation] high quanlity，0.75）

DC:（D^+ high quanlity，1），BC:（B [half irrigation] high quanlity，0.5）⇒DC:（D^+ [half irrigation] high quanlity，0.5）

2.2.2　从正愿望推导出意图的桥规则

从某个已经制订的计划可以达到的偏好公式的集合，可以推导出主体所意图的公式：

(2) DC:（$D^+[\alpha]\varphi$，d），DC:（$D^+\alpha$，$d+\alpha$），DC:（$D^-\alpha$，$d-\alpha$），PC:（plan（Π），$\alpha\in\Pi$），

DC：$(D^{-}[\alpha]\psi, d)$，…，DC：$(D^{-}[\alpha]\psi, (d+d^{*}) \geq (\Sigma_{k=1}^{n}(d_k+d^{*}))$ ⇒

IC：$(I[\alpha]\varphi, F_I(d+d^{*}), \Sigma_{k=1}^{n}(d_k+d^{*}))$

桥规则（2）的意思是：如果行动与状态的愿望度（$d+d^{*}$）大于行动 $\Sigma_{k=1}^{n}(d_k+d^{*})$ 的所有负面效果（negative effect）之和，那么，由这些可以通过属于计划 plan(Π) 的行动α来达到的正愿望$(D^{+}[\alpha]\varphi, d)$，将会产生一个新意图 $I[\alpha]\varphi, F_I(d+d^{*})$，$\Sigma_{k=1}^{n}(d_k+d^{*})$。其中的 F_I是把一个行动的正面效果与负面效果进行融合的函数，在灌溉主体中，F_I被定义成 $F_I(d^{+}, d^{-}) = \min(\max(0, d^{+}-d^{-}), 1)$。

在水资源管理场景中，所推导出的具体愿望允许灌溉主体根据已经制订的计划，来决定哪些行动是自己所意图的：

DC：(D^{+} [full irrigation]high quanlity, 0.75)，PC：(plan(full irrigation), 0.75 >0)

IC：(I [full irrigation]high quanlity, 0.75)

DC：(D^{+} [half irrigation]high quanlity, 0.5)，PC：(plan(half irrigation), 0.5 >0) ⇒IC：(I [half irrigation]high quanlity, 0.5)

2.2.3　从意图推导出行动的桥规则

具有最大意图度（$I[\alpha]\varphi, i_{max}$）的意图将会决定由主体执行的下一个行动 act(α)：

IC：$(I[\alpha]\varphi, i_{max})$ ⇒CC：act（α）

在水资源管理场景中，灌溉主体将执行其意图度最大的行动：

IC：(I[full irrigation]high quanlity, 0.75) ⇒CC：act(full irrigation)

第三节　规范模型方案

本节主要介绍 Criado 等人（2010）[43] 为规范多主体系统提出的

规范模型。这种模型把规范分为基本规范（constitutive norms）和道义规范（deontic norms）。基本规范允许为事实、环境元素等指派一个抽象的意义。道义规范是为行动或事件的状态定义一个道义控制。它们都允许根据规范多主体系统中的代表性主体所执行的惩罚或回报来定义一个强化机制。这样，道义规范就为条例（regulation）与其结果之间定义了一个实际联系。

定义 1（规范语境）

一个规范多主体系统中的规范的集合（用 N 表示）可以定义成：

$N = N_{constitutive} \cup N_{deontic}$

定义 2（基本规范）

一个基本规范 $n_c \in N_{constitutive}$ 可以定义成 $n_c = \langle A, E, \alpha \to \gamma \rangle$，其中：

（1）A 和 E 是决定规范有效期的合式公式。即 A 定义了规范的激活条件（activation conditions），而 E 定义了规范的满期条件（expiration conditions）。

（2）$\alpha \to \gamma$ 表示规范条件，其中的 α 表示一个概念或基本概念的集合，γ 表示由此规范定义的新的抽象概念。

定义 3（道义规范）

一个道义规范 $n_d \in N_{denotic}$ 可以定义成 $n_d = \langle D, A, E, C, S, R \rangle$，其中：

（1）$D \in \{Obligation, Prohibition\}$，其中 Obligation 表示义务的集合，Prohibition 表示禁令的集合。

（2）A 和 E 是决定规范有效期的合式公式。即 A 定义了规范的激活条件（activation conditions），而 E 定义了规范的满期条件。

（3）C 是一个逻辑公式，它表示规范目标或根据义务必须开展的行动或根据禁令必须避免的行动。

（4）S 是描述在违反规范时将要采取的制裁（sanctions）行动的表达式，R 则是描述在遵守规范时将要采取的回报（rewards）行动的表达式。S 和 R 都是督促主体遵守规范的强化机制。

此模型使用了一个封闭的世界假设，其中，在默认（default）的情况下，任何事情都是允许的。因此，本节不再考虑允许（permissions），因为允许可以定义成使一个义务或禁令失效的规范算子。

在水资源管理场景中，灌溉主体会受到他作为灌溉社区成员的规范的影响。如果在该社区宣布是干旱的状态下，社区禁止主体每天灌溉他所有的耕地，因此，违反此规范的主体将受到罚款的制裁。因此，可以定义如下的道义规范：

⟨Prohibition, drought, –, full irrigation, pay fine, –⟩

下面我们将转向对规范 BDI 结构（normative BDI architecture）的论述。此结构可以定义这样的主体：他们具有能够获得属于这一规范模型的规范的能力，而且具有在其行为推理的过程中考虑规范的机制。

第四节 规范 BDI 结构

Criado 等人（2010）[43]在 4.2 所给出的等级 BDI 主体结构的基础上，通过添加新的单位和桥规则，从而使得主体在行为决策时考虑规范。Sripada 和 Stich（2006）[123]分析了在有其他主体做贡献时的主体的子服务规范（subserving norms）的心理结构。这一结构是由两个紧密联系的初始机制形成的：一个是负责规范获取的机制；一个是负责规范履行的机制。规范获取机制负责鉴别规范所涉及的行为，并对规范的内容进行推理；规范履行机制负责维护规范数据库（database），并产生遵守这些规范的动机。因此，规范接受（acceptance）处理规范识别和规范决定[115]。从这一意义上讲，规范并不是事先就存在于主体的头脑中，主体能够获取新的规范，并自动地对符合的规范进行有意识地获取。事实上，我们允许主体社会产生并获取新的规范以适应动态环境的变化。相应地，通过向通常的 BDI 结构中，添加识别背景（recognition context，RC）和规范背景（normative context，NC），就可以得到规范的 BDI 结构。识别背景负责规范的鉴别过程，规范背景允许主体在其行为决策的过程中考虑规范。从这一意义上讲，规范从两个方面影响主体：(1)当规范被识别并接受后，主体在制订新的计划时就会考虑规范；(2)当被接受的规范处在有效期内时，那么规范的实例将会在选择最适合的且遵守规范的最佳计划的制订过程中被应用到。本节将对规范的这第二个方面的效果进行处理。

4.1　识别背景

从本质上讲，当识别背景（RC）通过对环境进行分析推导出新的规范时，规范决定过程已经开始了。识别背景收到被观察和被交流后的环境事实后，鉴别出能够控制主体环境的规范集合。开放系统的内在动态性和不确定性强制主体能够自动地识别规范[118]。下面我们将讨论接受线索的黑盒子（black box），黑盒子把检测到的规范作为输入，把产生的规范作为输出。

识别背景是由定义成（RC α，δ）的表达式形成的，其中的α是表示属于我们的规范模型中的一个规范的一阶公式，δ∈[0，1] 是描述被识别规范强烈程度的规范识别度。这些被识别的抽象规范被翻译成规范背景中的推理规则的集合。

在水资源管理场景中，一旦灌溉主体成为灌溉社区的一个成员，就会有一个代表通知影响他的行为的规范。这样主体会为规范识别指派最大确定度（maximum certainty degree）：

(RC ⟨Prohibition, drought, –, full irrigation, pay fine, –⟩, 1)

4.2　规范背景

在 Criado 等人（2010）[43]所给出的规范 BDI 主体结构中，规范不是对主体实施的静态约束，相反，主体能够以自主的方式动态地获取并接受规范。因此，规范背景具有如下性能：(1)心智背景把规范植入规范背景中；(2)为了能够对考虑了当前心智状态的规范进行推理，规范背景执行推理过程；(3)根据从规范推导出的新的心智命题，BDI 单位会被修改。

规范背景（NC）是由像⌈γ⌉这样的表达式形成的，其中γ是 ·个与主体心智状态相关的一阶逻辑公式，也是一个推理规则。表达式⌈γ⌉的意思是γ作为一个词项被嵌入到规范背景中，即模态逻辑表达式可以作为一阶理论来建模。γ对应于从识别背景翻译而来的规范，规范背景逻辑公理是由公理模式 K、蕴涵下的闭包和一致性公理组成。因此，矛盾的规范是允许的，即有可能定义⌈γ⌉∧⌈¬γ⌉。这一事实对我们的研究很有趣，因为主体在扮演不同角色时，常常被相互抵触的规范控制，或者在主体的目标和规范中可能存在矛盾。但是，像⌈γ⌉∧⌈¬γ⌉这样的矛盾谓词是不允许的，即某个规范既存在又不存在的表达式是不允许的。

4.3　规范桥规则

4.3.1　对识别背景进行更新的桥规则

主体把从环境中感知到的主体观察和交流（input（β）），作为一个新的词项或理论（⌈input(β)⌉），包含在识别背景中：

（4）CC：input（β）⇒RC：⌈input(β)⌉

4.3.2　对规范背景进行更新的桥规则

为了决定一个规范什么时候处于活跃期，主体的愿望和信念（γ）作为一个一阶公式⌈γ⌉被包含在规范背景中：

（5）BC：γ⇒NC：⌈γ⌉

（6）DC：γ⇒NC：⌈γ⌉

4.3.3　规范转换的桥规则

新的规范是在识别单位中被获取的。那些抽象的被识别的规范（RC α，δ_α）被转换成一个推理规则（φ→ψ）。这一推理规则的定义依赖于正在被翻译的规范的具体类型。翻译每种类型的桥规则被描述成：

（7）基本规范转换的桥规则：

RC：(RC ⟨count -as，A，E，α→γ⟩，δ_{nr}) ⇒NC：⌈(B A，δ_A) ∧ (B ¬E，δ_E)∧(Σα，δ_α) →(Σγ，F（δ_α，$F_{activation}$（δ_A，δ_E，δ_{nr})))⌉，其中 $\Sigma\in\{B, D^+, D^-\}$

这里的（7）的意思是，如果主体认为该规范目前处于活跃期 $(B\ A, \delta_A) \wedge (B \neg E, \delta_E)$，而且被基本规范影响的事实α是主体的信念或愿望 $(\Sigma\alpha, \delta_\alpha)$，那么，一个相对于一个新的抽象事实 $(\Sigma\gamma, F(\delta_\alpha, F_{activation}(\delta_A, \delta_E, \delta_{nr})))$ 的新的信念或愿望，将被推导出来。其中函数 $F_{activation}$ 把与规范条件 δ_A 与 δ_E 相关的信念度与规范度 δ_{nr} 结合起来。函数 F 把与规范激活相关的规范度和确定度或愿望度指派给基本事实 δ_α，其目的是指派新的心智命题的强烈程度。函数 F 与函数 $F_{activation}$ 的具体定义依赖于具体要考察的对象。

规范内在化（internalization）的特征之一就是，规范成为主体目标的组成部分。从这一意义上讲，规范内在化的过程可以定义成规范与愿望之间的一个动态关系[99]。相应地，道义规范转换的桥规则可以定义成：

$$RC: (RC\langle D, A, E, C, S, R\rangle, \delta_{nr}) \Rightarrow NC: \ulcorner (B\ A, \delta_A) \wedge (B \neg E, \delta_E) \wedge (D^* C, \delta_C) \wedge (D^- S, \delta_S) \wedge (D^+ R, \delta_R) \rightarrow (D^* C, F(F_{compliance}(\delta_C, \delta_S, \delta_R), F_{activation}(\delta_A, \delta_E, \delta_{nr}))) \urcorner$$

从本质上讲，这一桥规则把一个道义规范翻译成这样一个推理规则：如果根据目前的状态此规范处于活跃期，那么此推理规则就添加一个新愿望 $(D^* C)$，$* \in \{+, -\}$ 与由该规范推导而来的新愿望有关。例如，由义务规范推导而来的达到该义务规范条件的就是正愿望，而由处于活跃期的禁令规范推导而来的达到该禁令规范条件的就是负愿望。新的愿望度被定义成 $F(F_{compliance}(\delta_C, \delta_S, \delta_R), F_{activation}(\delta_A, \delta_E, \delta_{nr}))$，其中：(1)确定度被指派给规范激活函数 $F_{activation}$；(2)规范遵守（norm compliance）愿望度被指派给规范遵守函数 $F_{compliance}$，而 F 就把（1）与（2）联系起来。$F_{compliance}$ 把规范条件的愿望度 δ_C，以及主体被指派的规范度作为输入参数，指派给制裁 $(D^- S, \delta_S)$ 和回报 $(D^+ R, \delta_R)$。这一函数能够对规范遵守采取不同的策略，比如自私、害怕等等[124]。

在水资源管理场景中，一旦规范被识别背景识别，那么它就被翻译成规范背景中的推理规则（即桥规则（7））：

RC：（RC ⟨Prohibition，drought，–，full irrigation，pay fine，–⟩，1）$\Rightarrow$NC：⌈（B drought，0.6）$\wedge$（D^- pay fine，0.8）$\rightarrow$（D^- full irrigation，0.48）⌉

另外，规范激活函数把被指派给规范激活条件出现的适当的值（即0.6），与被指派给规范识别的信心值（即1）作为输入。在这一实例中，$F_{activation}$被处理成非零参数的积：

$F_{activation}(\delta_A, \delta_E, \delta_{nr}) = \delta_A \times \delta_E \times \delta_{nr} = 0.6$

而函数$F_{compliance}$仅仅考虑制裁的非愿望度（即0.8），因为不存在与这一规范条件相关的任何愿望，而且这一规范也没有定义任何回报。在这一实例中，$F_{compliance}$也被处理成非零参数的积：

$F_{compliance}(\delta_C, \delta_S, \delta_R) = \delta_C \times \delta_S \times \delta_R = 0.8$

而函数F被定义成$F_{activation}$的值与$F_{compliance}$的值的乘积。这样，在规范背景中，根据这一禁令规范推导而来新愿望就被推导出来：

NC：⌈（D^- full irrigation，0.48）⌉

4.3.4 对心智背景进行更新的桥规则

在完成以上推理过程后，从规范应用就可以推导出新信念（⌈B γ，δ⌉）和新愿望（⌈D^*γ，δ⌉），规范背景就必须更新心智背景：

（8）NC：⌈B γ，δ⌉，$\delta > \delta_{thres}$ $\Rightarrow$B：（B γ，δ）

（9）NC：⌈D^*γ，δ⌉，$\delta > \delta_{thres}$ $\Rightarrow$D：（D^*γ，δ）

为了避免一些微不足道的事情被牵扯进来，我们规定只有当信念度或愿望度δ的值超过阈值（threshold）δ_{thres}时，一个新的信念或愿望才会产生。这里的阈值的定义要根据具体考察的情况而定。

在水资源管理场景中，被推导出来的愿望被嵌入到愿望背景中（根据桥规则9），如果我们令阈值$\delta_{thres} = 0.4$，则：

NC：⌈（D^- full irrigation，0.48）⌉$\wedge$（$0.48 > \delta_{thres}$）$\Rightarrow$DC：（D^- full irrigation，0.48）

4.3.5 规范决策

在水资源管理场景中，意图背景根据桥规则（2）更新后，就产生一个新的意图，而且其意图度被减小（即为0.75 –0.48），因为这一行动的有一个负愿望：

DC：（D^+［full irrigation］high quality，0.75），DC：（D^- full irrigation，0.48），

PC：plan（full irrigation），0.75 >0.48 ⇒IC：I［full irrigation］high quality，0.27）

意图更新意味着对主体的行为进行修改。就这一实例而言，主体有两个不同的意图：I［half irrigation］high quality，0.6）和 I［full irrigation］high quality，0.27）。

根据桥规则（3），意图最强的行动将被执行。这样，这一灌溉主体遵守社区制定的规范，并改变其灌溉策略。结果，他不得不每天仅仅灌溉一半的菜地，以免被罚款。

为了对这一规范 BDI 结构进行评价，Criado 等人（2010）[43]还设计了实验对其进行评估。下面对这一实验加以介绍。

第五节　实例研究的执行

Criado 等人（2010）[43]设计了水资源管理系统的仿真集合（a set of simulations），来对自己所提出的规范 BDI 结构进行评估。这一仿真系统是由处于干旱情境的灌溉主体集合 A 组成的一个场景。具体地说，在种植时期①（CP：Ags →N），每个主体都需要一个固定的日需水量②（DNW：A →N）。在每次仿真中，可得到的水量（Availabe Water）的总和（用 AW 表示），水需要量、种植时期都是被随机指派给主体的。在每个灌溉周期（比如每天），主体应该决定其灌溉策略。例如，根据主体在社区可得到的水量的总和，来选择每天灌溉其所有的菜地，还是每天只仅仅灌溉其中一半的菜地。

对每次仿真而言，灌溉主体的平均满意度是相对于干旱的严重程

① 种植时期（Cultivation Period，CP）。

② 日需水量（Daily Need of Water，DNW）。

度而言的。主体单个天的满意度[1]（IDS：$A \times N \to [-1, 1]$）是根据这天灌溉所使用的水量的总和[2]（Irr：$A \times N \to N$）与所需要的水量之间的关系来决定的。但是，在这些情境中，当给单个满意度（individual satisfaction）指派的值为-1时，表示不存在灌溉水被惩罚的情况。干旱的严重程度（用Se表示）被定义成1减去可得到的水量与所需要的水量的总和的商。灌溉社区的主体的平均满意度（用As表示）依赖于主体的单个满意度，种植时期以及可得到的水量的总和。即对所有的 $a \in A$：

（1）如果 $d > CP(a)$，那么 $IDS(a, d)$ = 无定义；

（2）如果 $Irr(a, d) = 0$，那么 $IDS(a, d) = -1$；

（3）否则，即 $d < CP(a)$，或 $Irr(a, d) \neq 0$ 时，$IDS(a, d) = \frac{Irr(a,d)}{DNW(a)}$

（4）$Se = 1 - \frac{AW}{\sum DNW(a) \times CP(a)}$

（5）$As = \frac{\sum_{a \in A} \frac{\sum_{d=1}^{CP(a)} IDS(a,d)}{CP(a)}}{AW}$

我们假设，在每个实验阶段，灌溉社区仅仅由属于以下三种类型的主体中的一种类型主体组成：(1)经典的BDI主体，这类主体是非规范的主体（non-normative agents），只要有足够的水，他们总是每天灌溉所有的菜地；(2)规范主体，这类主体每天仅仅灌溉一半的菜地，因为他们处在干旱季节；(3)等级规范主体（graded normative agents），这里主体会根据干旱的严重程度灵活控制用水量，只有在严重干旱（需要的水量总和大于能够得到的水量总和的两倍）时，他们才决定每天仅仅灌溉一半的菜地。

---

① 单个天的满意度（Individual Daily Satisfaction，IDW）。

② “灌溉所使用的水量的总和”用灌溉（irrigating）的前三个英语字母“Irr”表示。

通过实验，我们可以找出灌溉社区中的主体的平均满意度(As)，与干旱的严重程度(S)之间的关系。实验结果表明：(1)在仅仅由非规范主体组成的社区中，不存在水资源的平均利用的情况(即只要有足够的水，主体总是每天努力灌溉所有的菜地)，因此满意度随着干旱程度的增加呈现线性下降的趋势。(2)在仅仅由不会把干旱状态表示成等级命题的规范主体组成的社区中，当干旱不是太严重时，就存在水资源利用不足的情况。(3)在仅仅由等级规范主体组成的社区中，主体的平均满意度普遍较好。因为只有在发生严重干旱时，他们才会采用限制用水的策略。在发生轻微干旱的情境下，比如，短缺水量占需要水量的 20% 时，一个自私主体仍然会充分利用水资源（即采取非规范主体行为），对这个社区而言，其平均满意度就好些。当短缺水量超过需要水量 20% 时，仅仅由等级规范主体组成的社区的平均满意度就好些。

第六节　思考与未来的工作

Broersen 等人（2001）[117] 提出的 BOID 结构把义务表示成心智状态，并分析了义务对主体信念、愿望和意图的影响以及它们之间的关系。Criado 等人（2010）[43] 提出的规范 BDI 结构与 BOID 结构类似。规范 BDI 结构超越 BIOD 的方面主要有：(1)规范 BDI 结构不仅研究义务规范，而且研究了基本规范和道义规范；(2)规范 BDI 结构使用了等级 BDI 逻辑来表示心智状态，从而可以处理不确定的甚至矛盾的心智状态；(3)规范 BDI 结构把规范看作是主体应该从环境中获得的动态对象。

我们或许可以利用 Andrighetto 等人（2008）[118] 提出的 EMIL 主体结构中的自主规范识别框架，对 Criado 等人提出的规范的 BDI 结构进行完善和补充，从而使得主体通过观察其所处环境中其他主体的行为来获得规范。规范的 BDI 结构使得主体可以判断：其基于自身动机和利益的决策行为是否符合规范。而 EMIL 主体则是通过推导出新的规范目标，来自动地遵守所有被识别的规范。

Criado 等人提出的规范的 BDI 结构通过识别背景和规范背景，对多背景 BDI 主体结构进行了扩展，从而使得主体可以从环境中获取新的规范，并在其行为决策的过程中考虑规范。事实上，为了使得主体能够对由规范控制的开放环境进行推理，主体的心智状态被量化。从这一意义上讲，等级模态词允许主体表示当前世界状态中的不确定性知识。而且等级意图和等级愿望使得主体可以根据满意标准来进行决策。这一点对于我们在设计规范主体时，判断哪些行为将会受到冲突规范的影响，尤为重要。这样，主体就可以根据愿望度和意图度的优先级，来决定是违反规范还是遵守规范。规范对主体为达到目标的可行性计划有何影响，值得我们进一步研究。

笔者认为：对不同的规范，主体采取的策略和对待方式是不同的。有些规范主体常常会遵守一些规范，而排斥或不遵守另一些规范；而且对不同的规范遵守或排斥的强烈程度也是不同的。对这些不同的强烈程度，可以通过模糊逻辑中的权重来表示。与第三章第三节中类似，为了简化模型，权重的取值可以是介于-1 与 1 之间的所有实数。遵守规范的强烈程度取值为正数，即其值∈[0，1]，排斥规范的强烈程度取值为负数，即其值∈[-1，0]。根据这一思路，我们可以用类似于第三章第三节中的方式来处理规范。这一处理将会对目前的基于 BDI 逻辑的规范理论有很好的改进作用。

比如：Criado 等人（2010）[43] 在模型中，由于真值的取值范围是与传统模糊逻辑的取值范围一样，是 0—1 之间的所有实数，故需要同时引入了制裁和回报算子，来分别处理不遵守规范应得的制裁和遵守规范应得的回报。但如果采取笔者的思路，把真值取值范围扩大到介于-1 与 1 之间的所有实数，我们就只需引入这二者中任何一个算子就可以了。比如，只引入回报算子，遵守规范，其回报所对应的真值取值范围为 0—1 之间的所有正数，不遵守或违反规范应得的回报所对应的真值取值范围则为-1—0 之间的所有负数。这样处理后，模型将更加简洁，而且也便于计算和机器实现。

Galind 和 Saffiotti（2013）[125]则使用语义知识（semantic knowledge）对规范进行编码，使得机器人能够根据这些规范对偏差（deviations）进行推理，从而生成能够纠正偏差的目标。例如，如果移动机器人有了易腐物品必须保存在冰箱里的语义知识，而且它观察到桌子上有一瓶牛奶，那么该机器人将产生把这瓶牛奶放入冰箱的目标。关键的步骤就是在一个本体（ontology）中对规范进行合适的编码，每次违反规范都会使得机器人能够检测到不一致的状态。那么，机器人就会产生一个恢复到一致状态的目标，之后机器人会把这一目标转化成行动。为此，需要通过为移动机器人提供具有目标自治（goal autonomy）的受限形式：即使得机器人具有从自身目标出发追求普通目的（generic aims）的能力。Galind 和 Saffiotti（2013）[125]在一个完全移动机器人系统中，集成了语义映射、知识表示和推理系统、任务规划、标准感知和路线导航。

可见，行为规范理论，尤其是基于 BDI 逻辑及其扩展的行为规范理论研究具有重大的理论价值和实践意义，后续研究空间宽广，致力于此，相信会大有可为的。但限于时间原因，笔者不得不就此罢手了。

本章小结

（1）在现实生活中，主体的行为不仅仅要受到其知识状态，信念、愿望和意图等心智状态，以及害怕、焦虑、自信等情感状态的影响，而且还要遵守其所生活的社会的道德规范和法律规范，这是我们建立和谐共生的美好社会必不可少的基本要求。也就是说：慎思 Agent的自主行为应该遵守规范，而且慎思 Agent 在行为决策和推理时也应该考虑规范，可见对主体行为规范的研究具有极为重要的理论意义和现实意义。

（2）Criado 等人（2010）[43]在单 BDI 主体研究的基础上，研究了如何提高开放性多 BDI 主体系统的协调效率，从而为等级 BDI 主体的行为提出了规范性慎思的思想：规范应该被主体内化，即主体的自主行为应该遵守规范；并使用识别背景和规范背景，对 BDI 主体先前研究的多背景系统进行扩展，从而使得主体可以从周围环境中获得规范，并且在行为决策时考虑规范。

（3）Criado 等人（2010）[43] 通过向通常的 BDI 结构中，添加识别背景和规范背景，就可以得到规范的 BDI 结构。识别背景负责规范的鉴别过程，规范背景允许主体在其行为决策的过程中考虑规范。从这一意义上讲，规范从两个方面影响主体：一是当规范被识别并接受后，主体在制订新的计划时就会考虑规范；一是当被接受的规范处在有效期内时，那么规范的实例将会在选择最适合的且遵守规范的最佳计划的制订过程中被应用到。

（4）Galind 和 Saffiotti（2013）[125] 则使用语义知识对规范进行编码，使得机器人能够根据这些规范对偏差进行推理，从而生成能够纠正偏差的目标。关键的步骤就是在一个本体中对规范进行合适的编码，每次违反规范都会使得机器人能够检测到不一致的状态。那么，机器人就会产生一个恢复到一致状态的目标，之后机器人会把这一目标转化成行动。为此，需要通过为移动机器人提供具有目标自治的受限形式：即使得机器人具有从自身目标出发追求普通目的的能力。

（5）基于 BDI 逻辑及其扩展的慎思 Agent 的行为规范理论有待深化和细化，尤其是基于知识情感等级 BDI 逻辑的慎思 Agent 的行为规范理论。这一研究成果将有力促进情感机器人的研究工作。

结束语

笔者认为，由于慎思 Agent 总是生活在具有各种规范（比如法律规范、道德规范、职业规范等）的场景中，主体是否相信自己应该遵守规范，就涉及主体的信念；主体是否愿意接受规范的约束，就涉及主体的愿望；主体是否试图改变规范或制定新的规范，就涉及主体的意图；主体是否害怕或焦虑规范的约束，就涉及主体的情感；主体是否知道规范的具体内容，就涉及主体的知识。因此，规范与 BDI 逻辑、等级 BDI 逻辑、情感等级 BDI 逻辑和知识情感等 BDI 逻辑都紧密相关。那么，在主体的行为决策和推理的过程中，如何把国内外有关规范理论的研究成果与 BDI 逻辑及其扩展的研究成果进行融合，从而提出更为精致更易实现的逻辑系统，以便满足分布式人工智能、系统工程、计算机科学、仿真系统等领域的急切需要呢？

具体地说，就是如何把本专著第四章的研究成果与前三章中研究成果融合，发展出更为有效且便于计算和实现的，基于知识状态，信念、愿望和意图等心智状态，以及害怕、焦虑、自信等情感状态的行为规范理论，从而更为真实地刻画主体的行为呢？这些问题都是笔者今后的努力研究方向。

目前，计算机科学界和人工智能界等领域的不少学者，已经使用 Java[96]、Jason[35, 97]、JaCa[97]等程序设计语言，对 BDI 主体模型进行了计算机实现。笔者期望以后能够在这些方面有所突破，以便实现理论研究与应用研究的无缝对接

对人而言：单主体的行为建模就是建立单个人的行为模型，以表

示人的内部思维活动，比如感知、推理、决策、学习等，从而解释人的外在行为表现的内在产生机理；多主体的行为建模就是建立组、队、集团等单位的组织行为，以研究组织内的通信、交互、协作、协商等群体行为。组织行为是以个体行为为基础，多主体的行为模型是以单主体的行为模型为基础。故，全文只重点研究了基于 BDI 逻辑及其扩展的单主体的行为决策和推理以及行为规范模型。由于多主体的行为模型会牵扯到太多的因素，是研究难点，本文几乎没有进行太多的研究。限于时间的限制，笔者只能留待以后努力了。

对笔者而言，参考文献的研究者们所体现出来的对研究的执着、热情和智慧给笔者带来的感动，以及自己有所创新和突破时所体验到的充实和快乐，才是笔者最大的收获，以至于全然不知自己的疲劳和辛勤付出。

光阴似箭，日月如梭，问题总是无穷多。而且笔者天生寡智多情，难免留下不少憾言败笔和瑕疵，恳请相关专家和读者谅解，并敬请不吝赐教，以有利于笔者的成长。笔者在此一并致以谢忱。

参考文献

[1] K. Segerberg. The logic of action, Stanford Encyclopedia of Philosophy. http://plato.stanford.edu/entries/logic-action/, 2009, pp. 1 –7.

[2] 唐晓嘉、郭美云:《现代认知逻辑的理论与应用》,科学出版社 2010 年版。

[3] J. L. Jones. Robot Programming: A Practical Guide to Behavior-Based Robotics. McGraw – Hill Education (Asia) Co. and China Machine Press, 2006.

[4] 陈中祥:《基于 BDI Agent 的 CGF 主体行为建模理论与技术研究》,华中科技大学,博士学位论文,2004。

[5] L. Bloom. Modeling adaptive, asymmetric behaviors. Proceeding of the 12th Conference on Computer Generated Forces and Behavioral Representation. Orlando, Frorida, 2003.

[6] C. Forsythe, P. Xavier. Human emulation: progress toward realistic synthetic human agents. Proceeding of the 11th Conference on Computer Generated Forces and Behavioral Representation. Orlando, Frorida, 2002.

[7] E. Rolek, T. Hughes. A Strategy for Defining Human Representation Requirements. Proceeding of the 9th Conference on Computer Generated Forces and Behavioral Representation. Orlando, Frorida, 2000.

[8] S. Y. Harmon. Zetetix: A Theory for Representing Human Behavior in Simulation. Proceeding of the 9th Conference on Computer Gener-

ated Forces and Behavioral Representation. Orlando, Frorida, 2000.

[9] D. Edward, C. Taylor, and D. J. Sneld. Artificial Intelligence in Command and Control, *Signal*, 1998.

[10] 刘秀罗、黄柯逮：《有限状态机在 CGF 行为建模中的应用》，《系统仿真学报》2001 年第 13 卷第 5 期。

[11] N. R. Jennings, K. Sycara, and M. Wooldridge. A roadmap of agent research and development. Int. Journal of Autonomous Agents and Multi - Agent Systems, 1998, 1 (1), pp. 7-338.

[12] C. A. Iglesias et al. A survey of agent - oriented methodlogies. In: Intelligent Agent V (LNAI, vol. 1555), Springer-Verlag, Berlin, 1999.

[13] T. Hughes, E. Rolek. Human Behavioral Representation Requirements for an Integrated Air Defense System, Internal data, 2001.

[14] 高济：《人工智能高级技术导论》，高等教育出版社 2009 年版。

[15] 蔡自兴、徐光祐：《人工智能及其应用》（第 4 版），清华大学出版社 2015 年版。

[16] P. Busetta, J. Bailey, and K. Ramanohanarao, "A reliable computational model for BDI agent", In 1st International Workshop on Safe Agents, http: //citeseerx. ist. psu. edu/ viewdoc/download? doi = 10. 1. 1. 2. 4436& rep, 2003, pp. 1-10.

[17] A. G - Hernάndez, A. E. F - Seghrouchni, and H. Soldano, "Learning in BDI multi - agent systems", J. Dix and J. Leite (eds.), *Computational Logic in Multi - Agent Systems*, Springer, 2004, pp. 218-233.

[18] R. H. Bordini, and J. F. Hübner, "BDI agent programming in agentspeak using Jason", *Computational Logic in Multi - Agent Systems*, Springer, 2006, pp. 143-164.

[19] 刘刚等：《基于活动的 BDI 主体形成机制及应用》，《中南

大学学报》（自然科学版），2009 年 9 月增刊。

[20] N. K. Lincoln and S. M. Veres, "Natural language programming of complex robotic BDI agents", *Journal Intelligent Robot Systems*, http://link.springer.com/10.1007/s10846-012-9779-1, 2012, pp. 1-20.

[21] D. C. Dennett, "Intentional systems", *Journal of Philosophy*, 1971, 68 (4), pp. 87-106.

[22] M. E. Bratman, *Intentions, Plans, and Practical Reason*, Harvard University Press, 1987.

[23] A. S. Rao and M. P. Georgeff, "Modeling rational agents within a BDI-architecture", in *Proceedings of the 2nd International Conference on Principles of Knowledge Representation and Reasoning*, 1991, pp. 473-484.

[24] P. R. Cohen and H. Levesque, Teamwork, Noûs, 1991, 24 (4), pp. 487-512.

[25] B. van Linder et al., "Actions that make you change your mind", A. Laux and H. Wansing (eds.), *Knowledge and Belief in Philosophy and Artificial Intelligence*, 1995, pp. 103-146.

[26] A. S. Rao and M. P. Georgeff, "BDI agents: from theory to practice", in: *Proceedings of the 1st International Conference on Multi-Agents Systems*, 1995, pp. 312-319.

[27] A. S. Rao and M. P. Georgeff, "Decision Procedures for BDI logic", *Journal of Logic and Computation*, 1998, 8 (3), pp. 293-294.

[28] J.-J. Ch. Meyer, J. Broersen and A. Herzig, "BDI logics", http://www.cs.uu.nl/docs/vakken/iag/jj.BDI.handbook.pdf, 2012, pp. 1-32.

[29] 郝一江、张晓君：《动态逻辑：关于程序的模态逻辑》，《哲学动态》2009 年第 11 期。

[30] B. van Linder, Modal Logics for Rational agents, PhD. Thesis,

Utrecht University, 1996.

[31] B. van Linder, W. van der Hoek, and J. – J. Ch. Meyer, "Seeing is believing (and so are hearing and jumping)", *Journal of Logic, Language and Information*, 1997, 6, pp. 33 - 61.

[32] W. van der Hoek, B. van Linder, and J. – J. Ch. Meyer, "An integrated modal approach to rational agents", M. Wooldridge & A. Rao (eds.), *Foundations of Rational Agency*, *Applied Logic Series* 14, 1998, pp. 133 - 168.

[33] J. – J. Ch. Meyer, W. van der Hoek & B. van Linder, "A logical approach to the dynamics of commitments", *Artificial Intelligence*, 1999, 113, pp. 1 - 40.

[34] G. Governatori, V. Padmanabhan, and A. Sattar, "On fibring semantics for BDI logics", S. Flesca et al. (eds.), *Logics in Artificial Intelligence*, Springer, 2002, pp. 198 – 210.

[35] D. Pereira, E. Oliveria and N. Moreira, "Formal modeling of emotions in BDI agents", F. Sadri and K. Satoh (eds.), *Computational Logic in Multi – Agent Systems*, Springer, 2008, pp. 62 – 81.

[36] A. Casali, L. Godo, and C. Sierra, "Graded BDI models for agent architecture", J. Leite and P. Torroni (eds.), *Computational Logic in Multi – agent Systems*, Springer, 2005, pp. 126 – 143.

[37] Xiaojun Zhang, Min Jiang, Changle Zhou and Yijang Hao, "Graded BDI models for agent architectures based on Łukasiewicz logic and propositional dynamic logic", F. L. Wang et al. (eds.), *Lecture Notes in Computer Science* 7529, Springer, 2012a, pp. 439 – 450.

[38] Xiaojun Zhang, "Modeling emotional agents based on graded BDI architectures", J. Lei et al. (eds.), *Communications in Computer and Information Science* 345, Springer, 2012b, pp. 606 – 616.

[39] S. Parsons, N. J. Jennings, J. Sabater and C. Sierra, "Agent specification using multi – context systems", *Foundations and Applications*

of Multi - Agent System, 2002, pp. 205-226.

[40] A. Casali, L. Godo and C. Sierra, "A logical framework to represent and reason about graded preferences and intentions", *Knowledge Representation*, AAAI Press, Menlo Park, 2008, pp. 27-37.

[41] A. Casali, L. Godo and C. Sierra, A language for the execution of graded BDI agents, Logic Journal of IGPL Advance Access published November 21, 2011.

[42] A. Casali, L. Godo and C. Sierra, "A graded BDI agent model to represent and reason about preferences", *Artificial Intelligence*, Elsevier, 2011, 175 (7 - 8), pp. 1468 - 1478.

[43] N. Criado, E. Argente and V. Botti, "Normative deliberation in graded BDI agents", J. Dix and C. Witteveen (eds.), *MATES* 2010, *LNAI* 6251, 2010, pp. 52 - 63.

[44] 何华灿、马盈仓:《信息、智能与逻辑》,西北工业大学出版社 2008 年版。

[45] P. R. Cohen and H. Levesque, "Intention is choice with commitment", *Artificial Intelligence*, 1990, 42 (3), pp. 213 - 261.

[46] E. A. Emerson and J. Srinivasan, "Branching time temporal logic", in J. W. de Bakker et al. (eds.), Linear Time, Branching Time and Partial Order in Logics and Models for Concurrency, 1989, pp. 123 - 172.

[47] AndreaSanti, Programming Robots with an Agent - Oriented BDI - based Control Architecture: Explorations using the JaCa and Webots platforms, http://www. amslaurea. unibo. it/4803/1/mordenti _ andrea_ tesi. pdf, 2012.

[48] J. Y. Halpern and Y. O. Moses, "A guide to the modal logics of knowledge and belief", inProcceedings of the Ninth International Joint Conference on Artificial Intelligence, Detroit, MI, 1985.

[49] G. E. Hughes and M. J. Cresswell, *A Companion to Modal*

Logic , Methuen & Co. Ltd, London, England, 1984.

[50] M. Y. Vardi, "On epistemic logical omniscience", in J. Y. Halpern (ed.), Proceedings of the First Conference on Theoretical Aspects of Reasoning about Knowledge, 1986, pp. 293 – 306.

[51] B. F. Chellas, *Modal Logic: An Introduction*, Cambridge University Press, 1980.

[52] S. Russell and E. Wefald, "Principles of metareasoning", in Proceeding of the First International Conference on Principles of Knowledge Representation and Reasoning, Toronto, 1989.

[53] D. C. Dennett, *The Intentional Stance*, MIT Press, Cambridge, Mass., 1987.

[54] H. van Dimarsch et al., *Dynamic Epistemic Logic*, Springer, 2008.

[55] D. Harel, Dynamic Logic, in: D. Gabbay & F. Guenthner (eds.), Handbook of Philosophical Logic, Vol. Ⅱ, Reidel, Dordrecht/Boston, 1984, pp. 497 – 604.

[56] K. V. Hindriks, W. van der Hoek & J. – J. Ch. Meyer, GOAL Agents Instantiate Intention Logic, in A. Artikis et al. (eds.), Logic Programs, Norms and Action (Sergot Festschrift), LNAI 7360, Springer, Heidelberg, 2012, pp. 196 – 219.

[57] A. Herzig & D. Longin. C&L intention revisited, in: Proc. 9th Int. Conf. on Principles on Principles of Knowledge Representation and Reasoning (KR2004) (D. Dubois, C. Welty & M. – A. Williams, eds.), AAAI Press, 2004, pp. 527 – 535.

[58] A. Herzig, E. Lorini, J. F. Hübner & L. Vercouter. A logic of trust and reputation, Logic Journal of the IGPL 18 (1), 2010, pp. 214 – 244.

[59] E. Lorini & R. Demolombe, Trust and norms in the context of computer security: toward a logical formalization: in: Proc. of the International Workshop on Deontic Logic in Computer Science (DEON 2008)

(R. Van der Meyden & L. Van der Torre, eds.), volume 5076 of LNCS, Springer – Verlag, Berlin/Heidelberg, 2008, pp. 50 – 64.

[60] M. D. Sadek. A study in the logic of intention, in: Proc. 4th Int. Conf. on Knowledge Representation and Reasoning (KRõ92) (B. Nebel, C. Rich & W. Swartout, eds.), Cambridge, Massachusetts, Morgan Kaufmann, 1992, pp. 462 – 473.

[61] M. D. Sadek. Dialogue acts are rational plans, in: The structure ofmutimodal dialogue (M. M. Taylor et al., eds.), Philadelphia/Amsterdam, 2000. John Benjamins publishing company. From ESCA/ETRW, Workshop on The Structure of Multimodal Dialogue (Venaco Ⅱ), 1991, pp. 167 – 188.

[62] P. Bretier. La communication orale coopérative: contribution à la modélisation logique et à la mise en oeuvre d' un agent rationnel dialoguant, PhD thesis, Université Paris Nord, Paris, France, 1995.

[63] E. Lorini & A. Herzig, A logic of intention and attempt, Synthese KRA 163 (1), 2008, pp. 45 – 77.

[64] A. R. Damasio, Descartes' Error: Emotion, Reason, and the Human Brain, Grosset /Putnam Press, New York, 1994.

[65] K. Oatley & J. M. Jenkins, Understanding Emotions, Blackwell Publishing, Malden/Oxford, 1996.

[66] A. Ortony, G. L. Clore & A. Collins, The Cognitive Structure of Emotions, Cambridge University Press, Cambridge, 1988.

[67] J. – J. Ch. Meyer, Reasoning about Emotional Agents, Int. J. of Intelligent Systems 21 (6), 2006, pp. 601 – 619.

[68] J. – J. Ch. Meyer, Our Quest fot the Holy Grail of Agent Verification, in: Proc. TABLEAUX2007 (N. Olivetti, ed.), LNAI 4548, Springer, Berlin/Heidelberg, 2007, pp. 2 – 9.

[69] B. Steunebrink, M. Dastani & J. – J. Ch. Meyer, A Logic of Emotions for Intelligent Agents, in Proc. AAAI – 07 (R. C. Holte & A. E.

Howe, eds.), Vancouver, Canada, AAAI Press, 2007, pp. 142 – 147.

[70] B. R. Steunebrink, M. Dastani & J. – J. Ch. Meyer, A Formal Model of Emotion Triggers for BDI Agents with Achievement Goals, Synthese/KRA 185 (1), 2012, pp. 83 - 129 (KRA, pp. 413 - 459) .

[71] C. Adam, Emotions: from psychological theories to logical formalization and implementation in a BDI agent, PhD Thesis, Institut National Polytechnique de Toulouse, Toulouse, 2007.

[72] C. Adam, A. Herzig & D. Longin, A logical formalization of the OCC theory of emotions, Synthese 168 (2), 2009, pp. 201 – 248.

[73] B. F. Chellas, On bringing it about, Journal of Philosophical Logic 24, 1995, pp. 563 – 571.

[74] J. F. Horty, Agency and Deontic Logic, Oxford University Press, 2001.

[75] E. A. Emerson. Temporal and modal logic, in J. van Leeuwen, ed. , Handbook of Theoretical Computer Science, volume B: Formal Models and Semantics, chapter 14, Elsevier Science, Amsterdam, 1990, pp. 996 – 1072.

[76] M. Xu. Axioms for deliberativestit. Journal of Philosophical Logic 27, 1998, pp. 505 – 552.

[77] P. Balbiani, A. Herzig & N. Troquard. Alternative axiomatics and complexity of deliberative stit theories, Journal of Philosophical Logic, 2007.

[78] C. Semmling & H. Wansing, From BDI and stit to bdi – stit Logic, Logic and Logical Philosophy 17 (17), 2008, pp. 185 – 207.

[79] H. H. Hansen, Monotonic modal logics, Master's thesis, ILLC, Amsterdam, 2003.

[80] E. Lorini & F. Schwarzentruber, A logic for reasoning about counterfactual emotions, Artificial Intelligence 175, 2011, pp. 814 – 847.

[81] J. M. Broersen, A complete stit logic for knowledge and action,

and some of its applications, in: M. Baldoni, T. Cao Son, M. B. van Riemsdijk & M. Winikoff, eds. , Declarative Agent Languages and Technologies Ⅵ (DALT 2008), volume 5397 of Lecture Notes in Computer Science, pages 47D59, 2009.

[82] J. M. Broersen, Deontic epistemic stit logic distinguishing modes of mens rea, Journal of Applied Logic 9 (2), 2011, pp. 127 - 152.

[83] J. M. Broersen. Making a start with the stit logic analysis of intentional action, Journal of Philosophical Logic 40, 2011, pp. 399 - 420.

[84] K. V. Hindriks, F. S. de Boer, W. van der Hoek & J. - J. Ch. Meyer, Agent Programming in 3APL, Int. J. of Autonomous Agents and Multi - Agent Systems 2 (4), 1999, pp. 357 - 401.

[85] K. V. Hindriks & J. - J. Ch. Meyer, Agent Logics as Program Logics: Grounding KARO, in 29th Annual German Conference on AI, KI 2006 (C. Freksa, M. Kohlhase, & K. Schill, eds.), Bremen, Germany, June 14 - 17, 2006, Proceedings, LNAI 4314, Springer, 2007, pp. 404 - 418.

[86] J. - J. Ch. Meyer, Our Quest fot the Holy Grail of Agent Verification, in: Proc. TABLEAUX 2007 (N. Olivetti, ed.), LNAI 4548, Springer, Berlin/Heidelberg, 2007, pp. 2 - 9.

[87] W. van der Hoek & M. Wooldridge, Towards a Logic of Rational Agency, Logic J. of the IGPL 11 (2), 2003, pp. 133 - 157.

[88] M. Dastani, B. van Riemsdijk & J. - J. Ch. Meyer, A Grounded Specification Language for Agent Programs, in Proc. 6th Int. J. Conf. On Autonomous Agents and Multi - Agent Systems (AAMASÕ07) (M. Huhns, O. Shehory, E. H. Durfee & M. Yokoo, eds.), Honolulu, Hawai' i, USA, 2007, pp. 578 - 585.

[89] N. Alechina, M. Dastani, B. Logan & J. - J. Ch. Meyer, A Logic of Agent Programs, in: Proc. AAAI - 07 (R. C. Holte & A. E. Howe, eds.), Vancouver, Canada, AAAI Press, 2007, pp. 795 - 800.

[90] M. Dastani, K. V. Hindriks & J. – J. Ch. Meyer (eds.), Specification and Verification of Multi – Agent Systems, Springer, 2010.

[91] K. V. Hindriks & J. – J. Ch. Meyer, Agent Logics as Program Logics: Grounding KARO, in 29th Annual German Conference on AI, KI 2006 (C. Freksa, M. Kohlhase & K. Schill, eds.), Bremen, Germany, June 14 – 17, 2006, Proceedings, LNAI 4314, Springer, 2007, pp. 404 – 418.

[92] 张晓君、郝一江：《基于行动逻辑的智能主体行为表征研究》,《重庆理工大学学报》(社会科学版), 2013 年第 1 期。

[93] 张晓君：《等级 BDI 逻辑：关于行为表征的柔性逻辑》,《哲学动态》2013 年第 1 期。

[94] A. Casali et al., G – BDI: A Graded Intensional Agent Model for Practical Reasoning, in: V. Torra et al. (eds.), MDAI 2009, LNAI5861, pp. 5 – 20.

[95] D. V. Viswacheda et al, Development of a semantic multi – agent based intelligent ethical wealth management planner, International Journal of Computer Theory and Engineering, Vol. 4, No. 6, 2012, pp. 876 – 879.

[96] A. Casali et al, Modeling travel assistant agents: a graded BDI approach, in: M. Bramer (ed.), Artificial Intelligence in Theory and Practice, 2006, pp. 415 – 424.

[97] A. Santi, Programming robots with an agent – oriented BDI – based control architecture: explorations using the JaCa and webots platforms, http://www.amslaurea.unibo.it/4803/1/mordenti_andrea_tesi.pdf, 2012.

[98] J. Lang, L. van der Torre, and E. Weydert, Hidden Uncertainty in the logical representation of desires, in: International Joint Conference on Artificial Intelligence, IJCAI 03, Acapulco, Mexico, 2003, pp. 685 – 690.

[99] M. Schut, M. Wooldridge and S. Parsons, Reasoning about intentions in uncertain domains symbolic and quantitative approaches to reasoning with uncertainty, in: Proc. of 6th ECSQARU 2001, 2001, pp. 84 - 95.

[100] L. Godo, F. Esteva and P. Hajek, Reasoning about probabilities using fuzzy logic, Neural Network World, 2000 (10), pp. 811 - 824.

[101] P. Hájek, Mathematics of Fuzzy Logic, Kluwer, 1998.

[102] D. Harel, D. Kozen and J. Tiuryn, Dynamic Logic, The MIT Press, 2000.

[103] R. Goldblatt, Logics of time and computation, CSLI Lecture, Notes 7, 1992.

[104] A. Chagrov and M. Zakharyaschev, Modal Logic, Clarendon Press, 1997.

[105] B. R. Steunebrink et al., A Formal Model of Emotion Triggers: an Approach for BDI Agents. Published online, 20 September 2011, Springer.

[106] J. - J C. Meyer, Reasoning about Emotional Agents, in: R. L. de Mántaras and L. Saitta (eds.), ECAI, IOS Press, Amsterdam, 2004, pp. 129 - 133.

[107] D. Pereira, E. Oliveria and N. Moreira, Modeling Emotional BDI Agents, in: Workshop on Formal Approaches to Multi - Agent Systems, Riva Del Garda, Italy, 2006.

[108] W. van der Hoek et al, On Agents that Have the Ability to Choose, Studia Logica, 2000, 66 (1), pp. 79 - 119.

[109] C. J. Liau, Belief, Information Acquisition, and Trust in Multiagent Systems - a Modal Formulation, Artificial Intelligence, 2003 (149), pp. 31 - 60.

[110] M. - A.Puică and A. - M. Florea, Emotional Belief -Desire-In-

tention Agent Model: Previous Work and Proposed Architecture, (IJA-RAI) International Journal of Advanced Research in Artificial Intelligence, Vol. 2, No. 2, 2013, pp. 1 – 8.

[111] W. P. Richard, and A. S. Mavor, Modeling Human and Organization behavior: Application to Military Simulations, National Academic Press, Washington, D. C., 1998.

[112] W. P. Richard, and A. S. Mavor, Representation Human Behavior in Military Simulation: Interim Report, National Academic Press, Washington, D. C., 1997.

[113] 徐梦秋等:《规范通论》, 商务印书馆 2011 年版。

[114] A. Artikis and J. Pitt, A formal model of open agent societies, in: AGENTS, ACM, New York, 2001, pp. 192 – 193.

[115] G. Boella, L. Torre, and H. Verhagen, Introduction to the special issue on normative multi – agent systems, Autonomous Agents Multi – Agent Systems, 2008, 17(1), pp. 1 – 10.

[116] R. Conte, C. Castelfranchi and F. Dignum, Autonomous norm acceptance, in: A. S. Rao et al., ATAL 1998, LNCS (LNAI), Springer, vol. 1555, 1999, pp. 99 – 112.

[117] J. Broersen, M. Dastani, J. Hulstijn, Z. Huang, and L. van der Torre. The boid architecture – conflicts between beliefs, obligations, intentions and desires. In *AAMAS*, pp. 9-16. ACM Press, New York, 2001.

[118] G. Andrighetto, M. Campennì, F. Cecconi, and R. Conte, How agents find out norms: A simulation based model of norm innovation. In *NORMAS*, 2008, pp. 16 – 30.

[119] C. Castelfranchi, Prescribed mental attitudes in goal – adoption and norm – a doption, Artificial Intelligence, Law7 (1), 1999, pp. 37 – 50.

[120] R. Conte, G. Andrighetto, and M. Campennì, On norm in-

ternalization, a position paper, in EUMAS, 2010, pp. 1 – 10.

[121] V. Botti, A. Garrido, A. Giret, and P. Noriega. Managing water demand as aregulated open MAS. In *MALLOW Workshop on COIN*, 2009, pp. 1 – 10.

[122] F. Giuchiglia and L. Serafini, Multilanguage hierarchical logics, or: How we can do without modal logics, Artificial Intelligence 65 (1), 1994, pp. 29 – 70.

[123] C. Sripada and S. Stich. A framework for the psychology of norms. *The Innate Mind*: *Culture and Cognition*, 2006, pp. 280 – 301.

[124] N. Criado, E. Argente, and V. Botti. Rational strategies for autonomous norm adoption. In9*th International Workshop on Coordination*, *Organization*, *Insti – tutions and Norms in Multi – Agent System*, 2010, pp. 9 – 16.

[125] C. Galind and A. Saffiotti, Inferring Robot Goals from Violations of Semantic Knowledge, to appear in: Robotics and Autonomous Systems, 2013, pp. 1 – 32.

[126] 张晓君、林颖、周昌乐:《基于知识情感等级 BDI 主体的决策行为模型研究》,《计算机科学》, 2014 (3): 232 – 237。

[127] 张晓君、周昌乐:《情感等级 BDI 主体模型研究》,《模式识别与人工智能》, 2013 (7): 615 – 622。

[128] 张晓君、林颖、周昌乐:《智能主体的等级 BDI (信念、愿望和意图) 模型》,《计算机科学》2016 (7): 35—40。

附录 1：Graded BDI Models for Agent Architectures Based on Łukasiewicz Logic and Propositional Dynamic Logic[①]

Xiaojun Zhang, Min Jiang, Changle Zhou, and Yijiang Hao

Abstract: In the recent past, the most influential theories with respect to agent technology are the Belief-Desire-Intention (BDI) model. This paper not only expands past achievements but also makes novel proposals. It gives a very elegant way within a uniform and flexible logical framework for the graded BDI model, that is, for reasoning about probabilities and other uncertainty models, such as degrees of desires and intentions. We choose to blend the infinite-valued Łukasiewicz Logic and Propositional Dynamic Logic to formulize the graded BDI agent model. After presenting the language and semantics for this model, we propose axioms and rules for the graded BDI logic and prove a soundness and completeness result. On the basis of dealing with composite action, we illustrate interrelations between contexts for the model. It is hoped that the present study will make contributions to represent and reason under uncertainty as well as providing a formal support for engineer complex distributed systems.

Keywords: Graded Belief - Desire - Intention (BDI) Agents; Uncer-

---

① 本文发表在 F. L. Wang et al. (eds.), Web Information System and Mining, Springer, 2012, pp. 439 - 450。

tain Reasoning; Contexts; Actions; Plans

1 Introduction

In the recent past years, several works have proposed theories and architectures to give multi - agent systems a formal support. Among them, one of the most common agent theories is based on an intentional stance [1]. And the most widely used intentional formal system is the BDI agent architecture presented by Rao and Georgeff [2, 3]. BDI agents are agents whose behavior is guided by beliefs (B), desires (D) (or goals) and intentions (I). This conceptual model was developed by Bratman [4]. In order to help the designer to reason about the expected behavior of the systems, BDI architecture proposes a formal representation of the properties that agents should have. This architecture has been applied in several of the most significant multi - agent applications developed up to now.

In order to incorporate a model to represent and reason under uncertainty, Casali et al. [5] introduce a general model for BDI agents, and an architecture able to model these graded mental attitudes. The architecture presented in our paper is inspired by the work of them. Modeling different intentional notions by means of three modalities (B, D, I) is only in one logical framework in our paper. And our model is not only based on Łukasiewicz Logic but also based on Propositional Dynamic Logic. These are different from the work of Casali et al. [5].

The BDI architectures proposed so far mostly deal with two - valued information. But quantified information about how possible a particular world is to be actual one should be expressed. More specifically, quantifying degrees in beliefs, desires and intentions should be done. It is very evident that taking into consideration this graded information could improve the agent's performance. There are a few works that partially address this issue [6, 7, 8]. We present in this paper an efficient graded BDI architectures based on fuzzy logic for agents that interact in an uncertain environment in terms of dynamics, specifying an architecture able to deal with the environment uncertainty and with graded mental attitudes in a general model. In our paper, belief degrees mean what extent the agent believes a formula is true; desire degrees allow the agent to set different levels of preference; intention degrees give a preference measure. On the basis of the representation and interaction of these three attitudes, one can model agents having different kinds of behavior.

This paper is organized as follows: after this introduction we survey in Section 2 the graded BDI agent model. Section 3 and 4 present the language and semantics for this model. In Section 5 and 6, we propose axioms and rules for the graded BDI logic and prove a soundness and completeness result. Section 7 deals with composite action. We illustrate interrelations between contexts for the graded BDI agent model in Section 8. An example of a graded BDI agent for buying houses is given in Section 9. Finally, Section 10 contains some concluding remarks and future work.

2 Graded BDI Agent Model

The architecture presented in our paper is inspired by the work of-Casali et al. [5] about graded BDI models for agent architecture. Their work is based on the work of Parsons et al. [7] about multi-context BDI agent. The multi – context system specification of an agent contains units or contexts, logics and bridge rules channeling the propagation of consequences among theories [9].

Uncertainty reasoning can be dealt with by defining suitable modal theories over suitable many – valued logics. We decide to use the modal many – valued approach developed by Hǘjek et al. [10, 11] to represent and reason about graded notions of beliefs, desires and intentions. The basic idea is as follows: belief degrees are to be modeled as probabilities. A modal formula B φ is interpreted as "φ is probable", then B φ is also a fuzzy formula which may be more or less true depending on the probability of φ, and which faithfully respects the uncertainty model chosen to represent the degrees of belief. In the case of desire and intention degrees, the basic idea is similar. Intention degrees are to model a measure of the benefit relation involved in the actions toward a goal.

The infinite - valued Łukasiewicz Logic whose main connectives are based on the arithmetic addition in the unit interval [0, 1] can define a logic to reason about degrees of necessity and possibility, so we choose Łukasiewicz Logic to deal with additive measures like probabilities. In Łukasiewicz Logic, truth values are real number from the unit interval [0, 1], and truth functions are: $\neg x = 1 - x$, $x \rightarrow y = \min(1, 1 - x + y)$.

Casali et al. have mental contexts to represent beliefs (BC), desires (DC) and intentions (IC), and consider two functional contexts: for planning (PC) and communication (CC), then an agent is defined as a group of interconnected units: $(\{BC, DC, IC, PC, CC\}, \Delta_{br})$ [5]. Belief context is to model the agent's belief about environment; regardless of environment and of the cost involved in actually achieving them, desire context is to model the agent's preferences. In order to set intentions, desires are used as pro - active. Intentions depend on the agent's knowledge about the world, which may allow - or not - the agent to set plan to change the world into a desired one. Each plan allows the agent to move from its current world to another, where a given formula is satisfied, so it must be feasible and make true its corresponding desire that the plan is built for, that is, the current state of the world must satisfy the preconditions. Communication context is the agent's door to external worlds, receiving and sending messages to and from other agents in the multi - agent society where graded BDI agents live.

3 The Graded BDI Language

To reason about the uncertainty of beliefs (B), desires (D) and intensions (I), we define a language for BDI representation based on Łukasiewicz Logic [10] and Propositional Dynamic Logic which has been used to model agents' action in [12] and [13]. A classical propositional language L is defined upon a countable set of propositional variables and connectives $\neg$ and $\rightarrow$, we extend the language L to represent actions which must be part of the agent's BDI set.

Now we define the language L_{BDI}. In this paper we introduce a language for BDI L_{BDI} by adding action modalities of the form $[\alpha]$ where α is an action, and three fuzzy modal operator B, D and I, to the classical propositional language L. $B\varphi$ means that "φ is believable". $D\varphi$ means that "φ is desired" and its truth degree refers to the agent's level of satisfaction would φ become true, and "the degree of $I\varphi$ is δ" means that the truth degree of the expression "φ is intended" is δ. The language L_{BDI} has expressions of two sorts: propositions or formulae φ, ψ, ...and actions (or programs) α, β, ... There are countably many atomic symbols of each sort. The set of all atomic propositions is denoted as Φ_0, and the set of all propositions denoted as Φ. The set of all atomic actions is denoted as Π_0, and the set of all actions (including atomic actions and plans which are in fact composite actions) denoted as Π. Actions and propositions are built inductively from the atomic ones using classical propositional operators $\neg$ (negativity) and $\rightarrow$ (implication), action operators ; (composition), $\cup$ (nondeterministic choice) and $*$ (iteration), and mixed operators [ ] (necessity) and ? (test). More formally, the set of plans Π and formulae L_{BDI}

are defined as follow:

(1) $\Phi_0 \subseteq \Phi$

(2) $\Pi_0 \subseteq \Pi$

(3) if φ, $\psi \in \Phi$, then $\varphi \rightarrow \psi \in \Phi$ and $\neg \varphi \in \Phi$

(4) if α, $\beta \in \Pi$, then $\alpha; \beta$, $\alpha \cup \beta$, $\alpha * \in \Pi$

(5) if $\alpha \in \Pi$ and $\varphi \in \Phi$, then $[\alpha]\varphi \in \Phi$

(6) if $\varphi \in \Phi$, then $\varphi? \in \Pi$

In clause (5), the intuitive meaning of $[\alpha]\varphi$ is that "it is necessary that after executing α, φ is true."

In order to define a modal context language for *BC*, we also need to use the connectives of Łukasiewicz many - valued Logic to build *B - Modal* from elementary modal formulae and truth constants r_c, for each rational $r_c \in [0, 1]$:

(7) if $\varphi \in L_{BDI}$, then φ, $B\varphi \in BC$

(8) if $r_c \in Q \cap [0, 1]$, then $r_c \in BC$

(9) if $B\varphi$, $B\psi \in BC$, then $B\varphi \rightarrow_L B\psi \in BC$ and $B\varphi \& B\psi \in BC$

Other logic connectives for modal formulae can be from $\rightarrow_L$, & and $\bar{0}$ as in Łukasiewicz logic. In clause (9), $\rightarrow_L$ and & correspond to the implication and conjunction of Łukasiewicz Logic. A formula $B\varphi \rightarrow_L B\psi$ is 1 - ture if and only if the truth value of $B\varphi$ is greater or equal to that of $B\psi$. And modal formulae of the type $r_c \rightarrow_L B\varphi$ mean that the probability of φ is at least r_c. For simplicity's sake, formulae of the type $r_c \rightarrow_L B\varphi$ is denoted as $(B\varphi, r_c)$.

Now we define the modal context language for *DC*. In order to formulize graded desires, we choose to use Łukasiewicz Logic extended with a new connective Δ(known as Baaz's connective). For any modal *M*, if *M* has value <(smaller than) 1, then ΔM gets value 0; otherwise, if *M* has value 1, then ΔM gets value 1 as well. Thus, ΔM becomes a two - valued

Boolean formula. And the type $r_c \to_L D\varphi$ is denoted as $(D\varphi, r_c)$.

(10) if $\varphi \in L_{BDI}$, then $D\varphi \in DC$

(11) if $r_c \in Q \cap [0, 1]$, then $r_c \in DC$

(12) if $D\varphi$, $D\psi \in DC$, then $D\varphi \to_L D\psi \in DC$ and $D\varphi \& D\psi \in DC$

In this context, qualitative expressions like $D\varphi \to_L D\psi$express that φ is at least as preferred as ψ. And expressions $(D\varphi, 1)$ means that the agent has maximum preference in φ and is fully satisfied if it is true.

The definition of the modal context language for *IC* is similar. The intention to make φ can be thought as the consequence of finding a feasible plan α that permits to achieve a state of the world where φ holds.

4 The Graded BDI Semantics

As in usual in modal logics, we define the semantics of the context language for BDI using a Kripke structure. In order to represent the world transitions caused by actions, we add to such structure a τ function, a probability measure $\rho$and a preference distribution θover possible worlds, as well as a possibility distribution μ_w. Thus, we can define a BDI Kripke structure as a 6 - tuple $K = \langle W, \upsilon, \rho, \tau, \theta, \{\mu_w\}_{w \in W}\rangle$where:

(13) W is a non - empty set of possible worlds.

(14) $\upsilon: \Phi \times W \to \{0, 1\}$ assigns to each propositional variable $\varphi \in \Phi$ and each possible world $w \in W$ a two - valued Boolean evaluation. That is, $\upsilon(\varphi, w) \in \{0, 1\}$.

(15) $\rho: 2^W \to [0, 1]$ is a finitely additive probability measure on a Boolean algebra of subsets of W such that for $\varphi \in \Phi_0$, the set $\{w \mid \upsilon(\varphi, w) = 1\}$ is measurable.

(16) $\tau: \Pi_0 \to 2^{W \times W}$ provides a set of pairs of worlds denoting world transitions for each atomic action.

(17) $\theta: W \to [0, 1]$ is a distribution of preferences over possible

worlds. And $\theta(w) < \theta(w')$ means that w′ is more preferred than w.

(18) μ_w: $W \to [0, 1]$ is a possibility distribution, for each $w \in W$. Where $\mu_w(w') \in [0, 1]$ is the degree on which the agent may try to reach the possible world w′ from the possible world w.

L_{BDI} is defined by extending L using classical connectives and action modalities as follows:

(19) $\tau(\alpha; \beta) = \tau(\alpha) \circ \tau(\beta)$

(20) $\tau(\alpha \cup \beta) = \tau(\alpha) \cup \tau(\beta)$

(21) $\tau(\alpha *) = \tau(\alpha)$

(22) $\tau(\varphi ?) = \{(w, w) \mid \upsilon(\varphi, w) = 1\}$

(23) $\upsilon([\alpha]\varphi, w) = \min\{\upsilon(\varphi, w_i) \mid (w, w_i) \in \tau(\alpha)\}$

(24) $\upsilon([\alpha]\varphi, w) = 1$ if only if $\upsilon(\varphi) = 1$ in all possible worlds w′ that may be reached through the action α from the world w.

By means of Łukasiewicz Logic truth - functions and the probabilistic interpretation of belief, υ is extended to B - formulae as follows:

(25) $\upsilon(B\varphi, w) = \rho(\{w' \in W \mid \upsilon(\varphi, w') = 1\}$, for each φ

(26) $\upsilon(r_c, w) = r$, for all $r \in Q \cap [0, 1]$

(27) $\upsilon(B\varphi \& B\psi, w) = \max(\upsilon(B\varphi) + \upsilon(B\psi) - 1, 0)$

(28) $\upsilon(B\varphi \to_L B\psi, w) = \min(1 - \upsilon(B\varphi) + \upsilon(B\psi), 1)$

(29) $\|B\varphi\|^K = td_{w \in W}\upsilon(B\varphi, w)$, where $\|B\varphi\|^K$ is the truth degree of a formula $B\varphi$ in the Kripke structure $K = \langle W, \upsilon, \rho, \tau, \theta, \{\mu_w\}_{w \in W}\rangle$.

As in B - formulae, by means of Łukasiewicz connectives, the preference distributions $\theta(w)$ for formulae $D\varphi$ and the unary connective Δ, υ is extended to D - formulae as follows:

(30) $\upsilon(D\varphi, w) = td\{\theta(w') \mid \upsilon(\varphi, w') = 1\}$

(31) $\upsilon(\Delta D\varphi, w) = 1$, if $\upsilon(D\varphi, w) = 1$

(32) $\upsilon(\Delta D\varphi, w) = 0$, if $\upsilon(D\varphi, w) \neq 1$

(33) $td\, \varnothing = 1$

(34) $\upsilon(D\bot, w) = 1$, for all $w \in W$

In clauses (30) and (33) *td* refers to the truth degree of a formula $D\varphi$ in the Kripke structure $K = \langle W, \upsilon, \rho, \tau, \theta, \{\mu_w\}_{w \in W}\rangle$. The evaluation of D - formulae only depends on the formula itself - represented in the preference measure over possible worlds where the agent is situated.

As in B - and D - formulae, by means of Łukasiewicz Logic and the possibility distributions μ_w for formulae $I\varphi$, υ is extended to I - formulae as follows:

(35) $N_w(S) = td\{1 - \mu_w(s) \mid s \notin S\}$, where N_w refers to the necessity measure associated to the possibility distributions μ_w.

(36) $\upsilon(I\varphi, w) = N_w\{w' \mid \upsilon(\varphi, w') = 1\}$

5 Axioms and Rules for the Graded BDI Logic

On the basis of Propositional Dynamic Logic (see. e. g. [14]) and Łukasiewicz Logic (see. e. g. [11]), according to the graded BDI semantics, axioms for graded BDI logic are given as follows (37 - 56):

(37) Axioms of classical Propositional Logic for the non - modal formulae

(38) Axioms of the Łukasiewicz Logic for modal formulae, for example, axioms of Hájek basic logic (see. e. g. [11]) plus the three axioms: $\neg\neg B\varphi \rightarrow B\varphi$, $\neg\neg D\varphi \rightarrow D\varphi$ and $\neg\neg I\varphi \rightarrow I\varphi$.

Axioms for B over Łukasiewicz Logic are as follows [5]:

(39) $B(\varphi \rightarrow \psi) \rightarrow_L (B\varphi \rightarrow B\psi)$.

(40) $\neg_L B(\varphi) \equiv B(\neg\varphi)$

(41) $B(\varphi) \equiv \neg_L B(\varphi \wedge \neg\psi) \rightarrow_L B(\varphi \wedge \psi)$

Axioms for$B$ over Propositional Dynamic Logic are the following:

(42) $[\alpha]B(\varphi \rightarrow \psi) \rightarrow ([\alpha]B\varphi \rightarrow [\alpha]B\psi)$

(43) $[\alpha]B(\varphi \wedge \psi) \leftrightarrow [\alpha]B\varphi \wedge [\alpha]B\psi$

(44) $[\alpha \cup \beta]B\varphi \leftrightarrow [\alpha]B\varphi \wedge [\beta]B\varphi$

(45) $[\alpha;\beta]B\varphi \leftrightarrow [\alpha][\beta]B\varphi$

(46) $[B\psi?]B\varphi \leftrightarrow (B\psi \rightarrow B\varphi)$

(47) $B\varphi \wedge [\alpha][\alpha*]B\varphi \leftrightarrow [\alpha*]B\varphi$

(48) $B\varphi \wedge [\alpha*](B\varphi \rightarrow [\alpha]B\varphi) \leftrightarrow [\alpha*]B\varphi$ (induction axiom)

Axioms for D and I over Propositional Dynamic Logic are similar, such as

(49) $[\alpha]D(\varphi \rightarrow \psi) \rightarrow ([\alpha]D\varphi \rightarrow [\alpha]D\psi)$

(50) $[\alpha]I(\varphi \rightarrow \psi) \rightarrow ([\alpha]I\varphi \rightarrow [\alpha]I\psi)$

Axioms for$D$ and I over Łukasiewicz Logic are as follows:

(51) $D(\varphi \rightarrow \psi) \rightarrow_L (D\varphi \rightarrow D\psi)$

(52) $D(\varphi \wedge \psi) \equiv D\varphi \wedge D\psi$

(53) $\neg D(\bot)$

(54) $I(\varphi \rightarrow \psi) \rightarrow_L (I\varphi \rightarrow I\psi)$

(55) $\neg I(\bot)$

(56) $I(\varphi \wedge \psi) \equiv I\varphi \wedge I\psi$

Deduction rules for graded BDI logic are given as follows (57 – 59):

(57) Modus Ponens (MP): if φ and $\varphi \rightarrow \psi$ hold, then ψ holds.

(58) Necessitation Rule (NR): $[\alpha]\varphi$, $B\varphi$, $D\varphi$ and $I\varphi$ can be derived from φ.

(59) Implication Rule (IR): $D\varphi \rightarrow_L D\psi$ can be derived from $\varphi \rightarrow \psi$.

6 Soundness and Completeness for the Graded BDI Logic

Our Graded BDI Logic (GBDIL) is based on Propositional Dynamic Logic (PDL) and Łukasiewicz Logic (LL), which are sound and complete (cf. [12] and [11], respectively). As we know, PDL $\subset$GBDIL and LL $\subset$ GBDIL. Thus, we can prove soundness and completeness for GBDIL by embedding of GBDIL into PDL or LL. Embedding operations are very useful at least in two respects. Firstly, sometimes they make it possible to interpret logical connectives in one logic language in terms of those in another logic language. Secondly, embeddings may preserve various properties of logics [15]; for example, if L_1 is embeddable into a sound and complete logic L_2, then L_1 is also sound and complete.

Now we need to find an effective translation function *Tr* such that, for all formulae $\varphi \in$GBDIL if and only if $Tr(\varphi) \in$PDL or $Tr(\varphi) \in$LL. Indeed, let *Tr* be a map from GBDIL to PDL or LL defined as follows:

Definition 1

(60) $Tr(p) = p$, if p is a PDL or LL formula

(61) $Tr(\neg\varphi) = \neg Tr(\varphi)$, if φ is a GBDIL formula

(62) $Tr(\varphi \rightarrow \psi) = Tr(\varphi) \rightarrow Tr(\psi)$, for all GBDIL formulae φ and ψ

(63) $Tr(B\varphi) = Tr(\varphi)$, $Tr(D\varphi) = Tr(\varphi)$, $Tr(I\varphi) = Tr(\varphi)$, if φ is a GBDIL formula

In terms of the translation function *Tr*, the following theorem can be proved:

Theorem 1 The map *Tr* defined by definition 1 is an embedding of GBDIL to PDL or LL.

Proof: One can easily show that: all formulae $\varphi \in$GBDIL if and only if $Tr(\varphi) \in$PDL or $Tr(\varphi) \in$LL. For instance, by clause (39), $B(\varphi \rightarrow \psi) \rightarrow_L (B\varphi \rightarrow B\psi) \in$GBDIL, by definition 1, $Tr(B(\varphi \rightarrow \psi) \rightarrow_L (B\varphi \rightarrow B\psi)) = Tr(B(\varphi \rightarrow \psi)) \rightarrow_L \mathrm{Tr}(B\varphi \rightarrow B\psi) = Tr(\varphi \rightarrow \psi) \rightarrow_L (Tr(B\varphi) \rightarrow Tr(B\psi)) = (Tr(\varphi) \rightarrow Tr(\psi)) \rightarrow_L (Tr(\varphi) \rightarrow Tr(\psi)) = (\varphi \rightarrow \psi) \rightarrow_L (\varphi \rightarrow \psi) \in$LL. Other clauses are similar to (39). Hence, the translation function *Tr* is an embedding of GBDIL to PDL or LL.

Propositional Dynamic Logic (PDL) and Łukasiewicz Logic (LL) are sound and complete, then the graded BDI logic (GBDIL) is sound and complete by the properties of embedding operations. In other words, if *GB-*

DIL is a finite theory over *BC*, *DC* and *IC* and ϕ is a modal formula, then *GBDIL* $\vdash \phi$ if and only if $\|\phi\|^K = 1$ in each BDI Kripke structure *K* model of GBDIL.

7 Composite Actions of the Graded BDI Agent Model

As we known, plans are in fact composite actions which allow the agent to move from its current world to another, where a given formula is satisfied. There is indeed an associated cost according to the actions involved [2] . We choose to use a first - order language restricted to Horn Clauses (HL), where a theory of planning including the special predicates is the following:

(64) *action* (α, *Pre-*, $Cost_\alpha$), where $\alpha \in \Pi_0$ is an elementary action, *Pre* $- \subset$HL are the preconditions of the action α, and $Cost_\alpha \in [0, 1]$ is the cost of α.

(65) *plan* (φ, *action* (α, *Pre-*, $Cost_\alpha$), *r*), where $\alpha \in \Pi$ is an elementary action or a composite action representing the plan to achieve $\varphi \in$ *Pre* -, and *r* is the belief degree (>0) of actually achieving φ by performing α. It is assumed that only one instance of this predicate is generated per formula.

(66) *bestplan* (φ, *action* (α, *Pre-*, $Cost_\alpha$), *r*) is similar to (65), and only one instance with the best plan is generated.

We assume that the current state of the world must satisfy the preconditions and the plan must make true the desire that the plan is built for.

8 Interrelations between Contexts for the Graded BDI Agent Model

In this section, we try to show the interrelations between contexts. From the desires and beliefs of the agent, and the possible transformations using actions, the planner can build plans generated from actions to fulfill desires [5]. Relationships among D, B, and P contexts are the following:

(67) if D : $\neg\Delta\neg(D\varphi)$, P: *action* (α, *Pre*, $Cost_{\alpha}$), and B: (B ([α]φ, r), then P: *plan* (φ, *action* (α, *Pre* − , $Cost_{\alpha}$), r)

The intention degree trades off the benefit and the cost of achieving a goal, then the degree of $I\varphi$ for each composite action α that allows to reach the goal is deduced from the degree of $D\varphi$ and the cost of a plan that satisfies the desire φ. That is, the degree of $I\varphi$ is calculated by a function f as follows:

(68) if D: ($D\varphi$, d), and P: *plan* (φ, *action* (α, *Pre* − , $Cost_{\alpha}$), r), then I: ($I\varphi$, f(d, b, r))

Different functions $f(d, b, r)$ may model different individual behaviors. Given full belief in achieving φ after performing α, the degree of the intention to bring about φ mainly depend on the satisfaction that it bring the agent and in the cost, for example, the complement to 1 of the normalized cost. Therefore, the function $f(d, b, r)$ might be defined as:

(69) $f(d, b, r) = r(b + (1 - Cost_{\alpha}))/2$

The agent's interactions with the environment means that if the agent intends φ at i_{max}, then the agent will focus on the best plan that allows the agent to achieve the most intended goal, where i_{max} refers to the maximum degree of all the intentions. That is:

(70) if I : ($I\varphi$, i_{max}), and P: *bestplan* (φ, *action* (α, *Pre* − , $Cost_{\alpha}$), r), then C: C(*does* (α))

The agent perceives all the changes in the environment through the communication unit, thus, the interrelations between B and C contexts are as follows:

(71) if C: β, then B: $B\beta$.

9 Example of a Graded BDI Agent for Buying Houses

Suppose we choose to instruct our investment agent to look for a buying – houses package. We instruct the agent with two desires, first and more important, we hope the house near a school, and second we hope the house near a subway. We restrict its buying range as we hope to buy no more than 10 kilometers from Guomao. To decide to buy a house the agent will have to take into account the benefit (with respect to near a school and a subway) and the cost of the buying. In this case, *BC*, *DC* , *PC* contexts are as follows:

Desire Contexts (*DC*): The agent has the following desires:

(72) (*D* (*near a school*), $d=0.82$)

(73) (*D* (*near a subway*), $d=0.78$)

(74) (*D* (*near a school* $\wedge$ *near a subway*), $d=0.96$)

(75) (*D* (*distance* $\leqslant$10km), $d=0.85$)

Belief Contexts (*BC*): The BDI theory contains knowledge about the interrelations between possible actions that the agent can take and formulae made true by their execution. For this example, actions would be buying different houses. In this scenario, we consider five houses:

(76) Π_0 = {*Blusky*, *Grenpark*, *Whitfish*, *Yellostar*, *Redbord*}

The degree of *B* ([α] *near a subway*) is the probability of *near a subway* after buying α. We choose to give the buying agent the following belief:

(77) *B* ([*Grenpark*] *near a subway*, $r_1=1$)

(78) *B* ([*Blusky*] *near a subway*, $r_1=0.45$)

(79) *B* ([*Whitfish*] *near a subway*, $r_1=0.66$)

(80) *B* ([*Yellostar*] *near a subway*, $r_1=0.58$)

(81) *B* ([*Redbord*] *near a subway*, $r_1=0.35$)

In this example, the degree of B ([α] *near a school*) refers to the probability of near a school after buying α. Taking into account our personal view, the agent's beliefs about buying houses near a school are as follows:

(82) B ([*Grenpark*] *near a school*, $r_2 = 0.85$)

(83) B ([*Blusky*] *near a school*, $r_2 = 0.88$)

(84) B ([*Whitfish*] *near a school*, $r_2 = 0.35$)

(85) B ([*Yellostar*] *near a school*, $r_2 = 0.75$)

(86) B ([*Redbord*] *near a school*, $r_2 = 0.46$)

It is assumed that the desires are stochastically independent. Thus, we need to add the following inference rule for BC:

(87) if B([α] *near a school*, r_1) and B([α] *near a subway*, r_2), then B([α] *near a school* $\wedge$*near a subway*, $r = r_1 \cdot r_2$)

Plan Contexts (PC): In this scenario, a series of atomic actions are the following:

(88) *action*(*Grenpark*, {dist − = 3km}, {cost = 7millions}, $Cost_\alpha = 0.54$)

(89) *action*(*Blusky*, {dist − = 5km}, {cost = 5millions}, $Cost_\alpha = 0.32$)

(90) *action*(*Whitfish*, {dist − = 19km}, {cost = 9millions}, $Cost_\alpha = 0.96$)

(91) *action* (*Yellostar*, {dist − = 16km}, {cost = 8millions}, $Cost_\alpha = 0.89$)

(92) *action* (*Redbord*, {dist − = 6km}, {cost = 6millions}, $Cost_\alpha = 0.48$)

Now the agent can reason to determine which intention to adopt and which plan is associated with that intention. A brief schema of the steps in this process is the following:

Stage 1: the desires are passed from desire contexts to plan contexts.

Stage 2: within plan contexts, plans for each desire are found.

The agent looks for a set of different houses plans in terms of the desires, and takes into consideration the beliefs about the possibilities of satisfying the goals near a school and a subway through the different actions. Using the restriction by the desire (75), that is, the distance no more than 10kms, the agent rejects plans (90) and (91), that is, the agent rejects to buy *Whitfish* and *Yellostar*. Therefore, plans are generated for each desire by (67). For example, for the most preferred desire, i. e. *near a school* $\wedge$ *near a subway*, the generated plans are as follows:

(93) *plan*(*near a school* $\wedge$ *near a subway*, *action* (*Grenpark*, {dist − =3km}, {cost =7million}, $Cost_\alpha$ = 0.32), $r_1 \cdot r_2$ =0.85)

(94) *plan*(*near a school* $\wedge$ *near a subway*, *action* (*Blusky*, {dist − =5km}, {cost =5million}, $Cost_\alpha$ = 0.48), $r_1 \cdot r_2$ =0.396)

(95) *plan* (*near a school* $\wedge$ *near a subway*, *action* (*Redbord*, {dist − =6km}, {cost =6million}, $Cost_\alpha$ = 0.54), $r_1 \cdot r_2$ =0.161)

Stage 3: the plans determine the degree of intentions.

The function f is monotonically increasing with respect to d by (69). Therefore, it is enough to take into account the most preferred desire, i. e. *near a school* $\wedge$ *near a subway*, which is preferred to a degree 0.96. In terms of (69), using $f(d, b, r) = r(b + (1 - Cost_\alpha))/2 = r_1 \cdot r_2 \cdot (0.96 + (1 - Cost_\alpha))/2$, we successively have for $\alpha \in$ {*Grenpark*, *Blusky*, *Redbord*} as the following:

(96) I (*near a school* $\wedge$ *near a subway*, $r_1 \cdot r_2 \cdot (0.96 + (1 - Cost_\alpha))/2 = 0.6035$)

(97) I (*near a school* $\wedge$ *near a subway*, $r_1 \cdot r_2 \cdot (0.96 + (1 - Cost_\alpha))/2 = 0.32472$)

(98) I (*near a school* $\wedge$ *near a subway*, $r_1 \cdot r_2 \cdot (0.96 + (1 - Cost_\alpha))/2 = 0.11914$)

The maximal degree of intention for *near a school* $\wedge$ *near a subway* by the plan *Grenpark* is 0. 6035.

Stage 4: a plan is adopted.

At last, the action α = buying *Grenpark* is selected and passed to the Communication context by (70) .

10 Conclusions and Future Work

The graded BDI agent model in this paper explicitly represents the uncertainty of beliefs, desires and intensions using multi – context systems, and is general enough to specify different types of agents. We choose the infinite – valued Łukasiewicz Logic to formalize the degrees of each attitude: Belief, Desire and Intension. In order to represent the uncertainty behavior as probability, necessity and possibility, the corresponding axioms are added to the logic. The graded BDI agent's behavior is determined by the different measure of each context which is added by concrete conditions. This paper is to look for a possible axiomatic modeling of beliefs, desires and intensions, and to show how they influence the agent's behavior. This model can also easily be extended to include other mental attitudes.

As for future work, it would be interesting to add emotions, such as fear, anxiety and self – confidence, to the graded BDI agent in order to express the concepts of the Emotional Graded BDI model of agency, in the line of the work done by Pereira et al. in [16] .

Acknowledgements: This research has been partially supported by the China Postdoctoral Science Foundation (Grant No. 2012M510167), and the Major Tender of National Social Science Foundation of China (Grant No. 11& ZD088) .

References

1. Wooldridge, M. , Jennings, N. R. : Intelligent agents: theory and

practice. *The Knowledge Engineering Review*, 10 (2): 115 – 152, 1995.

2. Rao, A. , Georgeff, M. : Modeling rational agents within a BDI – architecture. In: *Proceedings of the 2nd International Conference on Principles of Knowledge Representation and Reasoning* (*KR* – 92), pages 473 – 484, 1991.

3. Rao, A. , Georgeff, M. : BDI agents: from theory to practice. In: *Proceedings of the 1st International Conference on Multi – Agents Systems*, pages 312 – 319, 1995.

4. Bratman, M. E. : *Intentions, Plans, and Practical Reason*, Cambridge, Massachusetts: Harvard University Press, 1987.

5. Casali, A. , Godo, L. , Sierra, C. : Graded BDI models for agent architecture. In: J. Leite and P. Torroni (eds.), *Computational Logic in Multi – agent Systems*, Springer, pages 126 – 143, 2005.

6. Lang, J. , van derTorre L. , Weydert, E. : Hidden uncertainty in the logical representation of desires. In: *International Joint Conference on Artificial Intelligence*, *IJCAI* 03, Acapulco, Mexico, pages 685 – 690, 2003.

7. Parsons, S. , Sierra, C, Jennings, N. R. : Agents that reason and negotiate by arguing. *Journal of Logic and Computation*, 8 (3): 261 – 292, 1998.

8. Schut, M. , Wooldridge, M. , Parsons, S. : Reasoning about intentions in uncertain domains symbolic and quantitative approaches to reasoning with uncertainty. In: *Proceedings of* 6th *ECSQARU* 2001, Toulouse, France, pages 84 – 95, 2001.

9. Ghidini, C. , Giunchiglia, F. : Local modal semantics, or contextual reasoning = locality + compatibility. *Artificial Intelligence*, 127 (2): 221 – 259, 2002.

10. Godo, L. , Esteva, F. , Hajek, P. : Reasoning about probabilities using fuzzy logic. *Neural Network World*, 10: 811 – 824, 2000.

11. Hájek, P. : *Mathematics of Fuzzy Logic.* Kluwer, 1998.

12. Harel, D. , Kozen, D. , Tiuryn, J. : *Dynamic Logic.* The MIT Press, 2000.

13. Meyer, J. J. : Dynamic logic for reasoning about actions and agents. *Workshop on Logic – Based Artificial Intelligence*, Washington D. C. , June 14 – 16, 1999.

14. Goldblatt, R. : *Logics of Time and Computation.* CSLI Lecture, Notes 7, 1992.

15. Chagrov, A. , Zakharyaschev, M. : *Modal Logic.* Clarendon Press, 1997.

16. Pereira, D. , Oliveria, E. , Moreira, N. : Formal modelling of emotions in BDI agents. In: F. Sadri and K. Satoh (eds.), *Computational Logic in Multi – Agent Systems*, Springer, pages 62 – 81, 2008.

附录2：Modeling Emotional Agents Based on Graded BDI Architectures[①]

Xiaojun Zhang

Abstract: In this paper I present an improved version of the emotional BDI logic and the graded BDI logic to model Emotional Graded BDI agent's behavior determined by the different measure of each context which is added by concrete conditions. I blend the infinite-valued Łukasiewicz Logic and Propositional Dynamic Logic to formulize the Emotional Graded BDI model which explicitly represents the uncertainty of mental attitudes and emotional states. This paper is to look for a possible axiomatic modelling of beliefs, desires, intensions, fear, anxiety and self-confidence, and to show how they influence the agent's behavior. After presenting the language and semantics for this model, I propose axioms and rules for the emotional graded BDI logic and prove its soundness and completeness. On the basis of illustrating relationship between/among contexts for the model, an application of an Emotional Graded BDI agent is given.

Keywords: emotional graded Belief-Desire-Intention (BDI) agents; uncertain reasoning; emotional states; actions; models

---

① 本文发表在 J. Lei et al., Network Computing and Information Security, Springer, 2012: 606－616。

1 Introduction

In the recent past, the most widely used in multi - agent systems is the BDI (Belief - Desire - Intention) agent architecture developed by Rao and Georgeff [1 - 3]. This architecture can give engineer complex distributed systems a formal support. After the BDI logic was proposed, researchers tried to extend and improve this theory using all sorts of means. For example, a formal model for emotional BDI agents developed by Pereira et al. illustrates that agents' behavior is guided not only by beliefs, desires and intentions, but also by the role of emotions in reasoning and decision - making [4 - 6], following Oliveira and Sarmento's model of emotional agent [7 - 9]. A general model for graded BDI agents presented by Casali et al. is able to model the graded mental attitudes in multi - context systems [10]. In this paper I present an improved version of the emotional BDI logic [6] and the graded BDI logic [10] to model the role of three emotions in Emotional Graded BDI agents (EGBDI agents for short): *fear*, *anxiety* and *self-confidence*. The aim of this paper is to show EGBDI logic has enough expressivity to model agents' uncertain behavior determined by the mental attitudes and emotions states, following Xiaojun Zhang et al.'s model of graded BDI agent [11] based on Propositional Dynamic Logic [12] and the infinite - valued Łukasiewicz Logic [13]. It is hoped that this study will make contributions to represent and reason under uncertainty, and to provide a formal support for distributed artificial intelligence.

This paper is organized as follows. In Section 2 I define the Emotional Graded BDI logic. The logic is based on the graded BDI logic developed by Xiaojun Zhang et al. [11] and I begin by presenting the new operators that were added. After giving the syntax and semantics of EGBDI logic, I present the axiom systems for the new modal operators, and then prove its soundness and completeness result. In Section 3 I use the EGBDI logic to illustrate relationship between/among contexts which are pre – requisites for defining how emotions are activated in Emotional Graded BDI agents and composite actions which are executed by the agent when it "feels" these emotions. In Section 4 I model the activation and effects of each of the emotions in Emotional Graded BDI agents using an example for buying houses. Finally, Section 5 I present some concluding remarks and point some topics for ongoing and future research in the EGBDI logic.

2 The Emotional Graded BDI Logic

The Emotional Graded BDI Logic is an extension of Pereira et al. 's emotional BDI logic [6], following Xiaojun Zhang et al. 's graded BDI logic [11]. In order to provide a more accurate notion of the importance of a desire to the decision-making process of an agent, in the line of the graded BDI logic developed by Casali et al. [10], this extension adds a notion of graded importance to the modal operators which represent the concepts of beliefs, desires, intentions and emotions. The formal semantics is based on Kripke models with accessibility relations between possible worlds which correspond to different mental attitudes and emotional states.

1.1 The Emotional Graded BDI Language

The Emotional Graded BDI Logic is a multi – modal logic which combines Propositional Dynamic Logic (PDL) [12] and infinite – valued Łukasiewicz Logic (LL) [13]. PDL can be used to model agents' actions. We define modal operators for representing the mental states of *belief* (*B*), *desire* (*D*) and *intention* (*I*) and emotional states of *fear*, *anxiety* and *self – confidence* in LL. The main idea behind LL is that probability values of crisp propositions can be viewed as truth-values of some suitable fuzzy propositions associated to the crisp ones. In the LL, we are interested in inference from partially true assumptions, admitting that the conclusion will also be partially true, truth values are real members from the unit interval [0, 1], and the provability degree equals to the truth degree. Hence, the infinite – valued Łukasiewicz Logic can be used to reason about uncertainty, in which truth functions are $\neg x = 1 - x$, $x \rightarrow y = \min(1, 1 - x + y)$, and two formulas are equivalent in Łukasiewicz Logic then they are classically equivalent.

Now I define the language L_{EGBDI} by adding action modalities of the form [α] where α is an action, and six fuzzy modal operator *B*, *D*, *I*, *Fear*, *An x* and *SConf* to the classical propositional language *L*. *B* φ, *D* φ and *I* φ mean that "φ is believable", "φ is desired" and "φ is intended", respectively, and their truth degrees refer to the agent' s level of satisfaction would φ become true. The meanings of *Fear* φ, *Anx* φ and *SConf* φ are similar.

The language L_{EGBDI} has expressions of two sorts: propositions or formulae φ, ψ, ...and actions (or programs) α, β, ... In this paper, Φ_0 and Φ refer to the set of all atomic propositions and the set of all propositions, respectively. Π_0 and Π refer to the set of all atomic actions and the set of all actions (including atomic actions and plans which are in fact composite actions), respectively. Formulae are built inductively from the atomic ones using connectives (negation ¬, implication →) and mixed operators [ ] (necessity) and ? (test). Other connectives are definable from ¬ and →. Actions are built inductively from the atomic ones using the following action operators: ; (composition), ∪(nondeterministic choice) and * (iteration), and the mixed operator ? (test).

Definition 1: formulae can be defined inductively as follows:

$\varphi ::= \varphi \mid \neg\varphi \mid \varphi \rightarrow \psi \mid [\alpha]\varphi \mid B\varphi \mid D\varphi \mid I\varphi \mid Fear\ \varphi \mid Anx\ \varphi \mid SConf\ \varphi \mid$

Definition 2: actions can be defined inductively as the following:

$\alpha ::= \alpha^0 \mid \alpha;\beta \mid \alpha \cup \beta \mid \alpha* \mid \varphi? \mid$

Here [α] φ means that φ is necessarily true after executing α. Iterated actions α^n (with n ≥0) are inductively defined by α^0 = id, and α^{n+1} = α; α^n.

In order to define a modal context language for ΣC (in which $\Sigma \in \{B, D, I, Fear, Anx, SConf\}$), we also need to use the connectives of Łukasiewicz many - valued Logic to build Σ - modal from elementary modal formulae and truth constants r_c, for each rational $r \in [0, 1]$:

(1) if $\varphi \in L_{EGBDI}$, then φ, $\Sigma\varphi \in \Sigma C$

(2) if $r \in Q \cap [0, 1]$, then $r_c \in \Sigma C$

(3) if $\Sigma\varphi$, $\Sigma\psi \in \Sigma C$, then $\Sigma\varphi \rightarrow_L \Sigma\psi \in \Sigma C$ and $\Sigma\varphi \ \& \ \Sigma\psi \in \Sigma C$

For example, if Σ = *Fear* and $\varphi \in L_{EGBDI}$, then φ, *Fear* $\varphi \in Fear$C by clause (1). If Σ = *Fear* and Fear φ, *Fear* $\psi \in Fear$C, then *Fear* $\varphi \rightarrow_L$ *Fear* $\psi \in Fear$C and *Fear* φ & *Fear* $\psi \in Fear$C. The other cases are similar. In clause (3), $\rightarrow_L$ and & correspond to the implication and conjunction of Łukasiewicz Logic. A formula $\Sigma\varphi \rightarrow_L \Sigma\psi$ is 1 - ture if and only if the truth value of $\Sigma\varphi$ is greater or equal to that of $\Sigma\psi$. And modal formulae of the type $r_c \rightarrow_L \Sigma\varphi$ mean that the probability of φ is at least r_c. For simplicity's sake, formulae of the type $r_c \rightarrow_L \Sigma\varphi$ is denoted as $(\Sigma\varphi, r_c)$.

In order to formulize Emotional Graded BDI agents, I choose to use Łukasiewicz Logic extended with a new unary connective Δ (known as Baaz's connective). For any modal $\Sigma\varphi$, if $\Sigma\varphi$ has value <(smaller than) 1, then $\Delta\Sigma\varphi$ gets value 0; otherwise, if $\Sigma\varphi$ has value 1, then $\Delta\Sigma\varphi$ gets value 1 as well. Thus, $\Delta\Sigma\varphi$ becomes a two - valued Boolean formula.

1.2 The Emotional Graded BDI Semantics

EGBDI - formulae are interpreted in extended graded BDI models, called EGBDI - models. I follow Casali et al.' s approach to graded BDI logic [10], by considering possible worlds corresponding to mental attitudes and emotional states. As in usual in modal logics, adding to Kripke structure a τ function, a probability measure ρand a preference distribution

θ, a possibility distribution μ_w, as well as emotion distribution, such as *Fear distribution* ε, *An x* distribution η and *SConf* distribution κover possible worlds, I can define an Emotional Graded BDI model as a 9 - tuple Kripke structure $K = \langle W, \upsilon, \rho, \tau, \theta, \{\mu_w\}_{w \in W}, \varepsilon, \eta, \kappa \rangle$where:

(4) W is a non - empty set of possible worlds.

(5) $\upsilon: \Phi \times W \to \{0, 1\}$ assigns a two - valued Boolean evaluation to each $\varphi \in \Phi$and $w \in W$, and $\upsilon(\varphi, w) \in \{0, 1\}$.

(6) $\rho: 2^W \to [0, 1]$ is a finitely additive probability measure on a Boolean algebra of subsets of W.

(7) $\tau: \Pi_0 \to 2^{W \times W}$ provides a set of pairs of worlds referring to world transitions for each atomic action.

(8) $\theta: W \to [0, 1]$ is a distribution of preferences over possible worlds, and $\theta(w) < \theta(w')$ means that w′ is more preferred than w.

(9) $\mu_w: W \to [0, 1]$ is a possibility distribution, for each $w \in W$. Where $\mu_w(w') \in [0, 1]$ is the degree on which the agent may try to reach the world w′ from the world w.

(10) $\varepsilon: W \to [0, 1]$ is a distribution of fear over possible worlds. And $\varepsilon(w) < \varepsilon(w')$ means that w′ is more feared than w.

(11) $\eta: W \to [0, 1]$ is a distribution of anxiety over possible worlds. And $\eta(w) < \eta(w')$ means that w′ is more anxious than w.

(12) $\kappa: W \to [0, 1]$ is a distribution of self - confidence over possible worlds. And $\kappa(w) < \kappa(w')$ means that w′ is more self - confident than w.

As in graded BDI logic, L_{EGBDI} is defined by extending L using classical connectives and action modalities. And Σ - formulae (in which $\Sigma \in \{B, D, I, Fear, Anx$ and $SConf\}$ are defined by extending Łukasiewicz Logic as follows:

(13) $\upsilon(\Sigma\varphi, w) = \xi(\{w' \in W \mid \upsilon(\varphi, w') = 1\}$, for each φ. Here $\xi \in \{\rho, \theta, \mu_w, \varepsilon, \eta, \kappa\}$

(14) $\upsilon(r_c, w) = r$, for all $r \in Q \cap [0, 1]$

(15) $\upsilon(\Sigma\varphi \& \Sigma\psi, w) = \max(\upsilon(\Sigma\varphi) + \upsilon(\Sigma\psi) - 1, 0)$

(16) $\upsilon(\Sigma\varphi \to_L \Sigma\psi, w) = \min(1 - \upsilon(\Sigma\varphi) + \upsilon(\Sigma\psi), 1)$

(17) $\|\Sigma\varphi\|K = td_{w \in W}\upsilon(\Sigma\varphi, w)$, where $\|\Sigma\varphi\|^K$ is the truth degree of a formula $\Sigma\varphi$ in the Kripke structure $K = \langle W, \upsilon, \rho, \tau, \theta, \{\mu_w\}_{w \in W}, \varepsilon, \eta, \kappa \rangle$.

(18) $\upsilon(\Delta\Sigma\varphi, w) = 1$, if $\upsilon(\Sigma\varphi, w) = 1$

(19) $\upsilon(\Delta\Sigma\varphi, w) = 0$, if $\upsilon(\Sigma\varphi, w) \neq 1$

(20) $td\,\varnothing = 1$

(21) $\upsilon(\Sigma\bot, w) = 1$, for all $w \in W$

In clauses (17) and (20) *td* refers to the truth degree of a formula $\Sigma\varphi$ in the Kripke structure $K = \langle W, \upsilon, \rho, \tau, \theta, \{\mu_w\}_{w \in W}, \varepsilon, \eta, \kappa \rangle$. The evaluation of Σ – formulae only depends on the formula itself – represented in its corresponding measure over possible worlds where the agent is situated.

1.3 Axioms and Rules for the Emotional Graded BDI Logic

According to the Emotional Graded BDI semantics, Propositional Dynamic Logic ([12]) and Łukasiewicz Logic ([13]), axioms for Emotional Graded BDI logic are given as follows (22 – 34) (in this paper, $\Sigma \in \{B, D, I, Fear, Anx, SConf\}$):

(22) Axioms of classical Propositional Logic for the non – modal formulae

(23) Axioms of the Łukasiewicz Logic for modal formulae, for example, axioms of Hájek basic logic ([13]) plus the axiom schama: $\neg\neg\Sigma\varphi \to \Sigma\varphi$.

Axioms for Σ over Łukasiewicz Logic are as follows [13]:

(24) $\Sigma(\varphi \to \psi) \to_L (\Sigma\varphi \to \Sigma\psi)$.

(25) $\neg_L\Sigma(\varphi) \equiv \Sigma(\neg\varphi)$

(26) $\Sigma(\varphi) \equiv \neg_L \Sigma(\varphi \wedge \neg\psi) \rightarrow_L \Sigma(\varphi \wedge \psi)$

(27) $\neg\Sigma(\bot)$

Axioms for Σ over Propositional Dynamic Logic are the following:

(28) $[\alpha]\ \Sigma\ (\varphi \rightarrow \psi) \rightarrow ([\alpha]\ \Sigma\varphi \rightarrow [\alpha]\ \Sigma\psi)$

(29) $[\alpha]\ \Sigma(\varphi \wedge \psi) \leftrightarrow [\alpha]\ \Sigma\varphi \wedge [\alpha]\ \Sigma\psi$

(30) $[\alpha \cup \beta]\ \Sigma\varphi \leftrightarrow [\alpha]\ \Sigma\varphi \wedge [\beta]\ \Sigma\varphi$

(31) $[\alpha;\ \beta]\ \Sigma\varphi \leftrightarrow [\alpha]\ [\beta]\ \Sigma\varphi$

(32) $[\Sigma\psi?]\ \Sigma\varphi \leftrightarrow (\Sigma\psi \rightarrow \Sigma\varphi)$

(33) $\Sigma\varphi \wedge [\alpha]\ [\alpha*]\ \Sigma\varphi \leftrightarrow [\alpha*]\ \Sigma\varphi$

(34) $\Sigma\varphi \wedge [\alpha*]\ (\Sigma\varphi \rightarrow [\alpha]\ \Sigma\varphi) \leftrightarrow [\alpha*]\ \Sigma\varphi$

Deduction rules for Emotional Graded BDI logic are given as follows:

(35) Modus Ponens (MP): from $(\varphi,\ r_1)$ and $(\varphi \rightarrow \psi,\ r_2)$ derive $(\psi,\ r_1\ \&\ r_2)$.

(36) Truth Constant Introduction: from $(\varphi,\ r_1)$ derive $(r_c \rightarrow \varphi, r \rightarrow r_1)$.

1.4 Soundness and Completeness for the Emotional Graded BDI Logic

My Emotional Graded BDI Logic (EGBDIL) is the extension of Graded BDI Logic (GBDIL), and the latter is the extension of Propositional Dynamic Logic (PDL) and Łukasiewicz Logic (LL), which are sound and complete (cf. [12] and [13], respectively). Using other words, PDL $\subset$GBDIL $\subset$EGBDIL and LL $\subset$GBDIL $\subset$EGBDIL. Thus, we can prove soundness and completeness for EGBDIL by embedding of EGBDIL into PDL or LL. Because embedding operations can preserve the structure of formulae and properties of logics [14]. For example, if L_1 is embeddable into a sound and complete logic L_2, then L_1 is also sound and complete.

We are now in conditions to find an effective translation function *Tr* such that, for all formulae $\varphi \in$ EGBDIL if and only if $Tr(\varphi) \in$ PDL or $Tr(\varphi) \in$ LL. Let *Tr* be a map from EGBDIL to PDL or LL defined as follows：

Definition 1

(37) $Tr(p) = p$, if p is a PDL or LL formula

(38) $Tr(\neg\varphi) = \neg Tr(\varphi)$, if φ is a EGBDIL formula

(39) $Tr(\varphi \to \psi) = Tr(\varphi) \to Tr(\psi)$, for all EGBDIL formulae φ and ψ

(40) $Tr(\varphi \wedge \psi) = Tr(\varphi) \wedge Tr(\psi)$, for all EGBDIL formulae φ and ψ

(41) $Tr([\alpha]\Sigma\varphi) = Tr([\alpha]\varphi)$, if φ is a EGBDIL formula

(42) $Tr(\Sigma\varphi) = Tr(\varphi)$, if φ is a EGBDIL formula

According to the translation function Tr, the following theorem can be proved：

Theorem 1 The map Tr defined by definition 1 is an embedding of EGBDIL to PDL or LL.

Proof：We can easily show that：all formulae $\varphi \in$ EGBDIL if and only if $Tr(\varphi) \in$ PDL or $Tr(\varphi) \in$ LL. For instance, for clause (28), $[\alpha]\Sigma(\varphi \to \psi) \to ([\alpha]\Sigma\varphi \to [\alpha]\Sigma\psi) \in$ EGBDIL, by definition 1, $Tr([\alpha]\Sigma(\varphi \to \psi) \to ([\alpha]\Sigma\varphi \to [\alpha]\Sigma\psi)) = Tr([\alpha]\Sigma(\varphi \to \psi)) \to Tr([\alpha]\Sigma\varphi \to [\alpha]\Sigma\psi) = Tr([\alpha](\varphi \to \psi)) \to (Tr([\alpha]\Sigma\varphi) \to Tr([\alpha]\Sigma\psi)) = [\alpha](\varphi \to \psi) \to (Tr([\alpha]\varphi) \to Tr([\alpha]\psi)) = [\alpha](\varphi \to \psi) \to ([\alpha]\varphi \to [\alpha]\psi) \in$ PDL. Other clauses are similar to (28). Therefore, the translation function Tr is an embedding of EGBDIL to PDL or LL.

Propositional Dynamic Logic (PDL) and Łukasiewicz Logic (LL) are sound and complete, hence the Emotional Graded BDI logic (EGBDIL) is sound and complete by the properties of embedding operations. In fact, in terms of the soundness and completeness result of GBDIL [11], we can straightforwardly prove soundness and completeness for EGBDIL by embedding of EGBDIL into GBDIL.

2 Relationship between/among Contexts

In this section, I try to illustrate the relationship between/among contexts. From the mental attitudes and emotional states of the agent, and the possible transformations using actions, the planner can build plans generated from actions to fulfill desires. Relationships among *D*, *B*, *Fear*, *Anx*, *SConf*, and *P* contexts are the following:

(43) if $D:\neg\Delta\neg(D\,\varphi)$, $B:(B([\alpha]\varphi,\ r))$, $Fear:\ (Fear\ (\varphi, l))$, $Anx:\ (Anx(\varphi,\ m))$, $SConf:\ \ (SConf\ (\varphi,\ n))$ and P: *action* $(\alpha,$ *Pre-*, $Cost_{\alpha})$, then P: *plan* $(\varphi$, *action* $(\alpha$, *Pre-*, $Cost_{\alpha})$, $r)$ where:

$\alpha\in\Pi_0$ is an atomic action, *Pre-* are the preconditions of the action α, and $Cost_{\alpha}\in[0,\ 1]$ is the associated cost according to the action α involved; r, l, m and $n\in[0,\ 1]$ are respectively belief, fear, anxiety and self - confidence degree of actually achieving φ by performing α; *action* $(\alpha$, *Pre-*, $Cost_{\alpha})$ is the special predicate which formally expresses an atomic action; *plan* $(\varphi$, *action* $(\alpha$, *Pre-*, $Cost_{\alpha})$, $r)$ the special predicate formally expressing a plan which is a composite action allowing the agent to move from its current world to another, where a given formula is satisfied.

In this paper, we assume that only one instance of this predicate is generated per formula and only one instance with the best plan is generated, and that the current state of the world must satisfy the preconditions and the plan must make true the desire that the plan is built for.

If we use the intention degree to trade off the benefit and the cost of achieving a goal, then for each composite action α that allows to reach the goal, the degree of $I\,\varphi$ is deduced from the degree of $D\,\varphi$, $Fear\,\varphi$, $Anx\,\varphi$, $SConf\,\varphi$ and the cost of a plan that satisfies the desire φ. In other words, the degree of I φ is calculated by a function f as follows:

(44) if D: $(D\varphi, d)$, $Fear$: $(Fear([\alpha]\varphi, m))$, Anx: $(Anx([\alpha]\varphi, n))$, $SConf$: $(SConf([\alpha]\varphi, t))$ and P: $plan(\varphi, action(\alpha, Pre\text{-}, Cost_\alpha), r)$, I: $(I\varphi, f(d, m, n, t, r))$

Different functions $f(d, m, n, t, r)$ may model different individual behaviors. Given full belief in achieving φ after performing α, the degree of the intention to bring about φ mainly depend on the satisfaction and the degree of $D\varphi$, $Fear\ \varphi$, $Anx\ \varphi$, $SConf\ \varphi$ that it bring the agent and in the cost. The key is to find what kind of the relationship between/among f, d, m, n, t and r. Rational agents always try to avoid or alleviate negative emotions such as fear, anxiety caused by the execution of an action α, and hope that the associated cost according to the actions involved as small as possible. Therefore, we should consider the complement to 1 of the degree of $Fear\ \varphi$, $Anx\ \varphi$ and the normalized cost when we calculate the degree of the intention. That is, the function $f(d, m, n, t, r)$ can be defined as follows:

(45) $f(d, m, n, t, r) = r\,(d + (1 - Cost_\alpha) + (1 - m) + (1 - n) + t)/5$

This definitionassociates the agent's intention with the mental attitudes of belief, desire and emotional states of fear, anxiety and self – confidence. According to the definition, the degree of intention is the ultimate embodiment of the other mental attitudes and emotional states, and it makes the agent can determine whether she should take action or not and judge which action is more reasonable. If the agent intends φ at i_{max}, then the agent will focus on the best plan. That's the way of the agent's interactions with the environment. In other words:

(46) if I: $(I\varphi, i_{max})$, and P: $bestplan(\varphi, action(\alpha, Pre\text{-}, Cost_\alpha), r)$, then C: $C(does(\alpha))$

3 Applications

In this section, we consider to instruct an Emotional Graded BDI agent to look for a buying – houses package, and relate this section to the theoretical formalism and the abstract architecture of the previous sections. We instruct the agent with three desires: we firstly hope the house near a school; secondly hope the house near a subway; and thirdly the house from her workplace no more than 8 kilometers. At the same time, we assign to the agent the three emotions: she has the fear of the house in a noisy environment; she has the anxiety of that the shared building area is large; she has the self – confidence of the housing appreciation. To decide to buy a house the agent will have to take into consideration the benefit (with respect to near a school and a subway, and the housing appreciation), fear, anxiety and the cost of the buying. In this example, *BC*, *DC*, *FearC*, *AnxC*, *SConfC* and *PC* contexts are as follows:

Desire Contexts (*DC*): The agent has the following desires:

(47) (D (*near a school*), $d = 0.85$)

(48) (D (*near a subway*), $d = 0.83$)

(49) (D (*near a school* $\wedge$ *near a subway*), $d = 0.94$)

(50) (D ($distance \leqslant 8$km), $d = 0.86$)

In this case, the values of desire degree can take all real number from the unit interval [0, 1]. If the value is greater, then its corresponding desire is stronger. All of the other degrees in this paper are similar to this.

Belief Contexts (*BC*): The Emotional Graded BDI agent has knowledge about the relationship between /among possible actions that she can take and formulae made true by their execution. In this scenario, different actions are to buy different houses, and the chosen houses are as follows:

(51) Π_0 = {*House – A*, *House – B*, *House – C*, *House – D*,

House – E}

The degree of B ([α] *near a subway*) refers to the probability of near a subway after buying α. We assign to the agent the following belief:

(52) B([*House – A*] *near a subway*, $r_1 = 0.96$)

(53) B([*House – B*] *near a subway*, $r_1 = 0.86$)

(54) B ([*House – C*] *near a subway*, $r_1 = 0.56$)

(55) B ([*House – D*] *near a subway*, $r_1 = 0.48$)

(56) B([*House – E*] *near a subway*, $r_1 = 0.42$)

In this scenario, the degree of B ([α] *near a school*) means the probability of near a school after buying α. The agent's beliefs about buying houses near a school are given as follows:

(57) B([*House – A*] *near a school*, $r_2 = 0.88$)

(58) B([*House – B*] *near a school*, $r_2 = 0.81$)

(59) B([*House – C*] *near a school*, $r_2 = 0.52$)

(60) B([*House – D*] *near a school*, $r_2 = 0.72$)

(61) B([*House – E*] *near a school*, $r_2 = 0.64$)

We assume that the desires are stochastically independent and add the following inference rule for *BC*:

(62) if B([α] *near a school*, r_1) and B([α]*near a subway*, r_2), then B ([α] *near a school l* ∧ *near a subway*, $r = (r_1 + r_2)/2$)

Fear Contexts (*Fear C*): In this example, we assign to the agent the following measure of fear:

(63) *Fear*([*House – A*] *in a noisy environment*, $m = 0.56$)

(64) *Fear*([*House – B*] *in a noisy environment*, $m = 0.78$)

(65) *Fear*([*House – C*] *in a noisy environment*, $m = 0.66$)

(66) *Fear*([*House – D*] *in a noisy environment*, $m = 0.32$)

(67) *Fear*([*House – E*] *in a noisy environment*, $m = 0.91$)

Anxiety Contexts (*Anx C*): In this example, the agent has the following measure of anxiety:

(68) *Anx*([*House* - *A*] *shared building area is large*, n = 0.92)

(69) *Anx*([*House* - *B*] *shared building area is large*, n = 0.42)

(70) *Anx*([*House* - *C*] *shared building area is large*, n = 0.79)

(71) *Anx*([*House* - *D*] *shared building area is large*, n = 0.68)

(72) *Anx*([*House* - *E*] *shared building area is large*, n = 0.36)

Self - confidence Contexts (*SConfC*): In this case, the agent has the following measure of self - confidence:

(73) *SConf*([*House* - *A*] *appreciation*, t = 0.88)

(74) *SConf*([*House* - *B*] *appreciation*, t = 0.92)

(75) *SConf*([*House* - *C*] *appreciation*, t = 0.72)

(76) *SConf*([*House* - *D*] *appreciation*, t = 0.48)

(77) *SConf*([*House* - *E*] *appreciation*, t = 0.66)

Plan Contexts (*PC*): In this scenario, a series of atomic actions are the following:

(78) *action*(*House* - *A*, {dist - = 2km}, {cost = 5millions}, $Cost_{\alpha}$ = 0.96)

(79) *action*(*House* - *B*, {dist - = 3km}, {cost = 4millions}, $Cost_{\alpha}$ = 0.81)

(80) *action*(*House* - *C*, {dist - = 11km}, {cost = 2millions}, $Cost_{\alpha}$ = 0.51)

(81) *action*(*House* - *D*, {dist - = 12km}, {cost = 1millions}, $Cost_{\alpha}$ = 0.36)

(82) *action*(*House* - *E*, {dist - = 5km}, {cost = 3millions}, $Cost_{\alpha}$ = 0.66)

The agent is now in conditions to determine which intention to adopt and which plan is associated with that intention. A brief schema of the steps in this process is as follows:

Firstly, the agent's desires are conveyed to plan contexts by desire contexts.

Secondly, within plan contexts, the agent finds plans for each desire.

Theagent looks for a set of different buying house plans in terms of mental attitudes and emotional states, and takes into comprehensive consideration the various aspects of the contexts. Due to the restriction by the desire (50), that is, the distance no more than 8kms, the agent gives up plans (80) and (81), that is, the agent gives up to buy House - C and House - D. Hence, plans are generated for each desire by (43). For instance, for the most preferred desire, i. e. near a school ∧near a subway, the generated plans are the following:

(83) *plan* (*near a school* ∧ *near a subway*, *action* (*House* – *A*, {dist – = 2km}, {cost = 5million}, $Cost_\alpha = 0.96$), $(r_1 + r_2)/2 = 0.92$)

(84) *plan* (*near a school* ∧ *near a subway*, *action* (*House* – *B*, {dist – = 3km}, {cost = 4million}, $Cost_\alpha = 0.81$), $(r_1 + r_2)/2 = 0.835$)

(85) *plan* (*near a school* ∧ *near a subway*, *action* (*House* – *E*, {dist – = 5km}, {cost = 3million}, $Cost_\alpha = 0.66$), $(r_1 + r_2)/2 = 0.53$)

Thirdly, according to mental attitudes and emotional states, the plans determine the degree of intentions.

The function f is monotonically increasing with respect to d by (45). Therefore, it is enough to take into consideration the most preferred desire, i. e. near a school ∧near a subway, which is preferred to a degree 0.94. In terms of (45), using $f(d, m, n, t, r) = r(d + (1 - Cost_\alpha) + (1 - m) + (1 - n) + t)/5 = (r_1 + r_2)/2 \cdot (0.94 + (1 - Cost_\alpha) + (1 - m) + (1 - n) + t)/5$, we successively have for $\alpha \in$ {*House* – *A*, *House* – *B*, *House* – *E*} as the following:

(86) *I* (*near a school* ∧*near a subway*, $(r_1 + r_2)/2 \cdot (0.94 + (1 - Cost_\alpha) + (1 - m) + (1 - n) + t)/5 = 0.43792$)

(87) I (*near a school l* $\wedge$ *near a subway*, $(r_1 + r_2)/2 \cdot (0.94 + (1 - Cost_\alpha) + (1 - m) + (1 - n) + t)/5 = 0.47595$)

(88) I (*near a school* $\wedge$ *near a subway*, $(r_1 + r_2)/2 \cdot (0.94 + (1 - Cost_\alpha) + (1 - m) + (1 - n) + t)/5 = 0.28302$)

The maximal degree of intention for near a school $\wedge$ near a subway by the plan House – B is 0. 47595.

At last, the agent adopts the best plan and takes the corresponding action.

Now, the action α = buying House – B can be selected and passed to the communication context by (46) .

4 Conclusions and Future Work

In this paper I have presented an improved version of the graded BDI logic to model the activation and effects of emotions in the behavior exhibited by an Emotional Graded BDI agent. The emotions analyzed were fear, anxiety and self – confidence, in the line of the work done by Pereira et al. in [6]. This formalization was based on the infinite – valued Łukasiewicz Logic and Propositional Dynamic Logic. In order to represent the uncertainty behavior by belief, desire, intention, fear, anxiety and self – confidence degree, the corresponding axioms are added to Łukasiewicz Logic. The Emotional Graded BDI agent's behavior is determined by the different measure of each context which is added by concrete conditions. This paper is to look for a possible axiomatic modelling of beliefs, desires, intensions, fear, anxiety and self – confidence, and to show how they influence the agent's behavior. This model can also easily be extended to include other mental attitudes and other emotional states.

As a future work, it would be interesting to extend my Emotional Graded BDI agent to a multi – agent scenario by introducing a social context in the agent architecture to deal with all aspects of social relations with other agents. I plan to equip this social context with a good logical model of trust which allows the agent to infer belief from other agents' information, in the line of the work done by Liau [15] .

Acknowledgements. This research has been supported by the China Postdoctoral Science Foundation under Grant No. 2012M510167.

References

1. Rao, A. , Georgeff, M. : Modeling rational agents within a BDI - architecture. In Proceedings of the 2nd International Conference on Principles of Knowledge Representa - tion and Reasoning (KR - 92), pp. 473 - 484 (1991) .

2. Rao, A. , Georgeff, M. : BDI agents: from theory to practice. In Proceedings of the 1st International Conference on Multi - Agents Systems, pp. 312 - 319 (1995) .

3. Rao A. , Georgeff, M. Decision Procedures for BDI Logics. Journal of Logic and Computation, 8 (3), 293 - 342 (1998) .

4. Pereira D. , et al. : Towards an architecture for emotional BDI agents. In 12th Portu - guese Conference on Artificial Intelligence, pp. 40 - 46 (2005) .

5. Pereira D. , Oliveria, E, and Moreira N. : Modelling Emotional BDI Agents. In Workshop on Formal Approaches to Multi - Agent Systems, Riva Del Garda, Italy (2006) .

6. Pereira, D. , Oliveria, E. , Moreira, N. : Formal modelling of emotions in BDI agents. In F. Sadri and K. Satoh (eds.), Computational Logic in Multi - Agent Systems, Springer, pp. 62 - 81 (2008) .

7. Oliveira, E. , Sarmento, L. : Emotional valence - based mechanisms and agent person - ality. In Bittencourt, C. , Ramalho, C. (eds.),

SBIA 2002. LNCS (LNAI) 2507, 152 – 162, Springer, (2002).

8. Oliveira, E., Sarmento, L.: Emotional advantage for adaptability and autonomy. In AAMAS, pp. 305 – 312 (2003).

9. Sarmento, L., Moura, D., Oliveira, E.,: Fighting fire with fear. In Proceeding of 2nd European Workshop on Multi – Agent Systems (EUMAS 2004), (2004).

10. Casali, A., Godo, L., Sierra, C.: Graded BDI models for agent architecture. In J. Leite and P. Torroni (eds.), Computational Logic in Multi – agent Systems, Springer, pp. 126 – 143 (2005).

11. Xiaojun Zhang et al., Graded BDI Models for Agent Architectures Based on Łukasiewicz Logic and Propositional Dynamic Logic. In F. L. Wang et al. (eds.), The 2012 International Conference on Web Information Systems and Mining (WISM 2012), LNCS 7529, pp. 442 – 453, Springer, Heidelberg (2012).

12. Harel, D., Kozen, D., Tiuryn, J.: Dynamic Logic. The MIT Press (2000).

13. Hάjek, P.: Mathematics of Fuzzy Logic. Kluwer (1998).

14. Chagrov, A.: Zakharyaschev, M.: Modal Logic. Clarendon Press (1997).

15. Liau, C. J.: Belief, information acquisition, and trust in multiagent systems – a modal formulation. Artificial Intelligence 149, 31 – 60 (2003).

附录3：Modelling Decision – making Behavior Based on keg – BDI Agents[①]

Xiaojun Zhang, Baoxiang Wu

Abstract: In this paper we extend the truth value of infinite – valued Łukasiewicz logic from [0, 1] to [–1, 1], and propose an extended emotional graded BDI logic, i. e. , keg – BDI logic that is based on this extended Łukasiewicz logic and propositional dynamic logic to formalize knowledge states, mental states (such as belief, desire, intention) and emotional states (such as fear, anxiety and self-confidence) which influence on the keg-BDI agent's decision – making behavior. This behavior is determined by the different measure of each context that is added by concrete conditions. After presenting the language and semantics of keg-BDI logic and illustrating relationships between/among contexts for the keg-BDI agent, an example of military decision-making behavior is given. This study will provide a formal support for distributed artificial intelligence and military simulation.

Keywords: BDI (Belief-Desire-Intention) agents; decision – making behavior; knowledge states; mental states; emotional states

① 本文主要内容发表在 *Studies in Logic*, 2016 (1): 23—36。

1 Introduction

The formalization of BDI (Belief – Desire – Intention) agents is a topic of continuing interest in Artificial Intelligence about how mental states (such as belief (B), desire (D) and intention (I)) and actions influence each other. Research on this subject has held the limelight ever since the pioneering work of Bratman ([1]) which lays the foundation of BDI approach to describe artificial agent behavior. Then researches try to formalize Bratman's theory using many logic means. There are three well – known approaches: the first one is based on a linear – time style temporal logic ([2]), the second one is based on the branching – time temporal logic ([3]), the third one takes propositional dynamic logic as a basis instead of a temporal logic ([4]). Over the years important contributions have been made on both mental aspects like desire and intention ([3, 5, 6]), and informational aspects like knowledge and belief ([7 – 11]). Recent developments include the work on graded BDI models for agent architectures ([12 – 16]), formal modelling of emotions in BDI agents ([17, 18]), and modelling emotional agents based on graded BDI architectures ([19]), and many others ([20, 21]).

When building emotional agents, the BDI model has proven to be one of the best options one can select. For example, Emotional – BDI logic presented by Pereira et al. illustrates that agents' behavior is guided not only by beliefs, desires and intentions, but also by the role of emotions in reasoning and decision – making [17, 22 – 23]. KARO logic for emotional agents based on dynamic logic deals with the behavior of rational agents [24]. The strongly related work by Adam et al. is devoted to a formalization of OCC emotions in BDI terms [25, 26]. The Emotional – BDI agent models developed by Puică integrates emotions, resources, and personality features into artificial intelligent so as to obtain a human - like behavior of this agent [27] . The generic model for decision making of virtual agents in relation to emotions and trust takes the BDI framework as point of departure, and extends this with mechanisms to represent the dynamics of emotions and trust. The model has been tested by means of simulation experiments, and then been successfully incorporated into the virtual agents with the RoboCup 2D soccer environment [28] .

In our research ([19]) we defined an emotional graded BDI logic (eg - BDI logic for short) for rational agents, i. e. , a logic that is used to specify, and to reason about the behavior of rational agents. In our framework we concentrated on how mental states (such as belief, desire and intention) and emotional states (such as fear, anxiety and self-confidence) influence the agent's behavior. In the basic architecture, we blend the infinite - valued Łukasiewicz logic and propositional dynamic logic to formulize the emotional graded BDI agents.

The aim of this paper is a formalization of decision - making behavior based on the framework mentioned above, i. e. , eg - BDI logic. This paper can for instance be modelled that an agent knows that some action is a correct plan to achieve her goal since she knows that performing the action will lead to the goal, and that she knows some action is a feasible plan since the agent knows of her ability to perform the action. In subsequent research, we extend the eg-BDI logic with modal operators for knowledge.

Notall knowledge is trivial. In order to simplify the model, we focus only on the critical knowledge which has a significant impact on the agent's decision - making behavior. We directlyuse $K\varphi$ to say that the agent knows the critical knowledge φ . The knowledge which prompts the agent to take actions is called positive knowledge, and the knowledge which prevents the agent to take actions is called negative knowledge. Correspondingly, there are positive and negative critical knowledge. Similarly, there are positive and negative desires. At present, the vast majority of scholars such as Pereira et al. [10] introduce positive and negative desire operators at the same time to handle desires. Therefore, even if the factors with which we are dealing are not too much, the model is too complicated.

In order to reduce the number of modal operators that we introduce, and to simplify the model and able to handle more factors, it is necessary for us to extend the value of the infinite – valued Łukasiewicz Logic from [0, 1] to [–1, 1]. Thus, we need a unified provisions: the true value range corresponding to the positive factors which prompt the agent to take actions ∈[0, 1], and the true value range corresponding to the negative factors which prevent the agent to take actions ∈[–1, 0].

The rest of the paper is organizedin the following way: in Section 2 we define the keg – BDI logic. This new logic is based on eg – BDI logic ([19]) and we begin by presenting the new modal operators for critical knowledge that were added. Besides the syntax and semantics of keg – BDI logic, we present the axiom systems for the new modal operators. In Section 3 we illustrate the relationship between/among contexts for knowledge states, mental states and emotional states. An application of the keg – BDI agent for military decision – making behavior is given in Section 4. In Section 5, and finally, we present some conclusions about this work and point some topics for ongoing and future lines of work in the keg – BDI logic.

2 keg-BDI Logic

The keg-BDI Logic is a multi-modal and multi-valued logic which combines the above extended infinite-valued Łukasiewicz Logic (ELL for short) and Propositional Dynamic Logic (PDL for short) ([22]). The formal semantics of keg – BDI Logic is based on Kripke models with accessibility relations between possible worlds which correspond to different knowledge states, mental states and emotional states.

2.1 The keg – BDI Language

We define modal operators for representing the knowledge states of *critical knowledge* (*K*), the mental states of *belief* (*B*), *desire* (*D*) and *intention* (*I*), and emotional states of *fear*, *anxiety* and *self – confidence* in ELL. Xiaojun Zhang et al., Modeling Decision-Making Behavior Based on Knowledge of Emotional Graded BDI Agents, Computer Science , Vol. 41. No. 3, 2014, pp. 232—237. (in Chinese) Now we define the language $L_{keg-BDI}$ by adding action modalities of the form [α] where αis an action, and seven fuzzy modal operators *K*, *B*, *D*, *I*, *Fear*, *Anx* and *SConf* to the classical propositional language *L*:

K φ, *B* φ, *D* φ and *I* φ mean that "φ is known", "φ is believable", "φ is desired" and "φ is intended", respectively, and their truth degrees refer to the agent's level of satisfaction when φ becomes true. The meanings of *Fear* φ , *Anx* φ and *SConf* φ are similar to *B* φ , *D* φ and *I* φ .

Similar to the language L_{eg-BDI}, the language $L_{keg-BDI}$ has two sorts of expressions, that is, propositions φ, ψ, ...and actions α, β, ... Φ_0 and Φ refer to the set of all atomic propositions and of all propositions, respectively, and Π_0 and Πrefer to the set of all atomic actions and of all actions (including atomic actions and plans which are composite actions), respectively. Formulae can be inductively built from the atomic ones using connectives and mixed operators, that is, ¬(negation), →(implication), [ ] (necessity) and ? (test) . Other connectives can be defined from ¬ and →. And then actions can be inductively built from the atomic ones using the following action operators: ; (composition), ∪(nondeterministic choice) and *(iteration), and the mixed operator ? .

Definition 1: formulae are definable inductively as the following:

φ ∷ −φ |¬φ |φ→ψ| [α]φ |*K* φ |*B* φ |*D* φ |*I* φ |*Fear* φ |*Anx* φ |*SConf* φ |

In definition 1, $[\alpha]\varphi$ means that φ is necessarily true after performing the action α.

Definition 2: actions are definable inductively as follows:

$\alpha ::= \alpha^0 \mid \alpha;\beta \mid \alpha \cup \beta \mid \alpha^* \mid \varphi? \mid$

Here iterated actions α^n (with $n \geqslant 0$) can be inductively defined by $\alpha^0 = id$, and $\alpha^{n+1} = \alpha;\alpha^n$.

Now we define a modal context language for ΣC (here $\Sigma \in \{K, B, D, I, Fear, Anx, SConf\}$), and use the connectives of the above extended infinite - valued Łukasiewicz Logic to build Σ - modal from elementary modal formulae and truth constants r_c, for each rational $r \in [-1, 1]$:

(1) if $\varphi \in L_{keg-BDI}$, then φ, $\Sigma\varphi \in \Sigma C$

(2) if $r \in Q \cap [-1, 1]$, then $r_c \in \Sigma C$ (Q is the rational set.)

(3) if $\Sigma\varphi$, $\Sigma\psi \in \Sigma C$, then $\Sigma\varphi \wedge \Sigma\psi \in \Sigma C$ and $\Sigma\varphi \rightarrow_L \Sigma\psi \in \Sigma C$

For example, if $\Sigma = K$ and $\varphi \in L_{keg-BDI}$, then φ, $K\varphi \in KC$ by clause (1). If $\Sigma = K$ and $K\varphi$, $K\psi \in KC$, then $K\varphi \wedge K\psi \in KC$ and $K\varphi \rightarrow_L K\psi \in KC$ by clause (3). The other cases are similar. In clause (3), $\rightarrow_L$ and $\wedge$are similar to the implication and conjunction of Łukasiewicz Logic, respectively. The truth value of $\Sigma\varphi \rightarrow_L \Sigma\psi$ is 1 if and only if the truth value of $\Sigma\varphi$ is greater or equal to that of $\Sigma\psi$. $r_c \rightarrow_L \Sigma\varphi$ means that the probability of φ is at least r_c, which is denoted as $(\Sigma\varphi, r_c)$.

In order to make $\Delta\Sigma\varphi$ become a two - valued Boolean formula, we use Łukasiewicz Logic extended with a new unary connective Δ (known as Baaz's connective). For any modal formula $\Sigma\varphi$, if the truth value of $\Sigma\varphi$ is smaller than 1, then $\Delta\Sigma\varphi$ gets value 0; otherwise, if of $\Sigma\varphi$ is 1, then $\Delta\Sigma\varphi$ gets value 1.

2.2 The keg - BDI Semantics

Different possible worlds correspond to different knowledge states, mental states and emotional states. As in usual in modal logics, the formal semantics of keg-BDI Logic is based on Kripke models. Xiaojun Zhang et al. , Modeling Decision-Making Behavior Based on Knowledge of Emotional Graded BDI Agents, Computer Science , Vol. 41. No. 3, 2014, pp. 232—237. (in Chinese) By adding the structure and function λ that handles knowledge to the Emotional Graded BDI model, that is, a 9 - tuple Kripke structure K = ⟨W, υ, ρ, τ, θ, $\{\mu_w\}_{w\in W}$, ε, η, κ⟩[19], we can define a 10 - tuple Kripke structure K = ⟨W, υ, ρ, τ, θ, $\{\mu_w\}_{w\in W}$, λ, ε , η, κ⟩where:

(4) W is a set of possible worlds, andw, $w' \in W \neq \varnothing$.

(5) υ: $\Phi \times W \to \{0, 1\}$ assigns a Boolean evaluation to each $\varphi \in \Phi$ and $w \in W$, and $\upsilon(\varphi, w) \in \{0, 1\}$.

(6) ρ: $2^W \to [0, 1]$ is a finitely additive probability measure on subsets of W, and for $\varphi \in \Phi_0$, $\{w \mid \upsilon(\varphi, w) = 1\}$ is measurable.

(7) τ: $\Pi_0 \to 2^{W \times W}$ gives a set of pairs of worlds referring to world transitions for each atomic action.

(8) θ: $W \to [-1, 1]$ is a distribution of preferences over possible worlds, and $|\theta(w)| < |\theta(w')|$ means that w' is more preferred than w.

(9) μ_w: $W \to [-1, 1]$ is a possibility distribution, for each $w \in W$. Where $\mu_w(w') \in [-1, 1]$ is the degree on which the agent may try to reach w' from w.

(10) λ: $W \to [-1, 1]$ is a distribution of knowledge over possible worlds, $|\lambda(w)| < |\lambda(w')|$ means that w' is greater impacted on w.

(11) ε: $W \to [-1, 1]$ is a distribution of fear over possible worlds, and $|\varepsilon(w)| < |\varepsilon(w')|$ means that w' is more feared than w.

(12) η: $W \to [-1, 1]$ is a distribution of anxiety over possible worlds. And $|\eta(w)| < |\eta(w')|$ means that w' is more anxious than w.

(13) κ: $W \to [-1, 1]$ is a distribution of self - confidence over pos-

sible worlds. And $|\kappa(w)| < |\kappa(w')|$ means that w′ is more self-confident than w.

$L_{keg-BDI}$ can be defined by extending L using action modalities and classical connectives. And Σ - formulae (here $\Sigma \in \{K, B, D, I, Fear, Anx$ and $SConf\}$ are defined by extending Łukasiewicz Logic as the following:

(14) $\upsilon(\Sigma\varphi, w) = \xi(\{w' \in W \mid \upsilon(\varphi, w') = 1\})$, for each φ. Here $\xi \in \{\rho, \theta, \mu_w, \lambda, \varepsilon, \eta, \kappa\}$

(15) $\upsilon(r_c, w) = r$, for all $r \in Q \cap [-1, 1]$

(16) $\upsilon(\Sigma\varphi \& \Sigma\psi, w) = \max(\upsilon(\Sigma\varphi) + \upsilon(\Sigma\psi) - 1, 0)$

(17) $\upsilon(\Sigma\varphi \rightarrow_L \Sigma\psi, w) = \min(1 - \upsilon(\Sigma\varphi) + \upsilon(\Sigma\psi), 1)$

(18) $\|\Sigma\varphi\|K = td_{w \in W}\upsilon(\Sigma\varphi, w)$, where $\|\Sigma\varphi\|^K$ is the truth degree of a formula $\Sigma\varphi$ in the Kripke structure $K = \langle W, \upsilon, \rho, \tau, \theta, \{\mu_w\}_{w \in W}, \lambda, \varepsilon, \eta, \kappa\rangle$.

(19) if $\upsilon(\Sigma\varphi, w) = 1$, then $\upsilon(\Delta\Sigma\varphi, w) = 1$,

(20) if $\upsilon(\Sigma\varphi, w) \neq 1$, then $\upsilon(\Delta\Sigma\varphi, w) = 0$

(21) $td\ \varnothing = 1$

(22) for all $w \in W$, $\upsilon(\Sigma\bot, w) = 1$

In clauses (18) and (21) *td* refers to the truth degree of a formula $\Sigma\varphi$ in the Kripke structure $K = \langle W, \upsilon, \rho, \tau, \theta, \{\mu_w\}_{w \in W}, \lambda, \varepsilon, \eta, \kappa\rangle$. The evaluation of Σ-formulae just depends on the formula itself - represented in its corresponding measure over possible worlds where the rational agent is situated.

2.3 Axioms, Rules, Soundness and Completeness for keg - BDI Logic

Similar to eg-BDI semantics, keg - BDI semantics is justaugmented with modal operators for knowledge. The important difference is that the truth value in eg-BDI logic $\in [0, 1]$, while the truth value in keg - BDI logic $\in [-1, 1]$. Therefore, we can get the axioms and rules for keg -

BDI logic only adding the ones about knowledge. Both of them are almost exactly the same. And the other difference is that in the eg – BDI logic $\Sigma \in \{B, D, I, Fear, Anx, SConf\}$ ([19]), while in the keg – BDI logic $\Sigma \in \{K, B, D, I, Fear, Anx, SConf\}$. In other words, Σ can get value K in the latter. The axioms for keg – BDI logic are composed of axioms of classical Propositional Logic for the non – modal formulae and axioms of the Łukasiewicz logic for modal formulae, and axioms for Σ over propositional dynamic logic.

The keg – BDI logic is sound and complete. Its proof is almost exactly the same as that of eg-BDI logic, that is, by embedding of keg – BDI logic into Łukasiewicz Logic and propositional dynamic logic which are sound and complete (cf. [28] and [29], respectively). Of course, in terms of the soundness and completeness result of eg-BDI logic ([19]), we can straightforwardly prove soundness and completeness for the keg-BDI logic by embedding of keg – BDI logic into eg – BDI logic.

3 Relationship between/among Contexts for the keg – BDI Agent

According to the knowledge states, mental states and emotional states of the keg – BDI agent, and the possible transformations by performing actions, the planner can build plans generated from actions to fulfill her desires. Xiaojun Zhang et al., Modeling Decision-Making Behavior Based on Knowledge of Emotional Graded BDI Agents, Computer Science, Vol. 41. No. 3, 2014, pp. 232—237. (in Chinese) Relationships among K, D, B, $Fear$, Anx, $SConf$, and P contexts are as follows:

(23) if K: $(K([\alpha]\varphi, k))$, D: $\neg\Delta\neg(D\varphi, d)$, B: $(B([\alpha]\varphi, b))$, $Fear$: $(Fear(\varphi, f))$, Anx: $(Anx(\varphi, a))$, $SConf$: $(SConf(\varphi, s))$ and P: $action(\alpha, Pre\text{-}, Cost_{\alpha})$, then P: $plan(\varphi, action(\alpha, Pre\text{-}, Cost_{\alpha}), b)$ where:

$\alpha \in \Pi_0$ is an atomic action. The knowledge degrees k in K ([α] φ, k) refers to the probability which the agent will take actions α after she knows φ. The other cases are similar. *Pre* – are the preconditions of the action α, and $Cost_\alpha \in [-1, 1]$ is the associated cost according to the action α involved; k, b, f, a and $s \in [-1, 1]$ are respectively knowledge, belief, fear, anxiety, and self – confidence degree of actually achieving φ by performing α. *Action* (α, *Pre-*, $Cost_\alpha$) expresses an atomic action, and *plan* (φ, *action* (α, *Pre* – , $Cost_\alpha$), r) a plan which is a composite action which allows the agent to move from its current world to another. It is assumed that the current state of the world must satisfy the preconditions, and that the plan must make true the desire that the plan is built for.

We can use the intention degree to trade off the benefit and the cost of achieving a goal, thus for each composite action α which allows to reach the goal, the degree of I φ can be deduced from the degree of K φ, D φ, *Fear* φ, *Anx* φ, *SConf* φ and the cost of a plan that satisfies the desire φ. That is, the degree of I φ is calculated by a function F as the following:

(24) if K: (K ([α] φ, k)), D : (D φ, d), B : (B [α] φ, b), *Fear*: (*Fear* ([α] φ, f)), *Anx*: (*Anx* ([α] φ, a)), *SConf* : (*SConf* ([α] φ, s)) and P: *plan* (φ, *action* (α, *Pre* – , $Cost_\alpha$), b), then I: (I φ, F (k, d, b, f, a, s , $Cost_\alpha$))。

Different functions F (k, d, b, f, a, s , $Cost_\alpha$) may model different decision – making behavior. It is assumed that the agent full beliefs in achieving φ after performing α, the degree of the intention to bring about φ mainly depends on the satisfaction and the degree of K φ, D φ, *Fear* φ, *Anx* φ, *SConf* φ and $Cost_\alpha$ that it bring the agent. It is needed to find what kind of the relationship between/among i, k, d, f, a, s , b and $Cost_\alpha$. The degree of intention can be the ultimate embodiment of knowledge states, the other mental states, and emotional states. Xiaojun Zhang et al. , Modeling Decision-Making Behavior Based on Knowledge of Emotional Graded BDI Agents, Computer Science , Vol. 41. No. 3, 2014, pp. 232—237. (in Chinese)

We can assigndifferent weights to knowledge states, mental states, and emotional states according to their influence on the degree of the intention. The weights allow simple revisions and frequent modifications according to the information about the keg-BDI agent. For example, after a preliminary study, for the military decision – making behavior examined in this paper, we assign respectively weights to k, d, b, f, a, s and $Cost_\alpha$ 0. 13, 0. 26, 0. 22, 0. 09, 0. 08, 0. 15 and 0. 07. Thus, the function F (k, d, b, f, a, s , $Cost_\alpha$) can be defined as follows:

(25) $F(k, d, b, f, a, s, Cost_\alpha) = 0.13k + 0.26d + 0.22b + 0.09f + 0.08a + 0.15s + 0.07Cost_\alpha$

If the agent intends φ at i_{max}, then the rational agent will choose the best plan. Therefore:

(26) if I: (I φ, i_{max}), and P: *bestplan* (φ, *action* (α, *Pre-*, $Cost_\alpha$), r), then C: C (*does* (α))

4 An example of Military Decision – making Behavior for the keg – BDI Agent

Now we instruct a keg – BDI agent to look for amilitary decision – making package. We assign to the agent the following critical knowledge: enemy reinforcements having arrived in time; having got the enemy garrison chart; and having got the enemy ' s battle scheme. At the same time, we assign to the agent the following desires: fewer casualties; shorter battle time; and the battle sites from an assumed location no more than 500 nautical miles. And then, we instruct the agent with the three emotions: fear of being surrounded; anxiety of that command system is destroyed; and self – confidence of wining the final victory. Xiaojun Zhang et al. , Modeling Decision-Making Behavior Based on Knowledge of Emotional Graded BDI Agents, Computer Science , Vol. 41. No. 3, 2014, pp. 232—237. (in Chinese) In order to determine which battle scheme is better, the agent will have to take into consideration the critical knowledge, the benefit (with respect to fewer casualties, shorter battle time and wining the final victory.), fear, anxiety and the cost of the battle. In this scenario, different decision - making behavior is to choose a different battle scheme, and the chosen schemes are as follows:

(27) $\Pi_0 = \{scheme-A, scheme-B, scheme-C, scheme-D, scheme\text{-}E\}$。

In thiscase, *KC*, *BC*, *DC*, *FearC*, *AnxC*, *SConfC* and *PC* contexts are as follows:

Knowledge Contexts (*KC*): The agent has the following critical knowledge:

(28) *K* ([*scheme* - *A*] *enemy reinforcements having arrived in time*, $k_1 = -0.88$)

(29) *K* ([*scheme* - *B*] *enemy reinforcements having arrived in time*, $k_1 = -0.73$)

(30) *K* ([*scheme* - *C*] *enemy reinforcements having arrived in time*, $k_1 = -0.53$)

(31) *K* ([*scheme* - *D*] *enemy reinforcements having arrived in time*, $k_1 = -0.64$)

(32) *K* ([*scheme* - *E*] *enemy reinforcements having arrived in time*, $k_1 = -0.46$)

(33) *K* ([*scheme* - *A*] *having got the enemy garrison chart*, $k_2 = 0.75$)

(34) *K* ([*scheme* - *B*] *having got the enemy garrison chart*, $k_2 = 0.89$)

(35) *K* ([*scheme* - *C*] *having got the enemy garrison chart*, $k_2 =$

0.72)

(36) K ([scheme - D] *having got the enemy garrison chart*, k_2 = 0.80)

(37) K ([*scheme - E*] *having got the enemy garrison chart*, k_2 = 0.92)

(38) K ([*scheme - A*] *having got the enemy's battle scheme*, k_3 = 0.79)

(39) K ([*scheme - B*] *having got the enemy's battle scheme*, k_3 = 0.93)

(40) K ([*scheme - C*] *having got the enemy's battle scheme*, k_3 = 0.86)

(41) K ([*scheme - D*] *having got the enemy's battle scheme*, k_3 = 0.79)

(42) K ([*scheme - E*] *having got the enemy's battle scheme*, k_3 = 0.97)

Since "enemy reinforcements having arrived in time" will prevent the agent to take action, the truth value which it corresponds to $\in [-1, 0]$. Since "having got the enemy garrison chart" will prompt the agent to take action, the truth value which it corresponds to $\in [0, 1]$. The other cases are similar. It is assumed that the three critical knowledge are stochastically independent. In this scenario, we may assign to the following inference rule for knowledge contexts according to the critical knowledge in this practical situation influence on different weights:

(43) if K ([α] *enemy reinforcements having arrived in time*, k_1) and K ([α] *having got the enemy garrison chart*, k_2) and K ([α] *having got the enemy's battle scheme*, k_3), then K ([α] *enemy reinforcements having arrived in time* ∧ *having got the enemy garrison chart* ∧ *having got the enemy's battle scheme*, $k = 0.25k_1 + 0.35k_2 + 0.40k_3$)

Desire Contexts (*DC*): The agent has desires as follows:

(44) (*D* (*fewer casualties*), $d = 0.82$)

(45) (*D* (*shorter battle time*), $d = 0.89$)

(46) (*D* (*fewer casualties* ∧*shorter battle time*), $d = 0.98$)

(47) (*D* (*distance* ≤ 500nm), $d = 0.85$)

Belief Contexts (*BC*): The keg - BDI agent has knowledge about the interrelations between possible actions that she can take and formulae made true by their execution.

The degree of *B* ([α] *fewer casualties*) refers to the probability of fewer casualties after performing α. The degree of *B* ([α] *shorter battle time*) is similar. The agent is assigned to the following beliefs:

(48) *B* ([*scheme* - *A*] *fewer casualties*, $b_1 = 0.68$)

(49) *B* ([*scheme* - *B*] *fewer casualties*, $b_1 = 0.72$)

(50) *B* ([*scheme* - *C*] *fewer casualties*, $b_1 = 0.89$)

(51) *B* ([*scheme* - *D*] *fewer casualties* , $b_1 = 0.53$)

(52) *B* ([*scheme* - *E*] *fewer casualties* , $b_1 = 0.40$)

(53) *B* ([*scheme* - *A*] *shorter battle time*, $b_2 = 0.65$)

(54) *B* ([*scheme* - *B*] *shorter battle time*, $b_2 = 0.78$)

(55) *B* ([*scheme* - *C*] *shorter battle time*, $b_2 = 0.86$)

(56) *B* ([*scheme* - *D*] *shorter battle time*, $b_2 = 0.79$)

(57) *B* ([*scheme* - *E*] *shorter battle time*, $b_2 = 0.90$)

It is assumed that the desires are stochastically independent. We may add the following inference rule for belief contexts:

(58) if *B* ([α] *fewer casualties*, b_1) and *B* ([α] *shorter battle time*, b_2), then *B* ([α] *fewer casualties* ∧*shorter battle time* , $b = 0.56b_1 + 0.44b_2$)

Fear Contexts (*FearC*): In this case, the agent has the following measure of fear:

(59) *Fear* ([*scheme* - *A*] *being surrounded*, $f = -0.66$)

(60) *Fear* ([*scheme* - *B*] *being surrounded*, $f = -0.87$)

(61) *Fear* ([*scheme* - *C*] *being surrounded*, *f* = - 0.70)

(62) *Fear* ([*scheme* - *D*] *being surrounded*, *f* = - 0.36)

(63) *Fear* ([*scheme* - *E*] *being surrounded*, *f* = - 0.48)

Anxiety Contexts (*Anx C*): In this scenario, we assign to the agent the following measure of anxiety:

(64) *Anx* ([*scheme* - *A*] *command system is destroyed*, *a* = - 0.56)

(65) *Anx* ([*scheme* - *B*] *command system is destroyed*, *a* = - 0.84)

(66) *Anx* ([*scheme* - *C*] *command system is destroyed*, *a* = - 0.75)

(67) *Anx* ([*scheme* - *D*] *command system is destroyed*, *a* = - 0.62)

(68) *Anx* ([*scheme* - *E*] *command system is destroyed*, *a* = - 0.92)

Self - confidence Contexts (*SConfC*): In this example, the agent has the following measure of self - confidence:

(69) *SConf* ([*scheme* - *A*] *wining the final victory*, *s* = 0.93)

(70) *SConf* ([*scheme* - *B*] *wining the final victory*, *s* = 0.82)

(71) *SConf* ([*scheme* - *C*] *wining the final victory*, *s* = 0.68)

(72) *SConf* ([*scheme* - *D*] *wining the final victory*, *s* = 0.79)

(73) *SConf* ([*scheme* - *E*] *wining the final victory*, *s* = 0.89)

Plan Contexts (*PC*): In this scenario, a series of atomic actions are as follows:

(74) *action* (*scheme* - *A*, {dist - = 400nm}, {cost = 500billions}, $Cost_{\alpha}$ = - 0.72)

(75) *action* (*scheme* - *B*, {dist - = 300nm}, {cost = 400billions}, $Cost_{\alpha}$ = - 0.65)

(76) *action* (*scheme* - *C*, {dist - = 800nm}, {cost = 900billions}, $Cost_{\alpha}$ = - 0.98)

(77) *action* (*scheme* - *D*, {dist - = 700nm}, {cost = 800billions}, $Cost_{\alpha}$ = - 0.92)

(78) *action* (*scheme* - *E*, {dist - = 450nm}, {cost = 600billions}, $Cost_{\alpha}$ = - 0.78)

Now the keg – BDI agent can determine which intention to adopt and which plan is associated with that intention. The agent's desires are conveyed to plan contexts by desire contexts, and then the agent finds plans for each desire within plan contexts. The agent looks for a set of different battle schemes in terms of knowledge states, mentalstates and emotional states, and takes into comprehensive consideration various aspects of these contexts. Due to the restriction by the desire (47), that is, the distance no more than 500nms, the agent gives up plans (76) and (77), that is, the agent gives up to choose scheme – C and scheme – D. Therefore, plans are generated for each desire by (23) . For instance, for the most preferred desire, i. e. fewer casualties ∧shorter battle time, the generated plans are as follows:

(79) *plan* (*fewer casualties* ∧*shorter battle time*, *action* (*scheme* – *A*, {dist – =400nm}, {cost = 500billion}, $Cost_\alpha = -0.72$), $b = 0.56b_1 + 0.44b_2 = 0.6668$)

(80) *plan* (*fewer casualties* ∧ *shorter battle time*, *action* (*scheme* – *B*, {dist – =300nm}, {cost = 400billion}, $Cost_\alpha = -0.65$), $b = 0.56b_1 + 0.44b_2 = 0.7464$)

(81) *plan* (*fewer casualties* ∧ *shorter battle time*, *action* (*scheme* – *E*, {dist – =450nm}, {cost = 600billion}, $Cost_\alpha = -0.78$), $b = 0.56b_1 + 0.44b_2 = 0.62$)

The agent is now in conditions to determine the degree of intentions according to knowledge states, mentalstates, emotional states and the plans. Since the function f is monotonically increasing with respect to d by (25), it is enough to take into consideration the most preferred desire, i. e. fewer casualties ∧ shorter battle time, which is preferred to a degree 0.98. In terms of (25), using $F(k, d, b, f, a, s, Cost_\alpha) = 0.13k + 0.26d + 0.22b + 0.09f + 0.08a + 0.15s + 0.07Cost_\alpha$, we successively have for $\alpha \in$ {scheme – A, scheme – B, scheme – E} as the following:

(82) *I* (*fewer casualties* ∧ *shorter battle time*, $0.13k + 0.26d + 0.22b$

$+0.09f+0.08a+0.15s+0.07Cost_{\alpha}=0.429845)$

(83) *I* (*fewer casualties* ∧ *shorter battle time*, $0.13k+0.26d+0.22b+0.09f+0.08a+0.15s+0.07Cost_{\alpha}=0.416138$)

(84) I (*fewer casualties* ∧ *shorter battle time*, $0.13k+0.26d+0.22b+0.09f+0.08a+0.15s+0.07Cost_{\alpha}=0.43065$)

The maximal degree of intention forfewer casualties ∧ shorter battle time by the plan scheme - E is 0.43065. At last, the agent can adopt the best plan and take the corresponding action according to the maximal degree of intention. Now, the action α = choosing scheme - E can be selected and passed to the communication context by (26).

5 Conclusions and Future Work

In this paper we extend the truth value of infinite - valued Łukasiewicz Logic from [0, 1] to [-1, 1], and propose keg - BDI logic that is an extended emotional graded BDI logic to formalize knowledge states, mental states and emotional states that influence on decision - making behavior. This behavior is determined by the different measure of each context which is added by concrete conditions. After presenting the language and semantics of keg - BDI logic and illustrating relationships between/among contexts for the keg - BDI agent, an application of military decision - making behavior is given. It is hoped that this study will provide a formal support for distributed artificial intelligence and military simulation.

As a future work, it would be interesting to extendkeg - BDI agent to include other mental states and other emotional states, and to extend a multi - agent scenario by introducing a social context, and explore other applications.

Acknowledgements. This work was supported by the Humanities and Social Sciences Planning Foundation of Chinese Ministry of Education un der Grant No. 13YJA72040001, and by the National Natural Science Foundation of China under Grant No. 61273338/F030603.

References

[1] M. E. Bratman, *Intentions, Plans, and Practical Reason*, Harvard University Press, 1987.

[2] P. R. Cohen and H. Levesque, Teamwork, Noûs, 1991, 24 (4), pp. 487 – 512.

[3] A. Rao and M. Georgeff, Modeling rational agents within a BDI – architecture, in Proceedings of the 2nd International Conference on Principles of Knowledge Representation and Reasoning (KR – 92), 1991, pp. 473 – 484.

[4] B. van Linder et al., Actions that make you change your mind, in A. Laux and H. Wansing (eds.), *Knowledge and Belief in Philosophy and Artificial Intelligence*, Berlin: Akademie Verlag, 1995, pp. 103 – 146.

[5] A. Rao and M. Georgeff, BDI agents: from theory to practice, in Proceedings of the 1st International Conference on Multi – Agents Systems, 1995, pp. 312 – 319.

[6] A. Rao and M. Georgeff, M. Decision Procedures for BDI Logics, *Journal of Logic and Computation*, 1998, 8 (3), 293 – 342.

[7] B. van Linder, Modal Logics for Rational agents, PhD. Thesis, Utrecht University, 1996.

[8] B. van Linder, W. van der Hoek & J. – J. Ch. Meyer, Actions that Make You Change Your Mind: Belief Revision in an Agent – Oriented Setting, in A. Laux & H. Wansing (eds.), Knowledge and Belief in Philosophy and Artificial Intelligence, 1995, pp. 103 – 146.

[9] B. van Linder, W. van der Hoek & J. – J. Ch. Meyer, Seeing is Believing (And So Are Hearing and Jumping), *Journal of Logic, Lan-*

guage and Information 6, 1997, pp. 33 - 61.

[10] W. van der Hoek, B. van Linder & J. -J. Ch. Meyer, An Integrated Modal Approach to Rational Agents, in: M. Wooldridge & A. Rao (eds.), Foundations of Rational Agency, Applied Logic Series 14, Kluwer, Dordrecht, 1998, pp. 133 - 168.

[11] J. -J. Ch. Meyer, W. van der Hoek & B. van Linder, A Logical Approach to the Dynamics of Commitments, *Artificial Intelligence* 113, 1999, pp. 1 - 40.

[12] A. Casali, L. Godo, and C. Sierra, Graded BDI models for agent architecture, in J. Leite and P. Torroni (eds.), *Computational Logic in Multi - agent Systems*, Springer, 2005, pp. 126 - 143.

[13] A. Casali, L. Godo, and C. Sierra, A logical framework to represent and reason about graded preferences and intentions, *Knowledge Representation*, AAAI Press, Menlo Park, 2008, pp. 27 - 37.

[14] N. Criado, E. Argente, and V. Botti, Normative deliberation in graded BDI agents, in J. Dix C. Witteveen (eds.), *MATES* 2010, *LNAI* 6251, 2010, pp. 52 - 63.

[15] A. Casali, L. Godo, and C. Sierra, A graded BDI agent model to represent and reason about preferences, *Artificial Intelligence*, Elsevier, 2011, 175 (7 - 8), pp. 1468 - 1478.

[16] Xiaojun Zhang et al., Graded BDI models for agent architectures based on Łukasiewicz logic and propositional dynamic logic, in F. L. Wang et al. (eds.), *Lecture Notes in Computer Science* 7529, Springer, 2012, pp. 439 - 450.

[17] D. Pereira, E. Oliveria and N. Moreira, Formal modeling of emotions in BDI agents, in F. Sadri and K. Satoh (eds.), *Computational Logic in Multi - Agent Systems*, Springer, 2008, pp. 62 - 81.

[18] B. R. Steunebrink, M. Dastani, and J. -J. Ch. Meyer, A formal model of emotion triggers: an approach for BDI agents, *Synthese*, DIO

10. 1007/s1129. -011 -0004 -8, 2011.

[19] Xiaojun Zhang, Modeling emotional agents based on graded BDI architectures, in J. Lei et al. (eds.), *Communications in Computer and Information Science* 345, Springer, 2012b, pp. 606 -616.

[20] G. S. Thumé and R. E. da Silva, An extended EBDI model applied to autonomous digital actors, Proceedings of SBGames 2012, 2012.

[21] I. Pezlar, Humean machine: when desire are in change, in J. Romportl et al. (eds.), *Beyond AI: Artificial Dreams*, 2012, pp. 1 -9.

[22] D. Pereira et al., Towards an architecture for emotional BDI agents, in 12th Portu - guese Conference on Artificial Intelligence, 2005, pp. 40 -46.

[23] D. Pereira et al., Modelling emotional BDI agents, in Workshop on Formal Approaches to Multi - Agent Systems, Riva Del Garda, Italy, 2006.

[24] R. A. Schmidt et al., Interactions between knowledge, action, and commitment with dynamic logic. StudiaLogica, 2004, 78 (3), pp. 381 -415.

[25] C. Adam, Emotions: from psychological theories to logical formalization and implementation in a BDI agent, PhD thesis, Insititut National Polytechnique de Toulouse, Toulouse, 2007.

[26] C. Adam et al., A logical formalization of the OCC theory of emotions, Sythese, 2009, 168 (2), pp. 201 -248.

[27] M. A. Puică, Emotional Belief - Desire - intention agent model: previous work and proposed architecture, International Journal of Advanced Research in Artificial Intelligence, 2013, 2 (2), pp. 1 -8.

[28] T. Bosse and D. H öhle, Enhancing believability of virtual soccer players: application of a BDI - Model with emotions and trust, Developing Concepts in Applied Intelligence, Studies in Computational Intel-

ligence Vol. 363, 2011, pp. 119 - 128.

[29] D. Harel, D. Kozen, and J. Tiuryn, *Dynamic Logic* , The MIT Press, 2000.

[30] P. Hájek, *Mathematics of Fuzzy Logic*, Kluwer, 1998.

[31] Xiaojun Zhang et al. , Modeling Decision-Making Behavior Based on Knowledge of Emotional Graded BDI Agents, Computer Science , Vol. 41. No. 3, 2014, pp. 232—237. (in Chinese)

后　　记

吾偶生于天地间，多情而自恋：无论世事如何沧桑流变，真我本色未改。

感恩于周昌乐和邹崇理两位导师共同悉心指点，温馨的花儿才得以处处开遍。

感恩于厦门大学曹志平老师等领导们的公费支援，我的命运才得以彻底扭转。

感恩于黄华新、王建芳、黄朝阳、满海霞等学界老师和朋友们的课题驰援。

感恩于众多期刊和编辑们的垂青与开篇。

感恩于中国社科院老师们的鼎力支持、疼爱与感叹。

感恩于中国社科院张璐、李可胜等师妹师兄师弟们的情谊与和善。

感恩于贵州师大汪秉彝老师父亲般的关怀与期盼。

感恩于贵州师大已故12年的陈应枢老师留给我的永恒想念。

感恩于厦门大学徐梦秋、陈嘉明、黄朝阳等老师的阅读与评点。

感恩于厦门大学欧阳锋老师让我感受到的人间温暖。

感恩于厦门大学罗俊峰、余晓芳、杨芳、符苹等办公室老师们的苦守值班。

感恩于厦门大学人文学院财务室的陈淑艳和马春香老师的辛勤盘点。

感恩于厦门大学智能系潘伟、史晓东、晁飞、施明辉等老师们的宽宏与谦谦。

感恩于厦门大学智能系江敏师兄的帮助与关爱。

感恩于厦门大学智能系的唐超、薛蔚等众多师弟师妹们任我自在流连。

感恩于厦门大学数学系张开旭师弟同路聊天。

感恩于厦门大学博士后QQ群的群友们为我提供的宽容理解的抒情空间。

感恩于父母让我自由快乐的天性永远新鲜。

感恩于公婆的多年支持、保重与默默奉献。

感恩于四川、杭州、山西、天津的兄弟姐妹们多年资助金银与细软。

感恩于可爱又可笑的夫君的多年支持与陪伴。

感恩于聪敏老成的儿子每天洗碗。

啊，要是没有你们的无私关爱和鼎力支援，我不会有什么成绩可言！

啊，是你们用爱点亮了我的生命光环，我的激情和创意才得以飘逸展现！

啊，言不完的感谢、道不尽的情缘，我的生命将会因为你们而更加生机精彩！

张晓君

2012年10月28日

于厦门大学海滨博士后公寓